U0905755

本书基金支持：北京市社会科学基金项目（编号：18ZGC012）

# 批判实在论与社会科学

Critical Realism and Social Sciences

杨 一◎著

中国社会科学出版社

**图书在版编目（CIP）数据**

批判实在论与社会科学 / 杨一著. —北京：中国社会科学出版社，2023.8
ISBN 978-7-5227-2612-0

Ⅰ. ①批…　Ⅱ. ①杨…　Ⅲ. ①批判实在论—研究　Ⅳ. ①B085

中国国家版本馆 CIP 数据核字(2023)第 178110 号

出 版 人　赵剑英
责任编辑　陈雅慧
责任校对　王　晗
责任印制　戴　宽

出　　版　中国社会科学出版社
社　　址　北京鼓楼西大街甲 158 号
邮　　编　100720
网　　址　http://www.csspw.cn
发 行 部　010-84083685
门 市 部　010-84029450
经　　销　新华书店及其他书店

印　　刷　北京明恒达印务有限公司
装　　订　廊坊市广阳区广增装订厂
版　　次　2023 年 8 月第 1 版
印　　次　2023 年 8 月第 1 次印刷

开　　本　710×1000　1/16
印　　张　14.5
字　　数　201 千字
定　　价　86.00 元

# 目　　录

# 前言　为什么需要批判实在论

为什么社会科学需要哲学思维？如波尔波拉所述，任何研究都带有哲学的假设或者基础，我们可以不把这些假设或者基础挂在嘴边，但是这不代表我们可以否认哲学对于学术思维的重要性。那么选择一个逻辑上最严谨的哲学流派就成了学术精进的前提条件。而本书介绍的批判实在论（Critical Realism）的强项就在于它逻辑上的合理性及它对研究的有效引导。①

作为一种哲学思潮和科学哲学流派的批判实在论，起源于20世纪70年代。在与实证主义/经验主义、后结构主义/相对主义/解释主义争论的过程中，该流派（又称元理论，meta－theory）成了社会科学领域的一个重要支点，其发展是一场相当有影响力的思想运动：作为对后现代主义的回应和调解，近二十年来，批判实在论理论及其实证呈现快速发展的势头，英文世界中相关的著作和论文数以千计，在哲学、社会学、法学、管理学（本书暂且将管理学也归为社会科学）、经济学、文化研究、种族研究等领域已深有建树，开花结果，成为一股不容忽视的力量。② 作为该理论奠基人的罗伊·巴斯卡

---

① Porpora，D.（2015），*Reconstructing Sociology*：*The Critical Realist Approach*，MA：Cambridge University Press.

② 最新的介绍性引述可参见：Buch－Hansen，H. and Nielsen，P.（2020），*Critical Realism*：*Basics and Beyond*，London，Macmillan.

(Roy Bhaskar)就曾自诩，批判实在论会引起哲学界的哥白尼革命，[①] 而这场革命不仅限于哲学。

罗伊·巴斯卡（1944—2014）是英国著名的哲学家，1963 年进入牛津大学学习哲学、政治学和经济学。这个专业在牛津以盛产首相和政治家闻名，而巴斯卡却体会到，政治家并不能解决现实的问题，其仅仅是将问题掩盖甚至加剧问题的发展。对他来说，经济学也是如此，并不能解决那些重要的问题，如全球贫困和阶层分化加剧。因此他转向自己最为着迷的哲学研究，觉得只有更深层次地解决这些核心问题才能缓解社会的每况愈下。巴斯卡的思想深受其导师，科学哲学家罗姆·哈瑞的影响。巴斯卡在专注哲学研究后的几十年里的主要著述有：《一种科学的实在论理论》《自然主义的可能性：当代人文科学的哲学批判》《呼唤实在：当代哲学的批判性导论》《辩证法：自由的脉搏》等，这些理论成果的思想宗旨是解决实证主义和后现代主义的终极矛盾：前者认为社会的一切都是所见即所得，而后者则认为我们看到的东西其实都是假象，都不过是我们的解读罢了。巴斯卡认为，其实很多我们看不到的东西不代表它们是不存在的，我们无法求证或证伪的东西，也不意味着它是不存在的。其哲学典型的发问是，为什么我们总是去寻求创造一个我们非常确定将会发生什么的局面？[②]

他的答案是，事物的每一层都是一种涌现，石砖构成大楼，而大楼却比每块石砖的总和还多出了一些特性、功能和复杂性，而这就是涌现的真谛。换言之，有些事物具有不可观察性，所以过于追求确定性实为徒劳。巴斯卡在宗教领域亦颇有建树，例如承认东方

---

① 张军：《批判实在论研究：文献与动态》，《自然辩证法研究》2014 年第 2 期。

② 殷杰、安篪：《巴斯卡的批判实在论思想——兼议哲学社会科学研究之第三条进路》，《哲学研究》2007 年第 9 期。

哲学的价值，论证人在交流之中，其灵魂经验让两人合为一体，实为一人等。

在晚年，巴斯卡也将这些思想运用到政治分析中，例如，他认为英国新工党政治运动只是在表层上试图解决英国的社会问题，而没有看到或者不愿触碰更深层的结构特质，例如资本主义的房产制度等。他一直认为，尽管有些东西未知和未可知，但是人类对知识的求索即是对自由的追逐。

近十年来，随着批判实在论的不断发展，在西方已经形成了有关批判实在论专门的研究中心及专门的研究刊物——1996 年批判实在论中心（The Centre for Critical Realism）成立，为该流派发展和实践提供相应支撑。该中心最初仅打算召开年会和一些小规模的研讨会，并创办一个网站，辅以一个会刊通讯。但在 1998 年它推动批判实在论国际协会（International Association for Critical Realism）成立，该协会从此成为一个独立的专业研究组织。1999 年，批判实在论国际协会取代了批判实在论中心年会。2002 年，会刊通讯“真理”（Alethia）改名为《“批判实在论”杂志》（*Journal of Critical Realism*，已被列入 ESCI 期刊指引）。

至今，甚至在新冠疫情间，批判实在论中心仍组织了一系列的相关讲座，并与罗德里奇出版社合作出版了一系列关于实在论社会理论、哲学等的著作，旨在促进实在论哲学、社会研究及相关领域优秀著作的出版。受批判实在论的影响，西方学界也形成了剑桥实在论研究工坊、隶属于耶鲁大学的批判实在论网络、兰卡斯特实在论工坊等颇有影响力的研究团体。

而国内学界对于这个哲学流派却接触不深，研究起始于 2000 年左右，以批判实在论或巴斯卡为关键词在知网搜索，结果寥寥，相关的研究和论著并不多，多为介绍性的研究成果，涵盖了哲学、马克思主义研究、国际关系、新闻学、管理学、地理学等领域。① 另外，从著作本身来看，有关批判实在论的著作在国内尚无中文版译本，而且相关英文著作国内馆藏也十分有限。这些都证明，作为应对“后现代挑战”的批判实在论思潮在国内学术界并未引起足够的重视，国内研究存有理论和实证空白。相比之下，国外研究已经取得了相当的成就，既有针对批判实在论各个发展阶段的专题研究，也出现了大量利用批判实在论更新其他学科领域的延伸研究。既有针对批判实在论本身的解读，也有综观其整个发展过程的整体反思。②

总之，相比国内而言，国外研究呈现如下特点：文献数量可观，趋势向上；研究主题日益多元化，涉及诸多领域；初具规模，吸引了众多的参与者与支持者；在整体性上也相对系统化。因此，如何有效地引介、利用国外批判实在论的研究成果，弥补国内研究的不足，值得深思，亦是本书的意义所在。

---

① 引用率较高的文章如：赵雷、殷杰：《自然主义的复兴：巴斯卡的批判自然主义》，《科学技术哲学研究》2015 年第 4 期；吴芳：《实证主义视角：社会科学中的因果分析——兼论罗伊·巴斯卡的批判实在论思想》，《经济与社会发展》2012 年第 12 期；郑忠明：《新闻事实的本体结构与新闻客观性——基于批判实在论的解释》，《国际新闻界》2020 年第 2 期；刘慧：《超越实证主义和后实证主义之争——批判实在论与国际关系理论研究》，《世界经济与政治》2007 年第 7 期；殷杰、安篪：《巴斯卡的批判实在论思想——兼议哲学社会科学研究之第三条进路》，《哲学研究》2007 年第 9 期；安德鲁·科利尔、强东红、陈静：《马克思主义与批判实在论的辩证法》，《求是学刊》2006 年第 6 期；李会军等：《从离散到汇聚：基于批判实在论与多重范式视角的商业模式研究框架》，《管理评论》2019 年第 9 期；吴畏：《批判实在论的社会科学哲学》，《自然辩证法研究》2007 年第 5 期；蒋天婵：《社会科学的可能与实行：罗伊·巴斯卡的社会科学哲学》，《南京师大学报》（社会科学版）2020 年第 6 期；胡天新、李平：《批判实在论在城市空间研究中的应用》，《地理研究》2006 年第 5 期；马国旺：《马克思经济学方法论创新探析——批判实在论视域中的异端经济学启示》，《经济学家》2011 年第 4 期；陈荣虎：《经济学批判实在论述评》，《江苏社会科学》2005 年第 5 期；贾根良：《批判实在论：经济学方法论的新发展》，《自然辩证法通讯》2004 年第 2 期；马国旺：《抽象的方法论：从马克思纲领到批判实在论新发展评析》，《社会科学战线》2009 年第8 期。

② 张军：《批判实在论研究：文献与动态》，《自然辩证法研究》2014 年第 2 期。

## 批判实在论假设

正是因为批判实在论不是一种理论，而是一种元理论或者说哲学，它才能够与其他的理论思潮相融合。所以，作为一种元理论的定位和方法论的规范，批判实在论能够并且已经成功地、富有成效地被应用于社会科学研究。

西方哲学史曾发生两个重要转向：本体论转向认识论，认识论再转向语言学。可以说在巴斯卡之前，研究本体论在哲学中已经势微，巴斯卡将这种趋势视为"认知谬误"（epistemic fallacy），即学者们或实践者们通常认为我们所见的就是世界真实的样子，所以误认为本体论问题就是认识论问题。巴斯卡则试图对世界的本体加以重新解释。批判实在论持有一种"分层的本体论"（stratified ontology）的观点，而传统的经验主义则持有"扁平的本体论"（flat ontology）的观点，认为所见即所存。

但巴斯卡恰恰认为，我们所见所得知识和现象的背后，往往充斥着肉眼忽视的结构和机制；这些对象既不是经验主义所观测到的现象，也不是唯心主义所说的强加于现象上的人类建构，而是真实存在的结构；这些结构独立于我们的知识、经验甚至获得它们的条件。因此，知识和世界都是分层的，世界独立于知识存在。

批判实在论主张，无论是自然世界，还是社会世界，其实都拥有特定的力量或趋势，其无须具有物理的、可见的形式。这些机制或结构亦相互作用和影响，由此导致现实事件的发生（或不发生）。而其中的某些事件可被人们观察或经验感知到，产生了我们的知识（认识论范畴）。因此，我们通常所说的那些概念、规则、实践和想法等，并不会因为其没被观察到而被否认或削弱其实在性。

批判实在论认为，如果一些结构（无论我们能否感知到它）展示出对物理和社会世界的因果效应，就能够被推定为是独立于思维而存在的（唯物的）。那么遵循这一标准，我们就可以在观测到在一般现象之后，通过学术和生活经验假设那些造成现象的可能生成机制，然后对其加以否证。从某种意义上来说，这一立场给予了可能的实在以合法性。

具体来说，批判实在论构建了一个分层的本体世界以帮助我们探寻深层实在：我们的社会世界被分为由浅至深的三个不同界域——实践域（the empirical domain，经验和印象）、实际域（the actual domain，事件和情态）和实在域（the real domain，结构和机制）。其中，实在域中的事物具有“不及物”或唯物属性，独立于个体的观察之外而存在——这个域中有我们的经验印象或肉眼看不到的结构、机制和趋势。批判实在论认为，一切现象和事物，都是由结构和机制的助推而发展的。[①] 比如，汽车可以借助其内在结构或机制前行，语言系统则凭借语法的结构而展开。所以结构展现了因果关系中的力与趋势，无论它们是否被运用或使用。炸药和原子弹具有爆炸的因果力，即便它未燃；语言系统也拥有令交谈发生的力，即使在场的所有人都选择沉默。我们所处的世界，就批判实在论来看，也不应该仅仅由肉眼可见的“表象”构成，亦由处于深层的、有因果力的结构构成。所以，在大多数情况下，人类都需研究和推断隐匿于肉眼所见和体验表象之下的结构或机制。

换言之，实践域仅仅是我们感知到的领域，它只包含经验层次；而实际域包括实践域，其中的事物包含我们感知到的事件和没有感知到的事件；实在域则涉及事物的内在趋势与结构力量，我们虽无法直接感知实在域，但能够通过感知实践域中的事件，推理出实际

---

① Lawson，T.（1997），*Economics and Reality*，London：Routledge Press，1997.

域和实在域中的事物或事实。所以，按照这种本体论，机制就独立于事件之外，因为事物的趋势和结构独立于实际可感知的事件而存在，这种力量、趋势和可能就算没有个体被启动，它同样唯物地存在。

相反，在实证主义的本体论中，实践域与其他域混淆了，但在批判实在论的本体世界中，社会的三个不同域（机制、事件和经验）可能在时间上都是不同步的，亦是不可还原的。实在域不能被还原为实际域与经验域。比如叶子下落（事件）与万有引力（机制）的作用是不同步的，叶子可能受到热力、空气和其他力的影响，无法着陆，在这些由力和机制组成的复杂因果关系网中，各种机制、力量相互牵制和博弈后，在一定时空情境下，引力可能成为主导性的机制，这样树叶才会落下。所以，我们能观察到的表象、感知到的事件，是由各种不同的机制互动所出的结果。不难看出，批判实在论认为，科学或社会科学不应再被限制于寻求某些事件的简单逻辑关系上，而是应该为了确定造成事件的力和结构——这些趋势相互可抵消，亦可复合，并共同发生作用。因此，社会科学往往是重要、重大且复杂的，远非恒常连接所能覆盖的，这呼唤我们建立更开放的世界观。

换言之，这三个分层界域的划分有着重要的实证价值。以本书最后一章的教育心理学为例，在这章中我们论证了自我效能（感）是否是唯物或不及物的。如上述，实在域中存有结构和机制，它影响着实际域中的可能事件，而有些事件并不能被个体所感知或经历，且只有能被体验、感知和感受到的东西才会出现在实践域。那么自我效能作为心理因素亦属于机制之一（属于实际域，因为其不能或者没有被肉眼直接观测到），它会产生一些可观测的行为，如老师对孩子的动作以及与孩子的互动等（在实践域）。而一些未被感知到的事件，如学校空间设计感对学生的物理压抑体验等，则发生在实际域，不可名状。

又如，批判实在论的本体论所讲的事实，既可能存在于实践域、实际域，亦可能存在于实在域。那个在实证主义中，存于扁平的本体论中的世界，被分化成多重世界域，而这种分化对于本体论层面的事实分析和认识论层面的事实建构分析都具有重要意义。例如，“北京是中国的首都”，由如下事实构成：（1）北京是一个地方；（2）中国是一个国家；（3）有一种事物被称为首都；（4）中国有一个政府；（5）中国政府有权力定义首都；（6）中国政府选择了北京作为首都。可见，“北京是中国的首都”这种复合事实，并不是我们一下子就可以在实践域直接感知和察觉到的，需要由许多在实践域中得来的事实（1）—（6）构成。

郑忠明在探讨批判实在论对于新闻学的意义时，举了一个很易懂的例子：记者总是被教育，说他们应该不偏不倚地报道事实，或“让事实自明”。[①] 然而批判实在论告诉我们，正因为事实具有结构、多层次和复合构成这些特征，才需要我们在本体论上探讨不同域中的不同结构的互动机制。这意味着澄清新闻事实的本体、理解它的结构，才能解释新闻客观性的实践所得。例如，新闻事实大多属于实践域中的事实，譬如记者的观察、目击者的回忆、新闻当事人的叙述和表情、政府机构的反应及各类书面报告、影像的记录等经验数据。记者可以通过这些直接或间接的经验，重建属于实际域中那些无法被人们完整感知的事件及其态势，以推理出实际域中的事实。那么新闻事实在本体论意义上既存在于实践域中，也存在于实际域中。新闻记者还应该尝试追溯实际域中新闻事件背后所蕴含的更深层次的助推。它是实在域中各种纠缠和互动的社会结构力量和趋势。

① 郑忠明：《新闻事实的本体、构与新闻客观性——基于批判实在论的解释》，《国际新闻界》2020 年第 2 期。

故而，批判实在论提醒了我们，越是那些存于社会机制层面的深层事实，越是难以被建构为认识论层面上（实践域中）的新闻事实。相比之下，新闻记者最擅长发现实践域中那些可感知的体验，甚至能够捕捉到实际域中发生的某一个具体事件，如果记者可以进一步追问实在域中那些独立于经验和事件的机制，那么，他们需要意识到，作为社会机制的经验事实并不是社会本体层面客观存在的深层的事实，这种恍然大悟对新闻界和读者都是有益的。

所以说，起源于哲学，被社会学学者如亚彻发扬光大的批判实在论，其实一直在讨论一个终极的社会科学话题，即结构与个体行为的互动或转化模式。批判实在论既否定了个体主义向上的因果解释（由个体解释社会），也否定了整体主义向下的因果解释（由整体解释个体）。批判实在论提出了社会—行动转化模式，社会和行为者两者是相互依存、互构的。批判实在论还特别强调，社会（结构）是预先存在的，如果没有各种各样的社会结构，我们人类行动的物质条件就不可能启动。要是没有交通规则、语言规则，那么驾车、买卖等有意向的个体活动就不可能发生。

所以，人类社会的发展是一个自然而然的过程，社会活动不仅建立在一系列的关系和制度上，还包括对观念、意义和价值的理解。那么社会科学就不仅需要采用批判实在论的深层结构法，亦需要吸收它的社会—行动转化模式，以将结构、能动和历史过程纳入一个统一的实证范畴中进行研究。

当然，我们必须提及，随着罗伊·巴斯卡向元实在哲学转向（被批判实在论者称为“精神转向”），他的一系列论点引来争议：2000年，《从东到西：灵魂之旅》（*From East to West*：*Odyssey of a Soul*）问世。巴斯卡首次表达了与精神价值相关的思想，这被看作其“精神转向”的开始。而一些著名的批判实在论者则对“精神转向”持谨慎态度，一些人甚至认为，这种转向是对作为严谨学科的哲学运动的妥协。2002 年，《元实在的反思：超越、解放和日常生活》（*Reflections on Meta - Reality*：*Transcendence*，*Emancipation*，*and Everyday Life*）出版，巴斯卡在书中声称：“一种新的哲学立场正在酝酿，我将其称为‘元实在’”——我们以为的事实，其实是妥协后的产物，因它限制了可能性的无穷（the possibilities of being），或者说，这个世界和我们对它的细致描述本身就是对立的，而“事实”这个词似乎加强了这种本身不应存在的对立。对于“元实在”，他认为事实不应只包括可以看到和感受到的，还应包括那些明显的缺失。所以于巴斯卡而言，“元实在”打破了一切二元对立，且将主客体的对立打破了——那些我们认为是主观层面的东西，如价值观、文化、爱情甚至宗教，都不再是主观的感受，而是打破了主客观分别的元事实了。

而一些批判实在论者则认为，元实在哲学层面的探讨（例如有关灵魂）似乎超出了学术范畴，因此他们提出了这样的问题：精神转向如何体现出批判实在论的逻辑进程？① 杰米·摩根认为，巴斯卡说精神本体、上帝本体的可能存在，让很多学者感到失望。② 与此同时，对于巴斯卡的元实在哲学转向亦有不少赞同者（如 Douglas Porpora 和 Andrew Collier），他们认为作为“结构上不及物”的精神实体具有研究的可能性，亦符合批判实在论的本体论世界观，所以这种可能性才使得关于它的解释和研究成为可能。③

总之，尽管批判实在论自诞生以来就受到过各种批判，但不容质疑的是，批判实在论的确为哲学和社会科学中出现的新挑战提供

---

① Porpora，D.（2005），“The Spiritual Turn in Critical Realism”，*New Formation*，56（1）：147 - 161.

② Morgan，J.（2005），“Ontological Casuistry? Bhaskar's Meta - Reality，Fine Structure，and Human Disposition”，*New Formation*，56（1）：133 - 146.

③ Archer，M. et al. eds.（2004），*Transcendence*：*Critical Realism and God*，London：Routledge.

了有效且合理的借鉴参考。所以，作为区别于实证主义、阐释主义和后实证主义的新理论思潮，不管是对科学哲学还是对社会科学来说，其思想均具有重要的价值。

## 实证主义、后实证主义与开放系统

实证主义（positivism）认为事实经验是客观存在的，而科学研究和科学研究者只是观察这些资料的中立媒介。后实证主义和后结构主义（post - positivism 或 post - structuralism）则认为，我们的世界是由在不同空间域的实体构成的，否认存在着统一的力量，这种多元化观点甚至否认存在普遍的规律，并认为世界的多元性和行为者对这些多元性的多元理解削弱了理论的普遍性价值。观察与被观察者并不是独立的，观察结果与采用的方法和所针对的问题也是互相依赖的。所以，基于事实的经验研究检验并不能帮助我们对理论的提出予以最终评价，它甚至不能解决理论的争端，更不可以证实真理。但是实证主义和后实证主义也有共通之处，前者用人类的经验来定义所谓的世界和事实，而后者则用话语、文化和符号来界定事实，两者都将人类放在社会和世界的中心位置。[①] 这本身看起来没有太大问题，但从批判实在论的角度，两派学者似乎都将肉眼所见认作唯一的事实，混淆了认识论与本体论，如果观察和理解决定了实在，那么本体论的价值和重要性也随之消失。而批判实在论则强调，事实是客观独立存在的，是独一无二的。我们只可以通过不同的认识论和方法论去发现它们，而不是任意改变或创造它们。所以对于

① 刘慧：《超越实证主义和后实证主义之争——批判实在论与国际关系理论研究》，《世界经济与政治》2007 年第 7 期。

批判实在论，我们人类所处和面对的世界是一个开放系统，它的存在不依赖任何物质和观念本体。

也就是说，区别于实证主义和后实证主义，批判实在论建立在对封闭系统和开放系统的区分上。开放系统指系统的边界不能预先设定，因而，在系统构成中各变量的范围及它们的内在关系也不可预先确定。相反，一个封闭系统的边界被认为是预先确定的，系统变量及它们间的内在关系结构也是预先存在的。相对于封闭系统的僵化，开放系统不断演进。在这种开放系统中，批判实在论认为，实证主义简单地移用自然现象解决模式来解释和应对复杂的社会现象，是存在局限的——开放系统观认为，在社会科学研究中很难找到像自然科学研究里那样封闭的实验条件，所以直接通过实验获得与某种事件相关的恒常的可能性相当有限。①

在这个开放系统当中，批判实在论的本体论认为，关于世界，能够有许多个真实的命题、想法和见解，它们都阐述了世界的一种特征。从这种意义上说，真理可以是多重的。同时，批判实在论也承认认识论的相对主义——人类对客观实在的理解是有限的，存在多重解读。还有，批判实在论也相信理性判断，这意味着，在承认世界具有独立于认识者的基础上，再去理解真理本质上不是直观的、外在的、可对照的实在。这是因为，真理是不直接涉及经验的证实，而且往往是诉求于理想化的证实。

而实在论的目的就是保持科学的科学性，即不隐瞒真实。此外，解放理论的枷锁也是批判实在论的一个基本内核，它认为，通过社会实践赋予意义是十分必要的，但任何认识论层面的解读，都不能说已经掌握了绝对真理，而都应当受到批判，以服务于解放人类这

① Gorski, P. (2013), “What is Critical Realism? And Why Should You Care?” *Contemporary Sociology*, 42 (5): 658 –670.

一最终的诉求，这是批判实在论中“批判”的含义。[①]

## 及物、不及物与涌现

既然巴斯卡认为科学研究的对象独立于研究者的认识，那么在回答科学何以可能时，学者们往往要面对一个困境：一方面，人是知识的生产者；另一方面，人认知的对象却独立于产出知识的人。那么研究如何开展呢？为了应对这个困境，巴斯卡区分了不及物的层面和及物的层面。[②] 前者指向的是，人生产和理解知识的过程中，受到了社会条件，包括意识形态等的制约，因此人对这些实体或研究对象的认识是及物的，不独立于个体存在，又是不唯物的。而后者涉及知识的对象，这些对象独立于产出知识的人的思维，因此它是不及物的实体，亦是我们所谓的唯物的。由此，按照批判实在论，要回答科学何以可能，则需要探讨不及物层面的机理与构成，但仍然需要对自然界和社会进行分层研究以注意到“涌现”的现象。

分层即刚刚论述的分层本体论，是将社会和自然世界分为实践域、实际域和实在域的尝试。不可观的事件和其背后的发生机制分坐于实际域和实在域。巴斯卡认为，发生机制具有潜能，其运作也意味着潜能的实行，而潜能的实行产出一定的事件，事件的产出又是潜能的实现。世界作为一个开放系统，其中活跃着多种结构或机制。这些机制坐落于不同层次，其特性是其不能被还原为同种机制，且某种发生机制的运作一定会受到其他机制的干扰。

① Al－Amoudi, I. and Willmott, H. (2011), “Where Constructionism and Critical Realism Converge: Interrogating the Domain of Epistemological Relativism”, *Organization Studies*, 32 (1): 27－46.

② Bhaskar, R. (2008), *Realist Theory of Science*, London: Routledge, p. 11.

在探讨这些发生机制的关系时，巴斯卡引入了一个重要概念——“涌现”。[①] 这个概念强调高层次的存在尽管依赖和源于低层次存在，但却不能被还原为后者。简单来说，涌现就是指从低层到高层的延展过程中，宏观系统发生的不可预期甚至不可解释的突变，从旧质中产生新质；而新质具有新的结构与特性，不能被还原为旧质的组成部分。

所以，涌现的关键特性在于其“不可预料”性和“非添加”（non－additive）性，因为涌现产生了组成低层级部分所不具有的新的特质，这也意味着1＋1有无限可能的取值区间。劳森则认为，低层级的实在往往代表着“根源”，而高层级的实在则意味着“涌现”。在任何一个开放系统中，都存在较低层面的结构和机制，但也存在涌现层面的高层级的结构、力量以及机制。[②]

且涌现也具有不对称性，那些根源层面的存在不会依赖于更高的涌现层面，但涌现层面却源于根源层面。社会实在由一系列不同层级的机制、结构与人类实践组成，在每一个层级上的结构都有涌现的特性。而这意味着，对任何层级的涌现的解释不能完全被还原到较低层级的机制或现象上。这也要求研究者研习批判实在论分层本体论的视角，看到个体或部分会因其在特定或恒常流动的社会关系中的位置而获得新的特性，从而认识到，社会绝非个体或部分的加总。

## 批判实在论与因果关系

最后值得一提的是，批判实在论对于因果关系的定义深刻地影

---

① Collier，A.（1994），*Critical Realism：An Introduction to Roy Bhaskar's Philosophy*，London：Verso，p.157.

② Lawson，T.（1997），*Economics and Reality*，London：Routledge Press.

响着它的应用，这亦是本书在探讨制度主义流派时遇到的核心问题。这里简言之，如格罗夫所总结的，对于什么是因果关系，学者主要分为三派：① 一派如亚里士多德、洛克及现时的批判实在论者（我们称其为积极主义者），从“力量”（power - based）的角度来定义因果关系，认为因果关系是生产性的（或者有生产力的），诱因（causation）是一种行动，一种带来改变的力量。所以原因会产生结果。原因也不仅仅是在时间上排在了结果之前这么简单，它在生产过程中产生的行动不能被化约成任何其他东西，它也是客观世界不可磨灭的实在或实体。从哲学层面上说，亚里士多德以及中世纪亚里士多德主义者的实体学代表了一种典型的形而上学流派，其基本原则是：有很多东西客观、独立地存在着，它们有着不同的属性，有些属性是根本性规定（本质），而有些则是非根本性规定（偶性）。所以，对于一个实体，它的本质是不可或缺的，但它的偶性则是可变甚至偶然的。显然，这种亚里士多德主义的形而上学分析符合我们的日常生活所见，因为它原本就是对我们日常经验的完善。②

另一派学者（消极主义者，passivists）则不认为因果关系是生产性的，所以原因造成的行为可被化约。格罗夫认为，消极主义者亦可以分为明显的两派，一派如斯宾诺莎和康德等哲学家，他们认为因果关系无非是事物之间的链接，即一件事情可以解释另一件事情，或者仅仅让另一件事情变得更加清晰明了。换言之，因果关系无非是一种观念上的解释机制。③ 所以，在斯宾诺莎的实体学说以及形而上学之中，实体不再是指我们在日常生活中所见所闻的一个个具体的存在，而是意味着一个形而上学的终极实在或本原——“自

① Groff, R. (2016), “Causal Mechanisms and the Philosophy of Causation”, *Journal for the Theory of Social Behaviour*, 47 (3): 286 - 305.

② 吴增定：《实体与事物——重思斯宾诺莎对亚里士多德主义的批评》，《世界哲学》2021 年第 1 期。

③ Della Rocca, M. (2008), *Spinoza*, New York and Oxon: Routledge, p. 44.

因”。所谓“自因”，指的是实体存在的原因就是自己本身，不需要任何外在的原因。而另一派消极主义者例如密尔和休谟则认为，在分析性行动哲学中，对身心问题的关切表现为对意向性行动的关切，所以休谟认为，被观察对象间的恒常结合形成了因果关系的观念。

实证主义者往往继承这一观点，他们将自然科学的因果关系视为恒定的规律，在实证出现反证前，对这些发现给予充分信任。所以恒常结合的案例主要表现为因果规律并非某种偶然之事，它在过去是普遍成立的，且在总结的经验的基础上，对未来的事态有预测。这呈现一种在时间上的规律连续和相继性，是一种基于过去经验的归纳概括——换言之，因并不代表一定会产出效果或任何事情，因只不过是时间上先于后者，是先出现的事物或事情罢了。也就是说，休谟的恒常结合观点是没有生产力的。所以不难想象，这样的因果关系定义会深远影响社会科学的发展。

所以，批判实在论定义了具有生产力的因果关系，这种以分层本体论为基础的因果关系解释模式可以弥补实证研究中（经常是采用一种消极主义的因果关系或休谟式的恒常链接）对因果机制检验不足的缺陷。[①]

## 章节安排

本书作为介绍并实证应用批判实在论于社会科学（广义上包括管理科学与心理科学）的入门书籍，具体分为六章。在第一章（“哲学与管理科学”）中，我们将深入对比批判实在论和主要的当代哲学流派的异同以及其独特的优势（相较于其他三种观点其内部

① 倪昌红、杜鹏程：《管理理论的因果关系检验——实证主义的问题与批判实在论的启示》，《北京理工大学学报》（社会科学版）2018 年第 1 期。

一致性和论证严密性），例如与实证主义、后现代主义与实用主义等的比较。随后，我们将以管理学有关制度企业家（institutional entrepreneur）的实证来验证批判实在论的价值。因此，第一章是对近二十年来管理研究领域出现的越来越多的以哲学为基础的研究的反思与讨论。诚然，哲学是无处不在的，每位管理研究者都会有意识或无意识地认同某一种哲学观点，所以它以一种不可言喻的方式影响着我们的学术和管理历程，因此，找到一种既借鉴实证主义又融入非实证主义的科学哲学体系，可以有效解决当前管理研究遇到的理论和应用瓶颈。

从管理学的历史发展来看，在20世纪60年代到80年代初这三十年间有诸多重大的管理知识创新，以至于我们如今的学术教科书中的大部分内容，都是基于这三十年的研究成果，可以说是“管理研究的黄金时代”。但之后迄今的三四十年，管理学研究出现危机，在理论层面产出的思想越来越少，且与实践生活的相关性也越来越弱。对于国内管理学界，在近二十余年的追赶和超越中，学者们似乎经历了一场学术革命，实证主义范式下的经验研究似乎成为管理研究的主导，从论文写作到匿名评审的论文发表，规范得以确立。然而在这个学术互相赶超的过程中，中国学者和外国学者都忽略了自己研究方法可能存在潜在问题：当学者们宣称在使用科学方法做着严格且规范的实证时，却往往忽略了支撑这些研究方法的哲学与世界观假定。

这一系列误区的产生也在呼唤学者们更加深刻地理解管理科学的本质，以哲学启发管理学研究的想象力和行动力，进而构建反思的基础，推动理论和实证研究的创新。所以，尽管大部分的管理学学者对用来审视管理知识和论文的哲学维度了解不多，但近十年来，越来越多的管理学学者开始广泛涉猎诸如科学哲学领域的知识与话题，已经具备了一定的文献积累与哲学判断能力，也越来越认识到多元的哲学流派对于理解管理现象、构建理论和实证框架具有的重要价值。

具体来说，第一章我们以制度企业家（又译为制度创业家）研究为例来展现批判实在论对于管理学研究的价值。制度企业家研究是研究个人或组织通过建立、推广获得群体认同所需的规则、信念、价值和行为模式，从中创造、开发和再利用机会来更新和创造制度的过程。总之，制度企业家要挑战现有逻辑，改变现在的制度，必会遭遇重重困难和难以遇见的阻力。目前的制度理论强调制度力量对组织过程的影响及其持续和趋同性，而创业研究却往往强调个体创造性力量对制度的重塑性与变革性。因此，制度企业家理论结合了看似矛盾的两者，并试图为解释制度（变革）从何而来提供新视角。

那么，既然制度理论假设制度或规范往往通过合法性机制来约束组织和个人的行为，如何回答以下问题：如果行动主体已嵌入某个制度（场域）之中，并且服从于那些建构其认知的规制和规范，那么，个体又如何会产生新的制度设想，进而以动员其他的行动主体来共同推进制度变迁？这个问题就是“嵌入能动性悖论”。换句话说，如果个体在制度的规则、规范与认知的三重制约之下，如何还能够突破制度重围，重塑或改变制度？

在这里，嵌入性是指制度塑造个体行为的过程，所以制度嵌入性是个体选择行为的制度形塑，意指个体的行为要受到制度的激励和约束。目前，已有的中西方研究对这个悖论皆未能提供令人满意的答案，直到批判实在论的多层本体论出现。我们会在第一章中详述批判实在论是如何解决制度企业家遇到的悖论的。

在第二章（“伦理与管理科学”）中，我们将管理科学的话题延伸到伦理学层面，管理伦理是指人们在社会经济活动中所应遵守的规范、准则或道德，它可以解决个人和组织在进行决策时所面临的问题，以更好平衡经济利益和社会道德责任。

然而，学界对于管理伦理是否有实践价值，却持有不同意见。

在当今管理科学领域，对一家公司是否应该承担更多的社会责任，或遵守商业伦理，而不是追求利益最大化这个理性经济人假设，有较大争议，特别是当经济学俨然已经成为管理学的理论和意识形态的基石后：基于理性经济人假设，公司的主要目的显然是创造尽可能多的财富。因此，论证商业伦理的必要性和价值时，两派学者对经济学的假设做出了自己的阐释——一派学者（战略思考派）采取了一种商业战略思考方法，试图证明公司社会责任与最大化盈利之间的正向因果关系；另一派学者（伦理道德派）则认为，商业伦理行为与其经济效益不应挂钩，社会责任在道德和文化上，有其存在的必要。不难想象，两派学者的观点产生了碰撞，特别是当一些坚信资本主义精髓是为公司和股东创造最大价值的经济学家提出，财富的最大化才能带来更多的社会效益时。但在两派之争中，也出现了一批相对中立的学者，认为公司追求经济利益最大化与其承担更多的社会责任不矛盾，且两者是相辅相成的关系，或者说，公司的不道德行为反而会产生诸多经济损失。

本章将论述已有文献缺乏对影响管理伦理行为的结构性因素的探索，且两派学者的核心理论假设仍没有走出理性经济人的“陷阱”：在这个辩论的过程中，无论是将经济利益最大化当成管理伦理的“朋友”还是“敌人”，学者们都认为，公司或者组织的管理者，是理性的机会主义者，其行为实践的最主要目的是追逐经济利益(趋利理性)。而这一假设混淆和错误理解了公司行为的复杂动机及其结构性限制。例如，一些公司的行为就不能完全用趋利理性来解释，如将公司采油设备沉入大海，又如选择性地录用男性工作申请者，再将安全生产提示漫不经心地贴在各处；且公司行为也不能完全由其内部的因素决定，尽管一些学者分析了公司行为的主导因素，认为其是由价值或信念所主导的，或是被人际关系网络所影响的，但我们依然需要对公司作为一个组织所处的社会大环境进行更全面的考量。

具体来说，本章将采用批判实在论解决趋利理性经纪人假设给管理伦理学带来的问题：批判实在论的分层本体论（制度逻辑）可以让我们更加完整地理解影响公司行为的结构因素和社会背景，更加看清影响公司管理伦理行为的社会结构多元推手，不再限于简单的成本效益分析。本章将论证影响公司管理伦理的社会结构由多样的制度逻辑组成，它们可为个体和组织提供行动策略。因此，基于这个批判实在论视角下的多重制度逻辑推演，本章将论证，学者们如何可以跳脱经济理性最大化的假设来理解塑造公司管理伦理的结构性因素。批判实在论的优势在于其强调社会结构和个体能动的二重性，指出行动者的理性及利益考量是随着制度和秩序的变化而变化的，这在一定程度上弥合了管理伦理理论中存在的社会结构和个体（组织）能动性间的对立与鸿沟。

在第三章（“街头官僚与行政伦理”）中，我们将批判实在论的触角延伸到行政管理学，探讨该领域的一个重要话题：街头官僚在不可避免地使用自由裁量权时，如何更好地平衡行政与伦理。诚然，街头官僚处于行政链末端，但掌握着最接地气的行政权力，并负责执行公共政策，是公共服务的实际提供者，而在执法一线频发的冲突与矛盾严重影响了政策执行效果和政府权威，引发了本章的行政伦理反思。

那么，街头官僚的自由裁量权究竟是符合还是有违行政伦理价值？是“天使”还是“魔鬼”？学术界对此众说纷纭，主要分为意见鲜明对立的两派：一派学者持悲观态度，认为作为代理人的街头官僚在信息不对称的环境中会利用自由裁量权扭曲政策，为自身牟利，损害行政受众的福祉。鉴于此，有学者进一步倡议街头官僚的自由裁量行为需要受到组织及制度的约束与控制。然而，遗憾的是，这一派学者过分强调街头官僚的理性人面向，却忽视了街头官僚作为政府公务员所具备的公共服务动机，否定了自由裁量权可以促进其履行职责的正面功能。同时，如果我们过于依赖对于街头官僚的结构性控制，必然将增设更多规则和程序。若这些程序和规则缺乏协调与统一，反而会为街头官僚自由裁量权的扩张提供条件。

另一派学者则较为乐观，认为自由裁量权对政策执行、组织变革、政府回应性、个人和组织的目标实现都具有重要意义。这一观点植根于代议制官僚的理论假设。若官僚体制的工作人员的特征能够充分反映当地社区的人口特征，那么他们在政策执行时的自由裁量权和行为也将能反映和映射社区群众的总体利益。因此，该派学者认为，自由裁量本身对于政策的执行至关重要，下放自由裁量权才能促进民主的“街头”实现。然而，尽管这一派学者认识到街头官僚政治上的“公众代理人”身份，却忽视了街头官僚亦是“国家代理人”身份的特点，且他们过于相信街头官僚的责任感和品质等个人特质，忽视了他们放大自身利益的可能。

本章认为，这两派学者都缺乏对影响自由裁量权的结构性因素的探索：在这个辩论的过程中，无论是将个体利益最大化当成街头官僚自由裁量行为的“朋友”还是“敌人”，学者们都将评判标准置于一个韦伯式的官僚制行政的基本价值体系中进行对比：根据韦伯的官僚制理论模型，就资本主义社会发展的精神特征而言，其全部内涵都在于它的理性化，而理性化表现在政治生活中就是官僚制。这种官僚制体系符合近代资本主义的工具理性原则，它优先考虑行政活动的效率。

因此，我们通过批判实在论对韦伯式官僚制价值体系与街头官僚文献进行重新解读，强调已有的两派学者就基层官员自由裁量权背后的道德困境的探讨，都是基于韦伯式的制度价值观的标尺：这些行为如果不是韦伯式价值观的“朋友”，就是其“敌人”。换言之，自由裁量权是否有悖于这些标尺，也成了学者们对街头官僚行政伦理道德进行评判的标准。批判实在论向我们揭示，以韦伯式行政价值作为衡量行政伦理的标准，混淆和错误理解了自由裁量行为的复杂动机及其结构性限制，因此，我们需要对街头官僚所处的多重制度逻辑进行深入理解分析。

第四章（“超越韦伯和卡夫卡”）继续了本书对于韦伯官僚体制研究的探讨。我们在上一章中描绘和分析了街头官僚在行政时面临的自由裁量窘境，这亦是追求理性价值的韦伯式官僚体制的具体体现。而本章将解释韦伯式组织生活中“卡夫卡”式的一面，即那种对于规制和权力的不屑一顾，对于具体组织内部生存状态的迷茫与探索，以及对于具体规章制度的扭曲执行。我们对于卡夫卡式组织生活对韦伯式理想型官僚体制研究的修订，自然是喜闻乐见的，但是本章认为，无论是韦伯还是卡夫卡，都对官僚体制下人类的生存现状感到悲观，看不到人类通过自身努力改变这些机制的机会，而我们将通过批判实在论切实地改变这一悲观的论述和情绪，利用其分层本体论看到人类在官僚体制下获得解放的可能。

本章认为，韦伯官僚制理论包含相互矛盾的两个方面：一方面，他认为官僚制对于人类的未来而言就是一个“铁笼”；但另一方面，他又强调“铁笼的必要性”，认为这个铁笼是资本主义的进步，是经济现代化的重要尺度，亦是国家现代化的有效度量。且韦伯认为，官僚体制从根源上揭示了人类在现代化进程中所面临的困境，即形式合理与实质合理的潜在矛盾。本章其后将解释卡夫卡笔下官僚在官僚体制下真实的生存状态：他的书写（小说、日记、书信）乃至他的整个生命活动，都可以被看作是对这一官僚理性体制造成的危机——其本质为人的精神危机——的悲观回应。这无疑涉及在官僚体制和科学技术发展双重旋涡控制之下的人的真实生活，以及反抗官僚组织是否变成可能的根本问题。

不难想象，卡夫卡式官僚制生活对于组织理论和行政管理学的巨大启示，在卡夫卡去世后的数十年中，还在不断激发着组织研究者的灵感，使之继续以卡夫卡的视角阐释官僚近乎荒谬的生存和行为状态。多位学者就对卡夫卡式的官僚生态做了准确的描述：犹如迷宫般的条条框框、梦魇般的生存状态以及无法让人理解的工作环境等。在这种大环境下，我们不难看到官员对规则的阳奉阴违、对规则的绕道而行、对规则的打破以及其后制造的混乱与不确定性等。这一系列的反应，也被人视为个体对庞大官僚组织“铁笼”似的条条框框的有机反应。

那么这一系列的发现，无论是韦伯式的还是卡夫卡形态的，总是让读者猜想：到底组织生态的真实状态是什么样子的呢？我们在上一章的论述中看到，起码以街头官僚理论所发现的情况来看，卡夫卡和韦伯的描述都有道理：从某种意义上来讲，两者描述的官僚制生活采用了不同视角。韦伯采取了一种从上到下的视角，让我们看到了制度和规则的预期；卡夫卡则是采用了一种从下到上的视角，让我们看到了一个在组织内部真实或者夸张的生存状态，且卡夫卡告诉我们，无论怎么做、如何抗争都无法显著改变这个官僚铁笼的束缚得到最终的解脱。

那么到底人类是否可以摆脱这个铁笼呢？是相信韦伯还是卡夫卡？这里我们似乎又陷入了制度理论的经典嵌入性悖论——如果结构定义了个体的活动和认知范围，那么个体如何抗争或者改变这些压制性的组织力量与基层现实呢？在这里我们认为，批判实在论及其分层本体论提供了一个很好的答案，可以帮助我们找到解放个体的先决条件以助打破嵌入性悖论。

从哲学的角度来说，批判实在论认为韦伯和卡夫卡式的组织描绘混淆了本体论与认识论，认为我们看到的就是存在的，所以只是将所有的社会现实归于一个平面的本体空间，其中只包括了个体的体验与想象。而批判实在论的分层本体空间则打破了这一单独维度的束缚：我们能观察到的东西不代表这个社会的全部——正如官僚体制一样，它包含了可能性与完成性，这两者存于三个本体空间项度之中——本章认为，韦伯式的结构存在于实在域，而它的作用力会在实际域产生多种可以看到以及尚未观测到的事件，而只有那些被观测到的事件才处于实践中，包括那些卡夫卡式的组织内的荒诞和无奈行为。

所以，批判实在论的分层本体论让我们看到了韦伯式的官僚预期和想象并不一定都能够转化成现实或者卡夫卡所描绘的模样，而没有实现的自动转化也是因为多重制度逻辑（实在域的结构）的存在。换言之，韦伯式的制度逻辑并不是唯一存在的结构性因素，多重逻辑的碰撞，如市场与宗教逻辑等，都影响着官员或街头官僚执政行为的结果（卡夫卡式的具体组织内行为）——这个批判实在论视角，最终解放了个体，对街头官僚或者官员那近乎荒谬的生存状态进行了反思，让我们看到个体是如何通过对结构的重塑来打破结构的规制和强制的。

在第五章（“地方政府改革和政治学建构主义”）中，我们进入政治学的领域，理解批判实在论如何解决政治学在解释地方政府改革时（制度变迁）的三种“制度主义”窘境。已有研究不是陷入制度决定论（制度变迁学派，institutional change），就是被个体自由意志论所左右（制度设计学派，institutional design），亦有较为新潮的学者展开了吉登斯式的理论探索范式，采用了建构主义的视角（制度形成学派，institutional formation）。

而批判实在论利用其颇具特色的分层本体论解决了这三大问题。诚然，制度研究作为一种学术传统在西方政治学演进史上有久远的知识渊源。自政治学诞生以来，这一理论主题就是该学科最为基础的知识场域，甚至成为学科性的理论路径——如何构建生活和政治，如何安排有规则的政治生活，如何规定公权的干预范围及其活动空间，如何解释制度的变革等问题，是政治学长期关注并投放学术精力最多，所以知识积累也最为深厚的理论和实证研究领域。

然而根据批判实在论学者亚彻的经典论述，我们认为，在解读地方政府制度改变和变迁时，通常有三个省略主义或者合并的问题：学者们要不就采取向下省略的方式（如制度变迁学派），将个体的能动性降到最低，过分强调结构和制度的力量；要不就使用向上省略的方式（如制度设计学派），有意强调或夸大个体的能量，成为制度设计者；还有一种就是我们刚刚提到的建构主义学派，采用趋中省略的方式，将个体和制度化作一体，两者都失去了独立存在。

批判实在论可以有效解决这三种省略带来的多重问题“主义”：如前几章所示，通过解决嵌入性悖论，批判实在论将结构、制度和个体行为放在三个不同的本体的维度中（实在域、实际域和实践域），这样三者都相互独立、相互影响但不相互决定——处于实践域的个体可以采纳或者选择性吸取处于实在域的结构性因素，如制度逻辑，来改变处于实际域的制度。制度在这里被定义为制度逻辑下个体间关系可能产生的多种情形或事件，而只有一部分事件能被个体感知到，这部分事件就处于实践域。换言之，批判实在论认为，制度既包含了可能性与完成性，这两者存在于三个独立的本体空间项度——在更广义的结构的影响下（如制度逻辑），制度作为社会关系中的可能性，有被转化为可见事件（在实践域）的可能（达到完成性）。同时，个体与制度的互动存在于实践域，可观测到的行为就是这种完成性的制度。批判实在论告诉我们的是，制度不是简单的个体行为过程，而是社会结构下社会关系展现的可能性。

随后，本章将从一个实证角度切入，看已有的研究理论是如何解释一个具体地域的制度变迁的，然后用批判实在论的分层本体论来更新这个理论，再用这个新视野来重新讲述一遍这个实证案例，以期得到一个更为合理且未陷入决定论泥潭的解释。具体来说，我们以英国地方政府改革为实证切入点：1997 年新工党执政后，在苏格兰、威尔士、北爱尔兰和伦敦推行权力下放，运用绩效目标体系和“合作式”的财政预算制度，来改变地方机构“碎片化”的治理状态，例如对地方政府及其伙伴，使用“区域协议”体现绩效目标，以通过整合地方服务提供者来进行监督和管理。所以长期以来，国外学界对于苏格兰和威尔士以及北爱尔兰等地权力下放探讨较多，但对英格兰权力下放却甚少研究。伦普利（Lemprière）和朗兹

（Lowndes）这两位学者就是近年来研究这个问题的代表，他们在一系列的论文中试图解释，为什么英格兰东北部没有成功建立起东北部地区联合管理局（North East Combined Authority），而西北部却成功建立了大曼彻斯特地区联合管理局（Greater Manchester Combined Authority）？他们认为，已有的研究范式，如前述的制度设计学派，陷入了个体自由意志决定论，认为所有的制度改革都得益于地方政客的能力；制度变迁学派陷入了结构决定论的旋涡，认为结构决定了制度的变化和发展。而他们就此提出了建构主义的制度形成理论，重新解读了欧斯特罗姆的制度分析与发展（IAD）框架后，将制度比作正在运行的规则，来解决个体自由意志和解构决定论带来的问题。英国西北和东北部联合管理局建设的差别也可归因于不同的制度执行者在运用制度规则时方式不同；换句话说，他们将制度看成被践行的规则，如果规则一旦不被践行了，那么制度也不复存在，制度改变也就仅仅成了个体改变规则的过程和行为的集合体及结果。

确实，这一理论的优点在于，可以摆脱结构决定论的束缚，但是却有意无意地陷入了个体自由意志的陷阱。诚然，两位作者承认制度执行者的选择受到制度大环境的影响，但仍然将制度看成个体行为的总和。从批判实在论的视角来看，这种建构主义的视角也是自相矛盾的：它同时认为制度独立存在于个体行为之外，又认为制度其实就是个体创造性使用及改变规则的过程和结果，那么制度或者规则到底是否独立于个体的行为之外呢？如果不独立于行为之外，那么制度这个词根本没有必要存在了；如果独立于行为之外，那么将制度定义为正在被使用的规则，就是不合时宜的。这让我们也想知道，到底是什么在制度化什么？又是通过什么来进行制度化的呢？

因此，在本章，结合相关的英文材料，我们会以批判实在论的视角重新解读为什么英国东北部和西北部地区的制度变迁的结果如此迥异。

在终章（“以批判实在论的视角审视心理学”）中，我们将政治学的制度主义探讨转向人的内心——心理学层面。上一章我们探讨了多种制度主义流派解释制度变迁的不同原理和问题，并从批判实在论的视角对这些流派存在的缺陷进行了修正。作为本书的最后一章，我们以个体的心理问题作为终结，探讨批判实在论如何帮助我们更好地完成对个体的心理分析，以及在心理学层面，什么是属于实在域的实体——如果个体的心理实在都是独立于个体行为之外独立存在的，那么上章所述的构建制度主义就更加站不住脚，制度和结构也就更不可能被叠入个体行为之中。

结构和个体的互动关系一直是社会科学以及批判实在论探讨的核心话题，尽管从学科归类上，心理学往往不被算入社会科学，但是批判实在论的著名学者如巴斯卡和亚彻一直关注人脑活动并给与其唯物的本体地位，前者分析“理性”，而后者关注个体内心对话。

具体来说，本章先着重探讨巴斯卡和亚彻对于主观能动性的理论探讨，再利用心理学的方法和理论，探讨研究人脑和心理过程是否可以增进我们对于主观能动性的理解。随后我们将以一个具体的概念“自我效能”为例，展示教师的自我效能作为一个实在性的构建是如何在教室中影响学生的学习效果的。

教育心理学是心理学的一个重要分支，我们将着重探讨其中的一个重要构念——自我效能对于个体身份的塑成。我们通过这种心理学的分析来理解什么是实在的、有因果影响力的心理结构，以弥补现有研究过于关注社会身份以及个体结构互动留下的学术空白。教育心理学关注个体、社会以及文化在教育场域的实体性运作。那么增进这个学科的发展，显然不能离开对一些本体问题的探讨，例如什么是存在的，并且只有将这个理解放到一个真实的教室中去，才能更好地做教育心理学的研究。

总之，批判实在论对于教育心理学的实践意义也非同小可：教育心理学是研究在教育情境下人类的学习教学心理，以及学校组织的社会心理学。所以说，厘清心理学的关键构念对于更好地理解教育过程中的个体行为和能动性至关重要，特别是对于我们理解与批判实在论相关的微观心理活动概念，如理性和内心对话，都十分有意义。

最后，本书亦需要说明，鉴于批判实在论是一个开放的哲学体系，对于究竟什么存在于实在域和实际域，学者们观点不一，我们在不同话题上，选取看似不同但实则近似的定义方式（如将制度逻辑定义在实在域或将其衍生出的社会关系定义在该域）是对这一哲学流派的最大尊重。

# 第一章　哲学与管理科学

近年来，管理研究领域涌现出越来越多的以哲学为基础的反思与讨论。[①] 诚然，哲学与（社会）科学研究的关系不言而喻，因为哲学是无处不在的，每位管理研究者都会有意识或无意识地认同某一种哲学观点，所以它以一种不可言喻的方式影响着我们的学术历程。然而，对于本书探讨的管理学而言，经济学、心理学以及社会学似乎是被大家公认的管理学基石[②]，而哲学常被认为是一门距离管理学比较遥远且深奥的学科。[③] 给学者造成这个印象的原因多种多样，其中一个重要原因就是人们觉得哲学难以理解，因为它本身就流派林立，存在大量有分歧的观点和视角。本书也难以完全解决这些观点的碰撞问题，但依然提出了一个基于批判实在论的解决方案，即以一种既借鉴实证主义又融入非实证主义的科学哲学体系，来突破当前管理研究遇到的理论和应用瓶颈。[④]

本章认为，连接哲学与管理研究最重要的路径就是两个学科有关本体论和认识论的探讨。广义上来讲，认识论是以人的主观去认

---

① 徐淑英等：《负责任的管理研究：哲学与实践》，北京大学出版社 2018 年版；［美］曾荣光：《管理研究哲学》，任兵、袁庆宏译，北京大学出版社 2020 年版。

② Abrhamson, E. (2008), "22 Things I Hate: Mini Rants on Management Research", *Journal of Management Inquiry*, (17): 422 - 425.

③ Alvarez, S. and Barney, J. (2007), "Discovery and Creation: Alternative Theories of Entre Preneurial Action", *Strategic Entrepreneurial Journal*, 1: 11 - 26.

④ Edwards, P., O'Mahoney, J. and Vincent, S. (2014), *Studying Organizations Using Critical Realism: A Practical Guide*, Oxford: Oxford University Press.

识客观存在。而本体论是人去寻求客观存在之"本"的探索。换句话说，认识论讨论的是如何认识事物，即用什么方式去认识包括自然物理和人文社科等一切经验现象。本体论讨论的是世界的本质（或本源）是什么。显然，学者可以用我们现在的所谓科学方法认识世界上的任何事物，但对世界本质的认识及其真实状态的理解依然存在偏差。①

总之，一种哲学视角代表着一种世界观，它包括一系列关于世界本质或本体的假定与信念。诚然，这些假定和信念未必适用于普通意义上的经验性检验及实证研究，因为一个哲学视角（本体论和认识论）既不能被证实，也不可能被伪证。但是这并不表示选择某一立场取决于个人偏好，也不表示某一种观点和其他观点一样接近真实的实在。换句话说，有关本体论立场的选择必然是主观的，因为它受到个人所持信念的引导。但这不代表我们不可以且不能通过逻辑来判断一种哲学视角是否比另一种视角的推理更合理。罗素在他的《西方哲学史》一书中，有效地说明了一种哲学观点是如何被评估的，例如，该观点是否具有逻辑漏洞（如康德）以及该哲学家是否按照他宣扬的那样去实践等（如叔本华）。②

不难想象，研究者个人的本体论和认识论立场会影响他们对用什么方法从事经验研究更为合理。所以，若研究者能充分认识自己的本体论和认识论立场，就会更加批判性地采取对应的哲学范式展开研究和思考，从而更加系统和客观地看待科学研究所得出的结果和产生的影响。

而本书认为，批判实在论在内部一致性和论证严密性方面，是一种发展完善的世界观，也是解决管理研究者所面临问题的最有效视角和出路。如劳森所述，批判实在论可以揭露、批判和解释社会

① Quine, W. (1996), *Ontological Relativity and Other Essays*, NY: Columbia University Press: Introduction.

② Russell, B. (1945), *A History of Western Philosophy*, New York: Simon and Schuster: 778.

科学中无法持续的假定及其所包含的不一致性和混乱之处，亦可以帮助研究者理解自己在更为广阔的知识生产活动中所处的位置，并帮助研究者知晓自己可以探索的潜在可能性。①

本书对于推动中国管理学的发展亦有重要的实践价值。管理学在20世纪60年代到80年代初这二十多年间进行了诸多重大的知识创新，以至于我们如今的教科书中的大部分内容都基于这二十多年的研究成果，徐淑英称其为“管理研究的黄金时代”。② 但在之后迄今的三四十年间，管理学研究出现危机，在理论层面产出的思想越来越少，且与实践生活的相关性也越来越低。对于国内管理学界，在近二十余年的追赶和超越中，学者们经历了一场学术规范化的历程，实证主义范式下的经验研究已经成为管理研究的主导，从论文写作到匿名评审的论文发表规范确立完成。然而在这个赶超的过程中，中国学者和外国研究者都忽略了自己研究方法可能存在的潜在问题：当学者们宣称在使用科学方法做严格且规范的实证研究时，往往忽略了支撑这些研究方法背后的哲学与世界观假定。徐淑英认为，这一知识的空缺导致研究者在写作时的“知其然，不知其所以然”，陷入错误的“核心假定”。③

这一系列误区的产生也在呼唤学者们更加深刻地理解管理科学的本质，以哲学打开管理学研究的想象力和行动力之门，构建反思的基础，推动理论和实证研究的创新。任兵与袁庆宏也指出，尽管大部分的管理学者对于用来审视管理知识的哲学维度了解不多，但近十年来，越来越多的管理学者已经开始广泛涉猎诸如科学哲学领域的知识与话题，具备了一定的文献积累与哲学判断能力，也越来

---

① Lawson, T. (2004), “Philosophical Under - labouring in the Context of Modern Economics”, In Davis, J. et al. (eds.), *The Elgar Companion to Economics and Philosophy*, MA: Edward Elgar: 317 - 338.

② 徐淑英：《推荐序》，载［美］曾荣光《管理研究哲学》，任兵、袁庆宏译，北京大学出版社2020年版，第2页。

③ 徐淑英：《推荐序》，载［美］曾荣光《管理研究哲学》，任兵、袁庆宏译，北京大学出版社2020年版，第2页。

越认识到更多元的哲学流派对于理解本土管理现象、构建本土理论所具有的重要价值。①

具体来说，本书首先将简明扼要地比较管理学研究者普遍讨论的主要哲学观点（实证主义、后现代主义、批判实在论以及实用主义），并论证批判实在论相较于其他三种观点的内部一致性和论证严密性。随后，我们将以管理学有关制度企业家的实证研究来验证批判实在论的务实性价值。

## 批判实在论的主要观点

自20世纪80年代以来，管理学研究与哲学的对话明显增多，学者们试图以哲学的思辨来解决实践和学术中遇到的问题。实际上，从欧几里得到达尔文的这2200年间，自然科学已经将其自身与哲学分离开来，而社会科学在20世纪才独立。而重新连接哲学与管理学的努力近半个世纪以来明显增加。例如，曾荣光在对九种欧美顶级管理学（含心理学方向的组织行为学）期刊（1984—2015年），如 *Academy of Management Review*, *Administrative Science Quarterly*, *Journal of Applied Psychology*, *Journal of International Business Studies*, *Journal of Management*, *Journal of Management Studies*, *Organization Science*, *Organization Studies*, *Strategic Management Journal* 进行了系统性的回顾后，发现至少有五十篇文章涉及哲学视角的探讨，可归纳为四种被普遍接纳的哲学观点，分别是实证主义、后现代主义、批判实在论和实用主义。②

---

① 任兵、袁庆宏：《译者序》，载［美］曾荣光《管理研究哲学》，任兵、袁庆宏译，北京大学出版社2020年版，第6页。

② ［美］曾荣光：《管理研究哲学》，任兵、袁庆宏译，北京大学出版社2020年版，第一章。

1. 实证主义

该哲学视野自20世纪20年代由维也纳学派发起以来，逐渐成为社会科学的哲学视野主流，确立了定量研究方法的基础。① 总体来说，实证主义假定存在一个客观的、独立于意识的现实，其能够被无偏见的研究者们探究。它采用了一种休谟式的因果关系框架，把事件间的恒常联系看作是因果关系的反映。② 换句话说，为了在一系列可测量的事物和概念中寻找规律，建立一系列理论，实证主义者采用了假说—演绎法来进行经验研究，力图做到既可以解释现象又可以成功预测现象，因为这些学者认为，如果一种哲学和实证解释仅具有解释的功能，而不具有预测的功能，那么该解释是不完整的，因为被解释的事物应该能够从包括一般规律的解释要素中逻辑地演绎出来。③

因此，学者们基于这种哲学视野，建立了一套研究普遍性规律的知识体系，而这套知识体系经常需要对大量数据进行统计学分析，且研究的结果的普适性在很大程度上取决于样本的容量。与此同时，实证主义者们并没有局限于使用定量的研究方法，特别是在案例研究依然被很多学者广泛采用的情况下。④

2. 后现代主义

该哲学流派起源于一场20世纪末发生于社会科学领域的思想运动。其影响波及哲学、社会学、城市规划、艺术领域包括音乐和美术、建筑与文学等，被认为是对20世纪所构建的知识体系和哲学思

① Gephart, R. (2004), "Qualitative Research and the Academy of Management Journal", *Academy of Management Journal*, 47: 454-462; Daft, R. and Lewin, A. (1990), "Can organization studies begin to break out of the normal science straitjacket?" *Organization Science*, 1: 1-9.

② Hempel, C. (1942), "The Function of General Laws in History", *Journal of Philosophy*, 39 (2): 35-48.

③ Douglas, H. (2009), "Reintroducing Prediction of Explanation", *Philosophy of Science*, 76: 444-463.

④ Gephart, R. (2004), "Qualitative Research and the Academy of Management Journal", *Academy of Management Journal*, 47: 454-462.

维最大的挑战之一。[①] 但它的内涵同样也是备受误解，以至于贝斯特和凯尔纳认为，没有一个统一的后现代理论立场（如解释主义、建构主义等），该流派甚至没有一个内在的、一致的观点。[②] 换句话说，后现代主义认为对给定的一个文本、表征、符号甚至一个现象有无限多的解释，因为后现代主要理论家，均反对以各种约定俗成的形式，来界定或规范其研究方向。

该运动的核心是反对存在一个客观现实的假定，默认为现实是通过主观意义、共享语言甚至在社会政治生活中的个体行为而社会性地构建出来的。[③] 不难想象，后现代主义拒绝使用构成实证主义基础的自然科学方法（无论是量化还是质化）来理解社会现象，因为这一派的学者们认为，行动者自身的主观参照对于世界的构建与诠释也尤为重要，这导致出现了多重现实的可能。[④] 或者说，后现代主义学派并不相信类似马克思主义那样大体量的宏观理论可以解释这个世界[⑤]，很多学者甚至依托于维特根斯坦的语言游戏学说，认为知识生产是在特定情境下的语言游戏，多元而碎片化。[⑥]

因此，对于后现代主义研究者来说，无价值预设的研究是不存在的。当研究者在接近一个现象时，都会自然而然地带着一个预想的概念或者理论来思考对该现象的一种可能解释[⑦]，所以后现实主义者认可研究者对发现对象和结果的塑造，本着多元主义精神，对不

① Wight，C.（1998），"Philosophical Geographies：Navigating Philosophy in Social Science"，*Philosophy of the Social Sciences*，2：552 – 566；Wisdon，J.（1987），*Challengeability in Modern Science*，England：Blackmore Press.

② Best，S. and Kellner，D.（1991），*Postmodern Theory：Critical Interrogations*，New York：Guilford Press.

③ Berger，P. and Luckmann，T.（1967），*The Social Construction of Reality*，New York：Anchor Books.

④ Schutz，A.（1970），*On Phenomenology and Social Relations*，Chicago：University of Chicago Press.

⑤ Lyotard，J.（1984），*The Post – modern Condition：A Report on Knowledge*，MN：University of Minnesota Press.

⑥ Wittgenstein，L.（1958），*Philosophical Investigations*，Oxford：Basil Blackwell.

⑦ Kukla，A.（2000），*Social Constructivism and the Philosophy of Science*，London：Routledge.

同的研究方法和技术都秉持着开放的态度。①

3. 批判实在论

实在论学派林立，哲学定位也不同。② 本书着重探讨巴斯卡和哈里所提倡的批判实在论，该理论起源于科学哲学领域的探讨，试图回答以下问题："现实必须是什么样的才能让科学成为可能。"③ 这个问题，批判实在论者有两个简明扼要的回答：第一，现实需要独立于人的感知和认识而存在；第二，现实有其自身的内在秩序。④ 巴斯卡精辟地指出，批判实在论区分了不及物的知识客体以及及物的知识客体，及物指的是结构与机制独立于我们对它们的认识而存在，而不及物则刚刚相反。概括来说，批判实在论所指的实在是对实证主义与后现代主义的一种超越，因为它认为有一个客观世界实实在在地独立于我们的意识之外，且其有影响我们行动的能力。它所指的批判则意指一种康德意义上的批判：承认认识论的多样可能（我们对世界的知识与理解是历史性和区域性的），但不承认任何的认识论都是正确的，因为批判实在论的本体论具有单一性。⑤

那么，如图 1-1 所示，在这个批判实在论的哲学视野中，存在客观、分层的现实——世界是由三个范畴组成的：实在域、实际域与实践域。实践域的经验范畴由那些通过直接或间接观察体验到的事件组成；实际范畴由那些不管是否能被观察到的事件组成；实在范畴涉及能够产生这些事件的因果机制，包含了结构和机制。而从实在范畴到实际范畴，以及从实际范畴再到经验范畴的变动依赖于

---

① Kilduff, M. and Mehra, A. (1997), "Postmodernism and Organizational Research", *Academy of Management Review*, 22: 453-481.

② Putnam, H. (1987), *The Many Faces of Realism*, IL: Open Court.

③ Bhaskar, R. (1978), *A Realist Theory of Science* (2nd ed.), England: Harvester Press; Harre, Rom. (1970), *The Principles of Scientific Thinking*, Chicago: University of Chicago Press; Danermark, Berth. et al. (2002), *Explaining Society: Critical Realism in the Social Sciences*, London: Routledge.

④ Fay, B. (1996), *Contemporary Philosophy of Social Science*, Oxford: Blackwell.

⑤ Bhaskar, R. (1998), *The Possibility of Naturalism: A Philosophical Critique of the Contemporary Human Sciences* (3rd ed.), New York: Routledge, p. 70.

周围环境的权变条件①，所以在不同的情境下，同样的结构和机制可能会也可能不会产生任何可观测的事件。这意味着，研究者在经验范畴中收集数据，尝试得出属于实在范畴的结构和机制，用以解释数据所代表的事件模式。

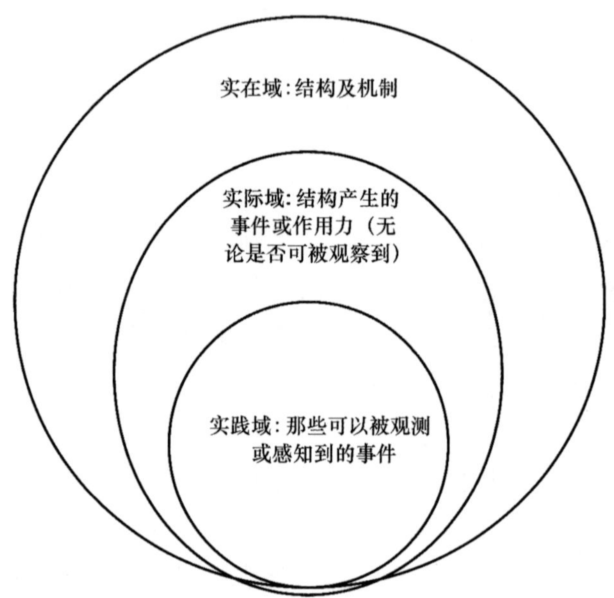


**图 1-1 批判实在论的分层本体论，摘自** Mingers（2004：94）.

资料来源：Mingers，J.（2004），"Real-izing information systems：Critical realism as an underpinning philosophy for information systems"，*Information and Organization*，14：87-103.

但同时有别于实证主义，为了解释可观测事件的权变本质，批判实在论还区分了封闭与开放这两种系统。对于巴斯卡来说，封闭系统中的事件是衡常的，类型 a 的一个事件总是保持不变地伴随着类型 b 的一个事件，封闭系统也是传统定量和定性研究的默认假设。而批判实在论的开放系统则认为，一个事件服从于多种因果变化，

① Outhwaite，W.（1987），*New Philosophies of Social Science：Realism，Hermeneutics and Critical Theory*，London：MacMillan.

有助于学者理解影响事件发生的诸多可能。学者大多只是把认识论和本体论混为一谈，而分层本体论的批判实在论指的是结构和机制（实在范畴）可以造成那些能或不能或暂未被观测到的事件或现象（实际范畴），那些被观察到的现象或事件则处于实践域（实践范畴）。①

总之，批判实在论同时考虑了实证主义和后现代主义哲学视角的洞见，在两者间开辟了新航道，在不偏好任何特定形式的研究方法的情况下，判定研究者们做研究的初衷不应该是价值无涉，而应该是有意识地控制自己的偏见，亦承认权变可能。举例来说，对于管理学，创业研究一直是一个关键话题，例如谢恩和卡塔拉曼在其经典的论文中就试图定义创业现象的本质是那种"对于有利可图机会的发现"。② 因此，创业机会在这个实在论的框架下，成为一种客观存在（像一座大山一样，它在一定程度上，就在那里），是个体与机会的联结，亦产出了一系列经典的创业研究。③

但是亦有后现代主义的建构主义学者认为，机会并不是一种客观存在，它只存在于创业者的行为之中，是一个能动过程。换句话说，机会依存于企业家思考和发展它们的方式④，我们在脑海中对于机会的理解可以有上万种，但是这不代表真实的机会也有上万种，因为有些可能独立于我们的理解而存在，有些则不能，而批判实在论本体论的意义就是发现这些独立于我们理解的存在。

这两派不同的本体论视野凸显了哲学思维的重要性和实际价值，

---

① Archer，M. et al.（1998），*Critical Realism：Essential Readings*，London：Routledge.

② Shane，S. and Venkataraman，S.（2000），"The Promise of Entrepreneurship as a Field of Research"，*Academy of Management Review*，25：217.

③ Alvarez，S. and Barney，J.（2013），"Epistemology，Opportunities，and Entrepreneurship"，*Academy of Management Review*，38：154 – 157；Roscoe，Phillip. et al.（2013），"How Does an Old Firm Learn New Tricks? A Material Account of Entrepreneurial Opportunity"，*Business History*，55：53 – 72.

④ Spedale，S. and Watson，T.（2014），"The Emergence of Entrepreneurial Action：At the Crossroads between Institutional Logics and Individual Life – orientation"，*International Small Business Journal*，32：759 – 776.

对于创业研究来讲，亦映射了创业机会的本质及其具有深远方法论的内涵。不同的本体论为研究者提供了不同的研究路线，例如什么构成了一个研究问题，如何追寻一种理论使用程序，以及数据和资料应该如何被拆解等。一个很好的例子是，1928 年弗莱明发明了盘尼西林。这一发现在第二次世界大战中拯救了很多生命（实践域的经验范畴的事物）。然而青霉素的分子结构直到 1945 年才被霍奇金确定（最终发现了实际域的事物和事件），而解释其愈合效果的生成机制甚至到更晚的时候才被人们逐渐理解（实在域的最终理解）。

何为结构和机制呢？我们要从构成世界的事物和实体说起。① 事物或者更广义的实体包含了构成我们这个世界的元素，它可以是组织、系统、机构、人、社会关系、资源、发明与想法等。而这些事物通常也是内在有联结的，这种联结就是结构。例如，一个组织就是由多个事物组成的（部门、人力、过程和资源等），且这些事物也可以互相影响。而联结这些事物并使它们共同产生作用力或事件的原理就是机制。

这里本书需要着重强调的是，这种作用力并不会产生类似于恒常的规律性事件（law - like event regularities），特别是当批判实在论一直在论述人的反思性以及人际关系的不确定性之时。也就是说，同样的结构与机制并不会每次都产出相同的事件。② 这里这种作用性或者更广义的因果性强调的是结构和机制可以造成事件的能力与潜力，而这些都可能被其他的作用力推翻。例如，物理上的重力，它可以造成很多我们观察到的物理反应，如下坠，但是它也可能被其他的作用力反转。在社会生活中，这种可能造成作用力或因果性反转的力量更是数不甚数。

---

① Sayer，A.（1992），*Method in Social Science：A Realist Approach*（2nd ed.），London：Routledge：12 - 15.

② Porpora，D.（1993），"Cultural Rules and Material Relations"，*Sociological Theory*：215 - 216.

4. 实用主义

如果说批判实在论是当代哲学理论的前沿，实用主义就是它目前面对的主要对手，特别是当学者们早已对实证主义与后现代主义观点的缺陷熟记于心时。实用主义在19世纪70年代源于美国，代表人物包括杜威、詹姆斯、皮尔士、普特南与罗蒂等哲学家。从历史来看，实用主义是由皮尔士在马萨诸塞州的剑桥形而上学俱乐部构想出来的。这一派的学者观点各有不同，但都强调知识创造的目标不是解释真理或者所谓的本体，而是获得一种认识论层面的理解，这种理解在问题出现时对于解决问题是必要的，因为实用主义强调了人类以及其所处世界的务实关系。①

在这里，实用主义并不强调但也不否认现实独立于其被观察和被解释的方式而存在，并且认同诸如研究者解释、话语构架及社会建构这些过程的重要意义。但是，实用主义强调人的内在经验对行为的影响，因此知识被看作整理经验的一种工具，而概念和认识论甚至本体论也是为了服务于行动而存在的。

所以，对于实用主义来说，追求所谓的真理并无意义，因为真理无非是现实在认知中的呈现，而且随着环境不断变化，它更像是一种表达，且被经验的积累不断修正。② 实用主义舍弃了真理应该对应于现实概念化过程的认识，强调假设是通过实际结果来验证的，与实证主义关于研究者是被动的观察者这一观点不同，实用主义强调研究者应积极参与重建环境与事实的过程③，因为一个事物只有在运动和践行的状态中才能显示出它本来的样子。且实用主义也拒绝了事实与价值、自由意志与决定论、定性与定量这样的传统二元论观点。④

① Peirce, C. (1992), *The Essential Peirce: Selected Philosophical Writings, 1893 - 1913*. IN: Indiana University Press; Dewey, J. (1988), *The Middle Works of John Dewey, Vol 12, 1899 - 1924*, IL: Southern Illinois University Press.

② Joas, H. (1993), *Pragmatism and Social Theory*, Chicago: University of Chicago Press.

③ Vygotsky, L. (1978), *Mind in Society: The Development of Higher Psychological Processes*, MA: Harvard University Press.

④ Putnam, H. (1995), *Pragmatism: An Open Question*, MA: Blackwell.

## 制度企业家：一个展现批判实在论优势的实例

在管理学领域，制度理论强调其与过往研究的区别，试图改变决定论的倾向，以一种更加深刻的反思性来理解制度再生和制度变革背后的动因，以及在这个过程中，个体的价值和改变制度的作用。①

本书聚焦制度理论下的制度企业家（又译为制度创业家），研究组织或者个人通过建立并推广获得认同所需的价值观、规则信念和行为模式，以创造、开发和利用机会来更新和创建制度的过程。②

推动这个过程的人或组织，最早被迪马乔定义为制度企业家，他认为制度企业家是寻求取代现有结构逻辑的组织或者行动者，是一个利用资源来开展活动、创建新制度或改造现有制度的代理机构或代理人。③ 总之，制度企业家要挑战现有逻辑、改变现有制度，必然会遭遇重重困难和难以想象的阻力。④ 正如尹珏林和张玉利所指出

---

① Hirsch, P. (1997), "Sociology Without Social Structure: Neo – Institutional Theory Meets Brave New World", *American Journal of Sociology*, 102: 1702 – 1723; Hirsch, P. and Lounsbury, M. (1997), "Ending the Family Quarrel: Towards a Reconciliation of 'Old' and 'New' Institutionalism", *American Behavioural Scientist*, 40: 406 – 418; Hoffman, A. and Ventresca, M. (2002), "Introduction", In: Hoffman, A and Ventresca M (eds.) *Organizations, Policy and the Natural Environment: Institutional and Strategic Perspectives*, Stanford, CA: Stanford University Press: 1 – 38; Lounsbury, M. (2002), "Institutional Transformation and Status Mobility: The Professionalization of the Field of Finance", *Academy of Management Journal*, 45 (1): 255 – 266; Seo, M. and Creed, W. (2002), "Institutional Contradictions, Praxis and Institutional Change: A Dialectical Perspective", *Academy of Management Review*, 27 (2): 222 – 247.

② Maguire, S., et al. (2004), "Institutional Entrepreneurship in Emerging Fields: HIV/AIDS Treatment Advocacy in Canada", *Academy of Management Journal*, 47 (5): 657 – 679.

③ DiMaggio, P. (1988), *Interest and Agency in Institutional Theory in Institutional Patterns and Culture*, Cambridge: Cambridge University Press.

④ DiMaggio, P. (1988), "Interest and Agency in Institutional Theory", in: Zucker, L (eds.) *Research on Institutional Patterns and Organizations: Culture and Environment*. Cambridge, MA: Ballinger: 3 – 22.

的那样，目前的制度理论强调制度（力量）对组织过程的影响的持续性和趋同性，而创业研究却普遍强调个体的创造性力量对结构与制度的重塑性与变革性。[①] 因此，制度企业家理论其实结合了看似矛盾的两者，试图为解释新制度（或制度变革）从何而来提供新的视角。加鲁德等甚至认为，制度企业家将行动主体的主观能动性、利益和权力引入制度分析，确实为观察制度变革和组织场域形成提供了有益的视角。

制度理论假设制度规则（或者社会规范）通过合法性的机制来约束组织和个人的行为[②]，因此必须回答以下悖论：如果行动主体已嵌入某个制度场域，并且服从于那些建构其认知的规制、规范和认知，那么又如何会产生新的制度设想及相应的制度变迁，进而动员其他的行动主体共同推进变革?[③] 这个问题就是组织理论中的经典“嵌入能动性悖论”（the paradox of embedded agency），换句话说，个体在文化、规范、规则的三重结构制约之下，如何能够突破制度和结构的重围重塑制度?[④] 在这里，嵌入性是指社会关系或规划塑造个体行为的过程，换句话说，制度嵌入性指人们进行选择时，人的行为和行动要受到结构与制度的激励和约束。[⑤]

在中西方研究中，关于这个悖论鲜见令人满意的答案，直到批判实在论的多层本体论的出现。例如，多数学者从结构决定论出发，强调既定结构的目标就是形塑个人决策，研究行动者如何被制度性结构建构。诺斯（也译为诺思）早期提出的制度行为分析框架最具

---

① 尹珏林、张玉利：《制度创业的前沿研究与经典模型评介》，《经济理论与经济管理》2009 年第 9 期。

② Meyer, J. and Rowan, B. (1977), "Institutionalized Organizations: Formal Structure as Myth and Ceremony", *American Journal of Sociology*, 83 (2): 340 – 63.

③ Garud, R. et al. (2007), "Institutional Entrepreneurship as Embedded Agency: An Introduction to the Special Issue", *Organization Studies*, 28 (7): 957 – 969.

④ 邹国庆、魏钊：《制度嵌入与制度创业中的企业家行为：宏观与微观的联系》，《社会科学战线》2020 年第 8 期。

⑤ Granovetter, M. (1985), "Economic Action and Social Action: The Problem of Embeddedness", *American Journal of Sociology*, 91 (3): 481 – 510.

代表性，他认为制度由正式的规则、非正式的规则及其实施过程与特征所构成，界定并限定个人的选择，制度环境也决定了一个社会的博弈规则。[①] 这些正式的或非正式的规则、规范约束了人类的交往行为，也通过界定人们的行动空间及活动的可能性边界，为行动设置了界限并提供了模式，可见，诺斯对于制度的解释强调了制度对人行为的约束作用，隐含了制度嵌入性的命题。

斯科特则把这一观点推向了更深的理论层次。他认为，制度是一种高弹性的约束机制，是由文化、规范和法令等组成的，并与活动和资源联结，可以为社会生活提供稳定性。[②] 其中，法令和规章往往来源于政府，对人的行为具有强制性的约束；规范和准则却代表了基于社会、专业和组织互动的规制，包括对人们社会角色的行为期望；文化认知则包括大众的观念，对行为主体的压力内化到潜意识层面，为形成个人看法和决策提供了重要模板。所以，斯科特对制度的定义，呈现了对人们行为广泛深入的约束。由此可见，人类社会活动基本上由社会性的生产和再生产的制度规则所组织及规范。不论是社会制度规则的制定、解释和实施的过程，还是重新表述及变革的过程，都在规范人类的行动和互动中起着根本性作用。近年来，一些研究开始从关注制度对行为体的形塑转向关注制度对群体和个体行为的影响。

个体的创造行为被学者视为微观活动，其也必定镶嵌于制度环境中。然而，虽然制度的嵌入性被广泛认可，但也有学者质疑制度的单向因果决定论忽视了企业家的能动性。这些质疑者认为，企业家并非被动地接受制度，而是对制度也具有反向的作用力。例如，即使是诺斯，在其后期的著作中也反复强调基于人类心智和意向的

---

① ［美］道格拉斯·C. 诺斯：《制度、制度变迁与经济绩效》，刘守英译，上海三联书店1994年版。

② Scott，R. and Christiansen，S.（1995），*The Institutional Construction of Organization*，London：Sage Publications.

能动性对于制度的作用。[①] 实际上，所有的社会行为既受到社会结构制约，又会引起既有社会结构的改变，所以制度的力量并非单向的且形式不固定，而是互动的双向作用过程。[②]

总之，已有文献都无法解开这个嵌入性悖论，即：“如果行为体的行为、意图和理性都受到他们可能要改变的制度的制约，那么他们如何去改变制度?”[③] 在介绍批判实在论对制度理论的突破性更新之前，本书先简要介绍一下已有文献对该悖论的“解决方案”。有些学者认为解决这个悖论，需要看到各种制度自相矛盾的一面，这些矛盾亦是制度变迁的根本动力，是解决悖论的关键，因为制度安排形成的制度矛盾是激发嵌入其中的行动者寻求变革的动因，行动者发挥能动性从而就发生了变革。[④] 另一派学者则着重强调了制度企业家对制度反塑行为表现出的多样性，这里既有制度企业家个人的推动作用，也有制度企业家群体产生的变革效应，既有战略层面的考量，也有具体行动的范式。[⑤] 制度企业家还可以把新的理念升级并理论化，使制度变革合法化；[⑥] 制度企业家也可以将政治策略定为基础，以广结联盟来阐述主张；而在行动的策略方面，制度企业家可以通过私人说服、公开倡导和制造例外等方式来实现其目的。[⑦]

又如，一些研究者认识到了企业家的个性认知特征是理解制度

① ［美］道格拉斯·诺思：《理解经济变迁过程》，钟正生等译，杨瑞龙、郑江淮校，中国人民大学出版社 2008 年版。

② Scott, R.(2008), *Institutions and Organizations*, London: Sage.

③ Holm, P.(1995), "The Dynamics of Institutionalization: Transformation Processes in Norwegian Fisheries", *Administrative Science Quarterly*, 40 (3): 398 -422.

④ Seo, M. and Creed, W. (2002), "Institutional Contradictions, Praxis and Institutional Change: A Dialectical Perspective", *Academy of Management Review*, 27 (2): 222 -47.

⑤ Greenwood, R., et al.(2002), "Theorizing Change: The Role of Professional Associations in the Transformation of Institutionalized Fields", *Academy of Management Journal*, 45 (1): 58 -80.

⑥ Li, D., et al. (2006), "Institutional Entrepreneurs", *American Economic Review*, 96 (2): 358 -362.

⑦ Svejenova, S. et al.(2007), "Cooking up Change in Haute Cuisine: Ferran Adriàas an Institutional Entrepreneur", *Journal of Organizational Behavior*, 28 (5): 539 -561.

遵从者与制度企业家（挑战者）的重要参考变量，因此呼吁加深对制度理论中行动者的个性和认知基础的理解。①

长期以来，在制度理论的文献中，制度企业家在很大的程度上被视为一个同质性的群体。与此相反，组织理论以及管理理论却早已认识到企业家个性和认知的重要性，一直在研究和讨论人相对持久的属性是如何影响企业家活动的，倾力于寻找个性特征内的解释性概念。所以，越来越多的文献也指出，企业家在认知方面的异质特征会导致不同的结果，并将其视为理解制度企业家行为的重要因素和变量。② 现有多种文献也显示，学者们正在把脚本、图示、认知地图、知识结构、心智地图、认知风格、动机等作为研究企业家行为的结构因素。③ 例如，有研究表明，个体认知风格是预测创业者群体行为的重要因素。④ 企业家会根据认知风格来理解所处的决策情境，且不同形式的个性类型、感知与判断偏好也会影响企业家对其所处环境的信息进行不同程度的加工和解读，这构成了其判断所处形势、采取决策的果断性和战略选择行为的重要基础。⑤

总之，这些企业家的个性特征在研究制度创业中具有特殊价值。与所有类型的创造性活动一样，这些制度企业家的活动往往也是以制度变革为核心内容。所以不难想象，许多新派的制度理论都将行为者视为理性和积极的机会主义者，认为他们愿意采取任何可能的行动来进行制度改革，并凭借其主观能动性对制度环境产生反塑的

① Zucker, L. (1987), "Institutional Theories of Organization", *Annual Review of Sociology*, 13: 443 - 464.

② Mitche, R. et al. (2007), "The Central Question in Entrepreneurial Cognition Research 2007", *Entrepreneurship Theory & Practice*, 31 (1): 1 - 27.

③ Hambrick, D. and Mason, P. (1984), "Upper Echelons: The Organization as a Reflection of Its Top Managers", *Academy of Management Review*, 9 (2): 193 - 206.

④ Brigham, K and Sorenson, R. (2008), "Cognitive Style Differences of Novice Serial and Portfolio Entrepreneurs", *Frontiers of Entrepreneurship Research*, 28 (6): 1 - 15.

⑤ Stumpf, S. and Dunbar, R. (1991), "The Effects of Personality Type on Choices Made in Strategic Decision Situations", *Decision Sciences*, 22 (5): 1047 - 1072.

作用，且不受现有体制的安排限制。显然，如果把这个反塑作用放大，就有可能陷入个体自由意志论的陷阱，过度强调个体重塑制度的力量。

总之，如项国鹏等总结道的，已有文献对该嵌入性悖论有两种回答的方式，即"为什么要进行制度创业"及"如何进行制度创业"，这两个问题都直指制度创业的动因、制度创业的主体与制度创业的过程。①

1. 制度创业的动因

从制度创业的定义来看，谋求组织和个人的利益常被认为是制度创业的主要动因。目前，学者们主要从场域外部（外生性）及内部（内生性）来探寻这些动因。基于外生性制度改变的研究，主要出现在制度创业理论研究的首阶段。这一阶段学者普遍强调场域外环境压力的作用，认为政经危机、技术的创新等外部因素是制度创业的动因。但是，把制度创业归因于场域外因素的学者们，往往过分强调了环境压力的影响，忽视了制度创业者的主观能动性和动力，无法解决并有效解释"嵌入能动性悖论"。②

而有些学者则试图从场域内部来探寻制度创业动因（内生性制度改变），并且同时顾及环境压力的作用和创业者的能动性。这些学者往往从场域的类型与场域的内部制度矛盾这两个方面探寻制度创业的动因。例如，基于场域内部制度矛盾的研究就以徐和格里德于2002年发表的AMR顶刊论文最具代表性。他们认为，场域内部制度矛盾对行动主体的知觉及行为都具有塑造的作用，把制度创业归因于场域内部制度矛盾，如制度间的不兼容性和利益错位、制度与大环境适应性之间的矛盾及效率与合法性之间的矛盾等。所以不难想象，场域内部制度矛盾或多或少地会增强行动主体的变革意识，

---

① 项国鹏、胡玉和、迟考勋：《国外制度创业研究前沿探析与未来展望》，《外国经济与管理》2011年第5期。

② Beckert, J. (1999), "Agency, Entrepreneurs, and Institutional Change: The Role of Strategic Choice and Institutionalized Practices", *Organization Studies*, 20 (5): 777 - 799.

并调动其主观能动性，从而驱动他们克服制度规范与规则的约束以更好地从事制度的变革活动。①

当然，我们要注意到，场域的类型也有较大区别。例如，成熟的场域的结构化程度高，所以规则较为确定，而新兴的场域则往往是结构化程度较低的场域。② 由此，有学者认为，新兴场域可为制度创业者带来较大的利益和行动空间，以及较少的创业限制，所以在新兴场域中更有可能发生制度变革和进行创业。但是，贝克特对此却不认同，他认为制度化程度较高的成熟场域可能内部的利益分歧更大，而且行动主体还较为容易预测行动结果及对其他的利益相关者造成的影响，所以更易发生制度创业行为。③ 多拉多则折中了以上两种观点，他认为只有当制度化程度与多样性都处于中等水平时，场域才会表现出机会透明的特点，更可能发生制度创业。④

然而，上述这三种研究倾向似乎仅仅回答了哪种场域中更有可能发生制度创业的问题，并没有从场域内部来探寻制度创业的动因。

2. 制度创业的主体

制度创业往往是由不同利益相关者共同参加的集体行动，而在其中发挥最核心能动作用的主体往往被称为制度企业家（即我们现在讨论的制度创业主体）。这些企业家是在场域中动员资源，率先发现制度矛盾的潜在利用价值以创立新制度的行动主体。⑤ 所以，制度企业家充当了把制度创业可能性转变为现实的重要角色。而制度创业主体研究则旨在回答是哪些因素驱动行动主体来充当制度企业家。

---

① Seo, M. and Creed, W. (2002), "Institutional Contradictions, Praxis and Institutional Change: A Dialectical Perspective", *Academy of Management Review*, 27 (2): 222 - 47.

② Fligstein, N. (1997), "Social Skill and Institutional Theory", *American Behavioral Scientist*, 40 (4): 397 - 405.

③ Beckert, J. (1999), "Agency, Entrepreneurs, and Institutional Change: The Role of Strategic Choice and Institutionalized Practices", *Organization Studies*, 20 (5): 777 - 799.

④ Dorado, S. (2005), "Institutional Entrepreneurship, Partaking, and Convening", *Organization Studies*, 26 (3): 385 - 414.

⑤ Greenwood, R. and Suddaby, R. (2006), "Institutional Entrepreneurship in Mature Fields: The Big Five Accounting Firms", *Academy Management Journal*, 49 (1): 27 - 48.

正如一些学者所指出的，制度企业家可能是组织也可能是个人，或者是由组织和个人结成的松散或紧凑联盟。①

因此，学者们往往把制度创业者分为组织及个人来进行研究。首先，有关组织制度创业者方面的研究侧重于从组织所处的社会地位来研究怎样的组织更有可能成为制度企业家。而组织的社会地位指的是组织在社会网络中的位置。

这些从组织社会位置来入手研究谁更有可能成为制度企业家的研究认为，行动主体能力和意愿往往是影响他们成为企业家的关键。巴蒂拉纳指出，创业意愿取决于兴趣，而创业的能力则取决于他们可支配资源。② 伯克曼和斯派塞也认为，组织要是想充当创业者，就必须具备文化、分析和政治技能。③ 不难想象，在大多数的情况下，个人制度企业家往往是组织中的领导者，在组织中占据重要地位。因此，这些占据主体位置的个人更能成为企业家。这里所指的“主体位置”不仅指其在组织中的正式职位，还对应着其在某领域所具有的合法性。所以如果个人与社会高层的关系密切，在组织中就容易享有高地位，且在组织内部的流动性也会较高，并且可以长期保持自己的地位和优势，那么就更能提高自己获取资源并推行制度变革的能力，因而更有可能成为制度企业家。

相关研究还关注了创业者个体所具有的特质，主要探讨个人的反思性和技能等特点，并认为个人能力往往是个人进行制度变革的必要因素。如亚彻就把反思性分为断裂性反思（fractured reflexivity）、元反思（meta reflexivity）、自动性反思（autonomous reflexivity）及交谈性反思（conversational reflexivity）四种类型，并指出自动性反思

① Misangyi, V., Weaver, G. and Elms, H. (2008), “Ending Corruption: The Interplay among Institutional Logics, Resources, and Institutional Entrepreneurs”, *Academy of Management Review*, 33 (3): 750-770.

② Battilana, J. (2006), “Agency and Institutions: The Enabling Role of Individuals’ Social Position”, *Organization*, 13 (5): 653-676.

③ Perkmann, M. and Spicer, A. (2007), “Healing the Scars of History: Projects, Skills and Field Strategies in Institutional Entrepreneurship”, *Organization Studies*, 28 (7): 1101-1122.

是主观能动性最强的，往往可以驱使行动的主体去体验和感受环境中的冲突和矛盾并构思新的解决方案，因而具备这个反思能力的个体更加有望成为制度创业者。[①] 弗雷格斯坦就从社会技巧和技能入手，指出制度企业家的社会技能（被定义为个体通过塑造共同的身份和价值观，以鼓励不同利益相关者采取集体行动的能力）较高。[②] 之后，加鲁德等还指出制度企业家掌握政治技能，可有效建立网络关系，为利益协调与谈判铺路。[③]

总之，这一派文献往往过分强调个人的技能，有奉行个人决定论之嫌，强调行动主体能动性的价值，却忽视了制度对行动个体的制约作用。

3. 制度创业的过程

制度企业家并不是无所不能，他们通常无法独立改变制度，通过缔结联盟和发展合作关系来实现自己的制度变革目标变得尤为重要，所以研究制度企业家如何影响利益相关者来为其行动争取合法性亦是关键的话题之一。

此外，学者们也认同，制度创业的过程是一个复杂的政治和文化苦旅。因此，弗雷格斯坦指出，制度创业会随场域而异（成熟场域和新兴场域），现有研究大多也都是围绕这两种不同的场域而展开的。在成熟场域，有学者发现了制度企业家主要的几种制度创业行动：首先要搞清制度创业所需的条件和资源，并试图获得它们；其次要清晰界定意图建立的新制度的边界并展开实践活动。当然，改变制度最主要的方法还是团结力量，赋予同行新的身份，集中力量

① Archer, M. (1995), *Realist Social Theory: The Morphogenetic Approach*, UK: Cambridge University Press.

② Fligstein, N. (2001), "Social Skill and the Theory of Fields", *Sociological Theory*, 19 (2): 105 - 125.

③ Garud, R., Jain, S. and Kumaraswamy, A. (2002), "Institutional Entrepreneurship in the Sponsorship of Common Technological Standards: The Case of Sun Microsystems and Java", *Academy of Management Journal*, 45 (1): 196 - 214.

办大事。[①] 格林伍德和苏德比则通过研究加拿大会计师事务所如何把新的经营组织形式带入高度成熟的组织场域的案例，运用社会网络建模来展示精英制度创业的整合过程，即成熟场域下的组织形式或者制度形式是如何被打破的：现行制度的矛盾即不兼容性往往会导致资源和利益的错配失衡，尽管我们承认行动主体有网络嵌入性，但这些矛盾依然会让制度企业家抓个正着，并催生他们的变革动机，运用权力来促成制度变迁。[②]

在新兴场域，马奎尔等有关加拿大防治艾滋病组织的案例研究被认为是制度创业过程的经典。他们发现了在新兴场域创业成功的关键：首先是获得广泛的合法性，并多方联络相关利益者；二是通过说服这些人或者组织以达成新的价值观和塑造新的身份；三是尝试改变制度，并通过新的价值观、文化和意识形态来巩固新的制度。[③] 当然，以上的三点都说明了结盟对制度创业的重要性。这里一般的制度企业家不会在新兴场域中占据高位，所以寻求其他身居正位者的力挺或者支持至关重要。而且，制度企业家还需要讨价还价与他们共建新制度。这两点都体现了结盟对于制度企业家成功的重要性。

总之，新兴场域的结构化程度相对较低，而制度创业通常是从无到有的制度建立过程，因此，在新兴场域推广有前景的新制度亦十分关键。

简言之，新兴场域和成熟场域制度创业最主要的区别表现为前者是从无到有的过程，而后者通常是从旧到新的过程。但是，不难

---

① Misangyi, V., Weaver, G. and Elms, H. (2008), "Ending Corruption: The Interplay among Institutional Logics, Resources, and Institutional Entrepreneurs", *Academy of Management Review*, 33 (3): 750-770.

② Greenwood, R. and Suddaby, R. (2006), "Institutional Entrepreneurship in Mature Fields: The Big Five Accounting Firms", *Academy Management Journal*, 49 (1): 27-48.

③ Maguire, S, Hardy, C, and Lawrence, T. (2004), "Institutional Entrepreneurship in Emerging Fields: HIV/AIDS Treatment Advocacy in Canada", *Academy of Management Journal*, 47 (5): 657-679.

看出，这样分析制度对个体行为的影响依然无法有效解决嵌入性悖论，因为在这种不断变化的结构—个体关系中，我们始终难以理解为什么同样的场域对于相同个体的影响有差别，而这种差别将决定制度变迁的类型和方式。因此，制度企业家概念和制度创业理论是一种新兴跨学科的尝试，还存在诸多有待完善的地方。

批判实在论可以为解决嵌入性悖论做出很好的示范，同时推动制度理论的发展，中国是开展制度创业研究的理想地点。

其实，国内学者中对“制度企业家”概念推广最早的可能是周其仁。周其仁曾在多个场合谈到过制度企业家。他以美国 MCI 公司（1968—1991 年）的著名总裁麦高文率公司打破 AT&T 的商业垄断为个案，借麦的名言，认为制度企业家往往是为获“横财”而试图“打破规则”的人。麦不仅对潜在的获利机会十分敏感，且拥有推动制度变革的能力。[①] 在一篇名为“制度企业家”的论文中，李稻葵等也根据新兴市场的企业家创业案例，比较了“制度企业家”与传统的企业家和寻租者及政客的主要差别。他们认为，“制度企业家”提供的是制度变迁的形式，而传统企业家只提供具体的商业形式；前者既要面对市场风险，又有制度风险；所以前者不能仅靠商业智慧，还需政治技能。通过对 4 个基于中国的案例研究，李稻葵等指出新兴国家场域中制度变迁时制度企业家常常使用 4 种策略：公开的呼吁、私人的说服、制造特例、在事后为事前投资进行辩护。[②] 随后，国内的学者对国外已有制度企业家的文献进行了系统性的梳理。[③]

在这些国内国外努力的基础上，从本体论角度，批判实在论还可以增加学者的分析层次和力度。事实上，制度创业过程是多层次

① 周其仁：《制度企业家麦高文》，《IT 经理世界》2000 年第 21 期。

② Li，D.，Feng，J. and Jiang，H.（2006），“Institutional Entrepreneurs”，*Entrepreneurs and enterprises in China's Transition to Market*，96（2）：358－362.

③ 张铭、胡祖光：《组织分析中的制度创业研究述评》，《外国经济与管理》2010 年第 2 期；胡祖光、张铭：《何谓“制度企业家”？谁会成为“制度企业家”?》，《社会科学战线》2010 年第 10 期。

多主体的互动过程。所以在强调制度和解构作用力的大前提下，加大对个人行动主体的研究（以哲学视角切入），便可促使制度创业理论和组织理论最新发展的有机组合，解决嵌入性悖论问题。

## 制度企业家：一个批判实在论更新

目前西方已知的解决嵌入性悖论的尝试主要分为两种。第一，可以通过时间轴的转换与分析来将个体与制度分开，因为嵌入性悖论是一个知识论而非本体论问题。① 他们的处理方式具体来说，是将制度与个体放在不同的时间段中，这样两者的互相作用就不会出现决定论问题，无论是个体还是制度决定论都将被杜绝。但是也有一个问题，这种时间轴的处理方式无法解决制度和个体行为处于同一个时间段时的互动问题，两者的共存和互动亦陷入了嵌入性悖论。②

第二，有一派学者着重强调制度企业家的能动性，认为他们有足够的资源和动力去改变结构，甚至可以从结构和制度的束缚中解脱出来，改变制度。③ 当然，这种解脱束缚的过程经常有赖于制度本身的崩盘或者危机。若是将个体的能动性过于夸大，甚至不强调制度本身的矛盾，研究者就又陷入了埃米尔拜尔和米歇所谓的个体自由意志决定论。④

因此制度理论及制度企业家研究，急须提出一个不将制度与个体

① Barley, S. and Tolbert, P. (1997), "Institutionalization and Structuration: Studying the Links Between Action and Institution", *Organizational Studies*, 18 (1): 93 – 117.

② Archer, M. (1982), "Morphogenesis versus Structuration: On Combining Structureand Action", *The British Journal of Sociology*, 33: 455 – 83.

③ DiMaggio, P. (1988), "Interest and Agency in Institutional Theory", In: L. Zucker (ed.) *Research on Institutional Patterns and Organizations: Culture and Environment*, Cambridge, MA: Ballinger: 3 – 22.

④ Emirbayer, M. and Mische, A. (1998), "What is Agency?" *American Journal of Sociology*, 103: 963.

行为重叠在一起的模型或思路，并且不与制度理论的核心思想发生冲突，即个体是不能完全挣脱出结构和制度束缚的。① 通过批判实在论，我们强调了结构、制度与个体的独立本体地位及其所在3个范畴的不同：在这个本体论世界观下，个体无法挣脱制度和结构的束缚，但仍然可以改变制度和结构，因为三者处于不同的域。这也解决了嵌入性悖论带给学者们的困扰，推进了制度理论和制度企业家研究。

正如前文所述，批判实在论凭借其独特的分层本体论，将结构、制度与个体置于不同的范畴，解决了结构决定论或个体意志自由决定论的弊端，即嵌入性悖论，因为批判实在论既承认结构对于个体的塑造力，又给予了个体自由的能动力。怎么做到？显然是通过本体论这3个相互联系但又不可重叠的范畴。

我们从实践域看起，批判实在论在这个范畴可以让我们看到或理解个体的情感、动机甚至他们眼中的真实世界到底是什么样子的。在实际域，我们可以看到制度以及与其相关的事件，这个层面的事物存在但未必可以在第一时间被学者和个体观察到，但暂时或者一直观察不到，不代表这些事物不存在。例如，制度可以被视为一种规则，比如组织内部的一些潜移默化不可言喻的约定俗成，我们可能在很多情况下观测不到，但是它们确实是独立于我们的意识或者行动而单独存在的，我们需要利用个体的行为将其转换到可以观测到的实践域，如对某个规则的具体践行，而这种可观测到的对制度的践行，源于个体对结构作用力的激活。② 因此，在实在域，批判实

① Friedland, R. and Alford, R. (1991), "Bringing Society Back in: Symbols, Practices, and Institutional Contradictions", In: Powell, W. and DiMaggio, P. (eds.), *The New Institutionalism in Organizational Analysis*, Chicago, IL: University of Chicago Press: 232 - 263; Powell, W. (1991), "Expanding the Scope of Institutional Analysis", In: Powell, W and DiMaggio, P. (eds.), *The New Institutionalism in Organizational Analysis*, Chicago, IL: University of Chicago Press: 183 - 203.

② Bhaskar, R. (1978), *A Realist Theory of Science*, *2nd edn*, Brighton: Harvester - Wheatsheaf; Sayer, A. (1992), *Method in Social Science*, *2nd edn*, London and New York, NY: Routledge.

在论揭示了那些产生事件（无论是否可以被观察到）的背后力量与结构，这些事物都独立于个体的思维和行为而存在。①

正如苏卡拉斯所述，实在域内的因果机制不是传统意义上的决定机制，并不存在单一的结构力量②，而是因为对于批判实在论者来说，整个世界是个开放系统，多重结构力量并存，因此不可能出现哪种力量完全决定行为和个体经验的情况。③ 而这个开放系统就是我们的社会，它先于个体而存在，因此当我们谈到个体行为的时候也都默认了结构的预先存在以及其代表的价值认同等。④ 换句话说，这些预先存在的认同、价值观以及结构都是个体行为和动机的基石。但是，巴斯卡的批判实在论视野并不否认个体能动性的重要作用，因其也可以重塑实践行为与结构——个体拥有改变现实的能力，通过有意识且有动机的行为来实现对结构的重塑。

在此，批判实在论者强调，尽管个体和结构可以互相塑造和改变，但是两者属于不同现实范畴，不可重叠。那么个体与结构之间的作用力及其产生的所谓因果关系，都不是绝对的，而是一种倾向，倾向能否转换成具体的作用力都是权变的。⑤

批判实在论对于制度分析有重要贡献。根据批判实在论的指引，在经验层面（实际域），制度分析应该着重关注个体的行为及其实践经验，如可以通过文本分析来理解个体的思维和动机以及其对世界的看法。⑥ 但是我们需要承认，严谨的分析和研究也无法揭露所有的

① Tsang, E. and Kwan Kai, M. (1999), "Replication and Theory Development in Organizational Science: A Critical Realist Perspective", *Academy of Management Review*, 24 (4): 759 - 80.

② Tsoukas, H. (1989), "The Validity of Idiographic Research Explanations", *Academy of Management Review*, 14 (4): 551 - 61.

③ Bhaskar, R. (1979), *The Possibility of Naturalism: A Philosophical Critique of the Contemporary Human Science*, 1*st edn*. Atlantic Highlands, NJ: Humanities Press: 31.

④ Sayer, A. (2000), *Realism and Social Science*. London: Sage Publications: 18.

⑤ Tsoukas, H. (1994), "What is Management? An Outline of a Metatheory", *British Journal of Management*, 5: 291.

⑥ Phillips, N. et al. (2004), "Discourse and Institutions", *Academy of Management Review*, 29: 635 - 52.

已存（但未必可见）的制度（存在于实际域），因为通过对个体世界的分析，我们依然看不到全部的、“潜移默化”的制度，个体已在实际践行着这些制度，尽管他们也未必完全理解其背后的预设和期待。这也正是为什么批判实在论将制度放在了实际域，因为按照制度分析的既有研究，制度是一种会自动产生、会自我复制并会不断重复行为的总和。①

在某种意义上，制度潜移默化地成为了一种道德和本体论标准，不断地且默默地甚至让人不自知地塑造着个体的互动以及行为②，以至于在很多情况下，个体都意识不到这些制度的存在，更不会去挑战和质疑它的效率或合法性。③ 当然，这也意味着，在这个实际范畴，无论个体是否能预见和了解到这些制度，它们都独立于个体的意识和行为而存在，研究者也可以根据自己多年的经验，在行为中观察和推测出这些制度的内容。

而制度理论最新的进展也向我们揭示，尽管制度在潜移默化地塑造着组织行为，但是制度并不是终结，它还存在于更高层级的制度逻辑中，而这些制度逻辑属于批判实在论框架内、实在域的结构。④

在此，因批判实在论对结构的强调，我们需要着重探讨制度逻辑这个概念。

制度逻辑作为结构，是塑造组织场域内行动者的认知及行为的意识形态的总称。这个名词的主推者桑顿认为，意识形态过于政治

---

① Jepperson, R. (1991), “Institutions, Institutional Effects and Institutionalism”, In: Powell, W. and DiMaggio, P. (eds.), *The New Institutionalism in Organizational Analysis*, Chicago, IL: University of Chicago Press: 143 - 163; DiMaggio, P. and Powell, W. (1991), “Introduction”, In: Powell, W. and DiMaggio, p. (eds.) The New Institutionalism in Organizational Analysis, Chicago, IL: University of Chicago Press: 1 - 38.

② Barley, S. and Tolbert, P. (1997), “Institutionalization and Structuration: Studying the Links Between Action and Institution”, *Organizational Studies*, 18 (1): 94.

③ Scott, W. (1995), *Institutions and Organizations*, Thousand Oaks, CA: Sage.

④ Thornton, P. (2002), “The Rise of the Corporation in a Craft Industry: Conflict and Conformity in Institutional Logics”, *Academy of Management Journal*, 45 (1): 82.

化，所以更愿意将制度逻辑定义为文化信念。[①] 这种多重的制度文化秩序包含着相应的制度，并塑造着组织和个体的行为模式和关系。[②] 所以，逻辑是社会上共享，且深深印在人们脑海中的价值观，是一种形成了的、近乎固定的认知框架，以利于衡量个体行为的合法性。因此，制度逻辑塑造了特定场域与组织内的“游戏规则”及人们看待事情的先验假设。在组织层面，制度逻辑往往能帮助决策的制定者做出较为符合逻辑的决策，并且强化组织内的身份认同。

换言之，制度逻辑往往可以指引个体或者组织理解其所处的社会环境与情境，以确保自身行为的合法与合理性，因此制度逻辑是关于如何解释组织现实，什么构成了合适与合法的行为，以及如何获取其他个体和组织的认同与配合等。[③]

诚然，社会由多重制度逻辑构成，它们可以为个体和组织提供行动指引。桑顿就认为，西方社会中存在六种主要的制度秩序，分别是市场、企业、职业、家庭、宗教和政府。同时，在这些主要的制度逻辑的指引下，有些个体可能倾向接受某种结构，而另一些人可能认为其他的逻辑更为合适。所以组织内个体践行着多种逻辑也是非常普遍的现象。由此可见，场域中和组织内和团体内的制度逻辑都不会是单一的，甚至会出现和存在多重逻辑相互竞争话语权的情况。但有的学者认为，即使场域同时存在多种逻辑，其内在主导逻辑仍会是单一的。相反，一些研究则指出，多样的逻辑和竞争的逻辑是可以共存的（甚至维持很长的一段时间）。

因此，可以说，组织和团体除了受到主导的逻辑影响外，其他的逻辑，如政府和家庭和职业等也会影响一个组织的活动和组织内

---

① Thornton，P.，Ocasio，W. and Lounsbury，M.（2012），*The institutional Logics Perspective：A New Approach to Culture，Structure，and Process*，Oxford：Oxford University Press：5.

② Friedland，R. and Alford，R.（1991），“Bringing Society Back in：Symbols，Practices，and Institutional Contradictions”，In：Powell，W. and DiMaggio，P.（eds.）*The New Institutionalism in Organizational Analysis*，Chicago，IL：University of Chicago Press：232 – 63.

③ Thornton，P.（2004），*Markets from Culture：Institutional Logics and Organizational Decisions in Higher Education Publishing*，CA：Stanford University Press.

部的个体行为。由此，制度逻辑的多样性也造就了制度的复杂性，矛盾与和谐共存。①

当然，亦有些管理学者指出，目前大量的学术研究普遍关注市场、职业与企业逻辑，而对其他非市场逻辑缺乏理解。② 所以，随着学界不断提高对制度复杂性的认知，部分学者开始认识到，某些根植于组织内部的制度逻辑亦会对经济组织的战略决策行为产生影响。例如，对宗教、家族和社群等“非市场”逻辑的关注，实际上应与制度复杂性和多元性的探索同步，也理应成为理论的关注点。③

总体来看，制度逻辑的研究视角主要包含 3 个特征：一是强调文化结构和个体能动的二重性，在一定程度上弥合了两者的对立鸿沟；二是指出制度既是物质层面的又是形而上学；三是指出制度是历史更迭的产物，具有历史性。例如，桑顿的系列研究，就分析了 1958—1990 年，美国（高等教育）出版业内的逻辑更迭，显示了“市场逻辑”对“编辑逻辑”的取代和过程，及出版社群体在组织结构和经营战略层面做出的相应调整。④

作为总结，杨书燕等试图对制度逻辑的文献做出总结，她们以 Web of Science 数据库为基准（1998—2015）对超过千篇英语世界的管理学期刊进行搜索，分析其下收录的制度逻辑文献，指出其特点及趋势：（1）多重逻辑的竞争、多重制度环境下的混合型组织和个体行为和战略反应备受关注；（2）制度创业行为的合法性以及宏观层面的国家的制度逻辑与相应的组织战略等也受到关注。总之，通过对涉及制度逻辑的论文梳理，作者们发现，制度逻辑作为一个解

---

① 李晓丹、刘洋：《制度复杂理论研究进展及对中国管理研究的启示》，《管理学报》2015 年第 12 期。

② Greenwood, R. et al. (2010), “The Multiplicity of Institutional Logics and the Heterogeneity of Organizational Responses”, *Organization Science*, 21 (2): 521 – 539.

③ 梁强等：《制度复杂性与家族企业成长》，《南开管理评论》2020 年第 3 期。

④ Thornton, P. and Ocasio, W. (1999), “Institutional Logics and the Historical Contingency of Power in Organizations: Executive Succession in the Higher Education Publishing Industry, 1958 – 1990”, *American Journal of Sociology*, 105 (3): 801 – 43.

释性框架已被管理学界普遍接受，其学术的拓展前景也较为光明。①

我们了解到多重的制度逻辑或制度逻辑的多样性和复杂性会导致逻辑之间的竞争（对于行为的塑造），这将触发处于实际域内的多种制度的变化，而这些多重逻辑的碰撞也会冲击我们的信念系统。② 而同时我们也要了解，制度变迁从一开始就不是单一的活动而是多维度、多角度、多个体的制度工作③，以期在一段博弈时间后活动者达成对新制度的一致意见④。而行动者之间互动及其对制度意义的理解与最后会共同采取的行动将会影响甚至决定制度的稳定性⑤。诚然，制度变迁是一个辩证的过程，这让我们看到了诸多活动者一起来明确、辩护甚至重新定义认知框架和制度问题的过程，所以一个新的制度安排绝不是单一行为活动者的预期可以决定的⑥。

同时，学者们也发现，制度达到重新稳定是一个政治过程，因为这往往是一个多重个体在权力不对等的情况下相互竞争、相互博弈的过程，且最后既定的制度也往往根据胜利方的行为进行变迁，⑦ 或者两种逻辑被整合成一种新的逻辑。⑧ 不难想象，这种竞争下的制

---

① 杨书燕、吴小节、汪秀琼：《制度逻辑研究的文献计量分析》，《管理评论》2017 年第 29 卷第 3 期。

② DiMaggio, P. and Powell, W. (1983), "The Iron Cage Revisited: Institutional Isomorphism and Collective Rationality in Organizational Fields", *American Sociological Review*, 48 (2): 147 – 160.

③ Oliver, C. (1991), "Strategic Responses to Institutional Processes", *Academy of Management Review*, 16 (1): 145 – 179.

④ Van, G. and Hillebrand, B. (2011), "Explaining Stability and Change: The Rise and Fall of Logics in Pluralistic Fields", *Organization Studies*, 32 (2): 231 – 252.

⑤ McPherson, C. and Sauder, M. (2013), "Logics in Action: Managing Institutional Complexity in a Drug Court", *Administrative Science Quarterly*, 58 (2): 165 – 196.

⑥ Westenholz, A. and Pedersen, J., Dobbin, F. (2006), "Introduction: Institutions in the Making", *American Behavioral Scientist*, 49: 1 – 8.

⑦ Hensmans, M. (2003), "Social Movement Organizations: A Metaphor for Strategic Actors in Institutional Fields", *Organization Studies*, 24 (3): 355 – 381.

⑧ Glynn, M. and Lounsbury, M. (2005), "From the Critics' Corner: Logic Blending, Discursive Change and Authenticity in a Cultural Production System", *Journal of Management Studies*, 42 (5): 1031 – 1055.

度稳定和变迁吸引了诸多学者的注意①，他们的研究亦表明，制度的稳定往往不是长期的，制度也经常会在稳定与不稳定之间反复变动、来回转换。② 且雷伊等的研究也显示，竞争的逻辑是可以长期共存的，且这种逻辑之间的对抗也可以被有效地管理。③ 而范等则认为，一个制度的主导逻辑是短暂的，亦会不断变化。④ 雷伊等另外的研究则补充道，尽管在制度变迁的过程中，很可能产生暂时性的新主导逻辑，但是旧的主导逻辑仍会在制度的塑造中扮演一定角色，并为下次的制度变迁铺路。⑤

那么制度逻辑是如何影响制度运作和个体行为的呢：（1）通过身份认同，个体对集体的认同和对集体中主导的制度逻辑的认同往往是一回事；（2）制度逻辑通过这种身份认同或默契创造了制度的游戏规则；⑥（3）制度逻辑可以通过分配注意力（attention）来影响组织行为、影响组织的制度选择方案；⑦（4）组织对多种制度逻辑的回应往往受到组织内最强势和最有权力群体的影响；⑧（5）制度层面，身份是在制度内，组织对自己内部类别的定义，会影响组织在面对制度的复杂性时可采取的自由裁量权——这些身份影响着组

---

① Dacin，M. et al.（2002），“Institutional Theory and Institutional Change：Introduction to the Special Research Forum”，*Academy of Management Journal*，45（1）：45－56.

② Reay，T. and Hinings，C.（2005），“The Recomposition of an Organizational Field：Health Care in Alberta”，*Organization Studies*，26（3）：351－384.

③ Reay，T. and Hinings，C.（2009），“Managing the Rivalryof Competing Institutional Logics”，*Organization Studies*，30（6）：629－652.

④ Van，G. and Hillebrand，B.（2011），“Explaining Stability and Change：The Rise and Fall of Logics in Pluralistic Fields”，*Organization Studies*，32（2）：231－252.

⑤ Reay，T. and Hinings，C.（2009），“Managing the Rivalry of Competing Institutional Logics”，*Organization Studies*，30（6）：629－652.

⑥ Ocasio，W.（1999），“Institutionalized Action and Corporate Governance：The Reliance on Rules of CEO Succession”，*Administrative Science Quarterly*，44（2）：384－416.

⑦ Ocasio，W.（1995），“The Enactment of Economic Adversity：A Reconciliation of Theories of FailureInduced Change and Threat－Rigidity”，*Research in Organizational Behavior*，17（1）：287－331.

⑧ Greewood，R.，Raynard，M. and Kodeih，F.（2011），“Institutional Complexity and Organizational Responses”，*Academy of Management Annals*，5（1）：317－371.

织对压力和期望的优先排序以及作何回应。① 在这里需要强调的是，为了理解组织对制度乃至制度逻辑回应的异质性，不能把组织看作一个僵硬的统一体，而应将其看作多元的复杂集合。②

然而，批判实在论下的组织或个体，对于制度以及制度逻辑的回应也不应被忽略，因为批判实在论并非决定论。例如，组织和个体不是被动地接受制度要求，而是对这些制度要求进行重新解释；③此外，组织和个体也可以通过对组织结构的混合以回应制度的复杂性，从中获得利益——混合是将不同的制度逻辑按自己所需进行组合，④ 这种方式才能保证组织获得其内部的个体支持，以达到更高的绩效，然而，这种混合实践的整合仍有多处值得细致的研究探索。⑤例如，洛克就指出，混合身份的建构非常难，因为嵌套的多重身份认同经常发生冲突和不一致。⑥

如上所述，制度逻辑理论为解释场域中组织行为的多样性提供了可能。而制度企业家则更看重组织场域中，那些从无到有新制度的诞生或旧制度的制度变迁的动因和过程，强调了新制度理论中往往忽略的变革方面。相应地，制度企业家指的是那些率先打破既有制度束缚并试图推行新制度的组织或个人。那么问题就来了，如果像制度理论最初的诸多经典论文那样，假设制度的同构倾向——即

---

① Sharma, S. (2000), "Managerial Interpretations and Organizational Context as Predictors of Corporate Choice of Environmental Strategy", *Academy of Management Journal*, 43 (4): 681 –69.

② Delmas, M. and Toffel, M. (2008), "Organizational Responses to Environmental Demands: Opening the Black Box", *Strategic Management Journal*, 29 (10): 1027 –1055.

③ Pratt, M. and Foreman, P. (2000), "Classifying Managerial Responses to Multiple Organizational Identities", *Academy of Management Review*, 25 (1): 18 –42.

④ Thornton, P., Jones, C. and Kury, K. (2005), "Institutional Logics and Institutional Change in Organizations: Transformation in Accounting, Architecture, and Publishing", *Research in the Sociology of Organizations*, 23 (S1): 125 –170.

⑤ Battilana, L. and Dorado, S. (2010), "Building Sustainable Hybrid Organizations: The Case of Commercial Microfinance Organizations", *Academy of Management Journal*, 53 (6): 1419 –1440.

⑥ Lok, J. (2010), "Institutional Logics as Identity Projects", *Academy of Management Journal*, 53 (6): 1305 –1335.

场域中所有组织的行为趋向于统一，那么，怎会有组织或个人尝试打破既有制度的束缚或者推行新制度呢？

总之，通过对制度逻辑和制度的拓展，批判实在论认为个体的行为都镶嵌于现有的结构之中，也就是说个体和组织都不可能在没有结构前提的情况下展开行动。① 那么个体或组织的每一步行动，都是利用结构提供的因果动力来进行实践的，在重复着已有制度安排或重塑着这些安排。但是重复性的活动并没有明显的能动性需求，而重塑制度的努力，需要能动性的支持，因为个体或组织需要努力来改变已有的制度环节。批判实在论同时强调，个体拥有足够的反思性来操作这些改变，但是这些反思性也并不发生于真空的状态下，结构和制度制约着这些反思性。② 而如前文所述，代表着结构的制度逻辑在我们的社会中并不是单一存在的，它们很可能是互相矛盾的，而这些矛盾产生的结构裂痕，有可能为反思性的行为创造足够的博弈空间来改变制度规则。换句话说，制度逻辑的多样性，令个体的思维世界变得更加多样，让他们觉得自己有能力去选择适当的能动性来建立一个符合自己喜好的制度或者对已有制度进行有益的修正。

所以，制度逻辑并不会提供现成的制度，制度企业家需要利用制度逻辑来改变、建立或修正自己偏好的制度与规则，发挥他们的能动性和使用他们喜好的语言。③

这里需要强调的是，制度企业家对制度逻辑及其作用力并非完全熟悉，他们有时候会潜移默化地默认一些制度逻辑及其价值与作用力。所以，同样的制度结构和其逻辑在不同的具体情境下可能产生不一样的结果。

---

① Archer, M. (1995), *Realist Social Theory: The Morphogenetic Approach*. Cambridge: Cambridge University Press; Bhaskar, R. (1989), *The Possibility of Naturalism: A Philosophical Critique of the Contemporary Human Science*, *2nd edn*, Atlantic Highlands, NJ: Humanities Press.

② Archer, M. (2002) Realism and the Problem of Agency, *Journal of Critical Realism*, 5: 11 -20.

③ Benford, R. and Snow, D. (2000), "Framing Processes and Social Movements: An Overview and Assessment", *Annual Review of Sociology*, 26: 611 -39.

因此，在这种个体与结构的互动中，没有任何结果是确定或者有决定性的，于此，批判实在论否定了结构决定论与个体自由意志决定论，因为哪怕是个体运用其能动性来适应和利用制度逻辑为自己喜好的制度添砖加瓦，不同的场域情景仍然可以让相同的制度逻辑显现出不同的制度结果，因为个体不可能完全掌握制度逻辑，而制度逻辑也不可能完全控制人的行为与实践。对于批判实在论来说，未来始终是不确定的，是开放的。① 相同的制度逻辑在不同的场域下有可能产生完全不同的制度，这些制度也可能使一些特定的行为合法化。

同样的，已有研究也显示，制度企业家单兵作战一般很难达到好的效果，所以他们经常试图通过寻找战略伙伴来改变已有的制度安排。② 而这些制度企业家也会根据这些潜在的战略合作或联盟的喜好，来选择相应的制度逻辑以达成共同前行的效果。③ 换言之，制度企业家会为了自己的目标和战略目的而选择合作伙伴，并为了合作伙伴的喜好来选择适当的合法性话语，即制度逻辑，结盟往往也是为了达到自己的能动目的，或者将自己的行为更加“合法化”。④

但是特别需要注意的是，批判实在论对制度并没有做出明确的定义，我们看到的已有制度理论研究，往往将制度看作规则或者潜移默化的规范甚至文化。而本书认为，批判实在论更多的是将其视

① Sayer, A. (2000), *Realism and Social Science*, London: Sage Publications.

② Fligstein, N. and Mara - Drita, I. (1996), "How to Make a Market: Reflections on the Attempt to Create a Single Market in the European Union", *American Journal of Sociology*, 102: 1 - 33; Garud, R., Jain, S. and Kumaraswany, A. (2002), "Institutional Entrepreneurship in the Sponsorship of Common Technological Standards: The Case of Sun Microsystems and Java", *Academy of Management Journal*, 45: 196 - 215; Greenwood, R., Suddaby, R. and Hinings, C. (2002), "Theorizing Change: The Role of Professional Associations in the Transformation of Institutionalized Fields", *Academy of Management Journal*, 45: 58 - 80.

③ Rao, H. (1998), "Caveat Emptor: The Construction of Non - Profit Consumer Watchdog Organizations", *American Journal of Sociology*, 103: 912 - 961.

④ Haveman, H. and Rao, H. (1997), "Structuring a Theory of Moral Sentiments: Institutional and Organizational Coevolution in the Early Thrift Industry", *American Journal of Sociology*, 102: 1606 - 1651.

为制度逻辑（意识形态或文化）下定义的社会关系展现的诸多可能性，例如市场逻辑定义了（而并不是决定了）一家公司内部员工和上司的关系的可能范围，这些可能范围就是制度，有些可见、有些未发生、有些甚至员工已经做了，但是他们自己都没有意识到，例如有意无意地在老板说话时点头等。这就是制度逻辑作为结构为我们展现的塑形制度的力量及可能性。

我们也将会在下一部分，采用一个具体的案例来展示批判实在论是如何利用其多层的本体论优势，团结起来已有的制度理论精髓，解决嵌入性悖论的。

## 批判实在论对管理学贡献：以社会企业评级机构 ARESE 为例

本节利用勒卡和纳卡什通过批判实在论更新制度理论的案例来展现其如何解决制度企业家“嵌入性悖论”。[①] 始建于 1997 年，终于 2002 年，ARESE 是一个制度企业家的典型代表，它在法国创制了一种新型的社会评级机制——将机构的社会责任投资（socially responsible investment，SRI）引入了机构的合法性及投资评级指标，ARESE 曾在机构的鼎盛时期（2002 年其解散前）占有过社会责任投资评级市场超过 85% 的份额——那些年，有超过 8 成的 SRI 基金经理都是用 ARESE 的评级来衡量他们所筛选的企业是否值得投资的。

从历史的角度来看，SRI 在法国的兴起实属异类，因为从没有证据显示，一个企业对于社会责任方面的投资和其经济收入有直接的关系。[②]

---

① Leca，B. and Naccache，P.（2006），“A Critical Realist Approach to Institutional Entrepreneurship”，*Organization*，13（5）：627 -651.

② Roman，R.，Hayibor，S. and Agle，B.（1999），“The Relationship Between Social and Financial Performance：Repainting a Portrait”，*Business and Society*，38：109 -25.

所以不难想象，在1997—2001年，法国的投资者在衡量企业时，也不会看重一个企业是否进行了对社会有益的相关投资与投入。换言之，银行家和股票投资人在推介一个公司股票时，并不是在为了回应投资者诉求而使用SRI这个标准。反正，ARESE作为制度企业家是在建立一个新标准，并将这个新标准（尽管它与一家公司的绩效并不挂钩）推给投资人和基金经理使用。[①]

从社会学角度来看，每个行业都有一系列的结构框架，本书关注的是金融行业的度量，以及它作为一种结构或者制度逻辑的演变。度量，顾名思义，指的是自文艺复兴开始，就开始在西方社会盛行的一种判断标准：（1）首先，对一个事物的度量在某种程度上相当于对这个事物进行了一种重新定义，将其削减成可以被衡量的维度，那么一个公司、一个事件就被物化了，变成了一个个数字，而数字仿佛就成了一种硬性事实，因此度量就是对一个事物的重新定义[②]；（2）这种物化的过程似乎也是一种人类进步的过程，特别是中世纪以来，度量的出现将我们对世界的认识从一种质化和神学的视角转化到一种更加量化的理解，特别是当社会普遍认为数字代表权威和事实时，那么数字物化就让这种理解逐步转化为了一种标准化的、被广泛接受的理解和认同；[③]（3）标准化的理解有助人们比较不同事物，因为它提供了一种更容易达成一致的标准，助力更有效的决策行为；（4）度量物化更容易让机构间加强沟通，因为大家都在使用类似的标准进行交流[④]；（5）卡伦还指出，在一个市场设立一个新标准十分有用，例如，在这个市场，介绍进来一个外来的制度逻

---

① Mitnick，B.（2000），“Commitment，Revelation and the Testament of Belief：The Metrics of Measurement of CSP”，*Business and Society*，39：419－65.

② Fineman，S.（2004），“Getting the Measure of Emotion and the Cautionary Tale of Emotional Intelligence，*Human Relations*，57：719－40.

③ Porter，T.（1995），*Trust in Numbers：The Pursuit of Objectivity in Science and Public Life*，Princeton，NJ：Princeton University Press.

④ Townley，B.，Cooper，D. and Oakes，L.（2003），“Performance Measures and the Rationalization of Organizations”，*Organization Studies*，24（7）：1045－71.

辑，而往往只有这种新视野才能促进一个市场的蓬勃发展，才能让不同思想和衡量标准的交换成为可能；①（6）一个认同的度量标准，可以建立一种新的群体事件或群体认可，甚至反过来让这个群体拥有一种新的身份，因为恰恰他们都认同某一特定的度量；（7）鉴于新的度量是一种技术的更新，它的政治意义甚至可以变得很重要，因为它可能被那些悉心听取民意、具有民主倾向的政府所接纳。

具体来说，SRI 指的是机构在投资和运营时，将社会和道德目标，与其他更传统的决策标准一起纳入考量。在 1997 年，只有 7 支 SRI 基金存在，而到了 2001 年，有超过 42 支，管理的资产从 2 亿欧元提升到超过 10 亿欧元，而在同一段时间，法国的基金市场表现平稳，并没有出现资金量爆升的情况。ARESE 作为一个基金评级机构始建于 1997 年，尽管它也提供关于这些基金和公司在其他方面投资的信息，但是 ARESE 却取得了超过 85% 的有关对公司社会责任方面投资的评级业务。其实，在始创时，ARESE 的始创者就对公司的定位剑出偏锋（打破已有基金评级行业的规则和可能性），认为应该发展出新兴的市场或者领域以拓展业务，开掘有关公司社会投资方面的量化度量标准——在那时的法国，公司价值的评估者并不会提供有关这些公司社会服务和投资方面的量化评估信息——因为在当时的市场环境中，这些社会方面的努力都不如公司的主营目标那么明确和有价值，所以往往会不断强调盈利和财务指标（这也是这一领域主要的制度逻辑，那就是市场逻辑对盈利的强调）。

另外，与质化信息相比，量化的度量信息是看似让人无法反驳的“客观”事实，所以在发明 SRI 指数度量时，ARESE 公司的分析师与市场合作紧密，着重强调对社会责任方面的量化分析，且在招聘公司雇员时，也看重员工的数学和数理背景。

同时，ARESE 强调量化度量的价值在于标准化，将所有公司的社会投资评级分为 5 个标准、3 个维度进行量化打分（0—100 分），

① Callon，M.（1998），*The Laws of the Markets*，Oxford：Blackwell.

这有助于将这个评级体系推广开来，获得更多的认可和接受：基金经理在评估公司时，不但可以看到它的财政表现，亦可以了解它的社会公益性量化指标，这也让基金经理在比较不同公司时有了更多的标准化横向对比依据，特别是当他们需要分析超过 100 家公司时，这些指标和具体的量化度量就变得格外有用和直观。

而且 ARESE 的成功，也取决于这些被衡量公司自身的努力：那些本身就专注于社会投资的企业或者基金，似乎也有了更多的筹码，以和它们的管理层讨价还价，显示自己工作的价值，而这种价值体现有赖于 ARESE 提供的量化指标。因此，超过 9 成的公司都使用了 ARESE 的社会责任度量指标。例如一个基金经理就表示，如果使用财政和金融指标衡量一个公司是否值得投资，在通过初筛后，很多高盈利的机构都千篇一律，让人摸不着头脑，对于哪个更值得投资，ARESE 的指标就提供了一个新的视野，让人眼前一亮，可以更好地区分这些公司的表现。

那么这个案例，在批判实在论视角又说明了什么？ARESE 公司作为制度企业家的初衷，并非是希望创立一种所有人都采用的标准，它只是希望借此拓展一个新市场，抱着试试看的心态，利用量化的研究方式来为自己这个创新行为证明，特别是当很多其他同级别的评级公司都感觉到这个新领域的拓展困难重重之时。所以，哪怕是 ARESE 的员工，很多也并没想到会取得如此的成功，以至于一些基金经理表示，选不选择 ARESE 的评级机制，都成为了一种结构性的必须，因为所有其他基金经理都看重这个新评级，自己如果忽略 ARESE，工作就变得十分困难了。所以说，ARESE 在度量这个制度逻辑的助推之下推行了一种新的制度，它不仅是简简单单的新规则或者新规范，而且是一种新型社会关系的可能性，如果它重塑了这个投资场域内投资者与被投资者的关系，金钱和社会责任感也被纳入这种更新了的社会关系的考量，那么制度就是这种新型社会关系的可能性的体现。

本案例也印证，批判实在论对于解决嵌入型悖论做出了创新，展示了制度企业家是如何通过选择性地使用制度逻辑来改变和创新已有的制度安排的。这个过程也充满了不确定性，因为无论是个体还是结构的作用和效能都不是决定性的，很多偶然的因素在这个过程中承担了其出人意料的“效果”。换言之，尽管结构束缚着人的意识形态和行为实践，但是个体的主观能动性依然可以利用不同的结构资源（制度逻辑）来达到自己对制度的预期。更为关键的是，批判实在论的分层本体论，将结构（制度逻辑作为机制，于实在域）、制度（制度逻辑所展现的可能性和事件，于实际域）和个体行为（能动性，于实践域）置于不同的范畴或空间内，使其互相影响但不能互相决定，排除了结构决定论或自由意志论的陷阱。

总之，批判实在论让我们在承认个体能动性的同时，又强调了制度的约束以及个体行为和动机的结构嵌入性，通过对本体论范畴的全新演示，调节了个体—结构的对立，既承认两者的独立存在，又认可二者的互动，为解决管理学中的人的嵌入性问题，以分层的本体论提供了全新的视野。这种本体论优势，是传统的实在论和建构主义无法比拟的，它承认个体的能动性，也同时督促我们去更好理解结构（制度逻辑）对行为潜移默化的影响：用更哲学的语言来说，个体是自由的，但也不是完全自由的，结构的影响潜移默化（因其存在于另外的空间或者实在范畴），有时候未必能够为个体所知。

对于制度创业或制度企业家的研究，批判实在论指出，个体可以选择性采用不同的制度逻辑来完成他们对既有制度的想象，但是由于制度逻辑作为一种结构存在于不同的空间和维度中，个体不可能完全了解制度逻辑的全貌，且在和不同的个体与机构互动中，不同的制度逻辑被采用并相互碰撞。因此，所谓的摆脱结构的束缚来改变制度，本身就是个伪命题。不同人使用不同的结构进行沟通和互动，本身就会产生一系列的不确定性，因为制度逻辑或结构的碰撞，结果难以确定，无论是对个体本身，还是对他们所关心的制度。那么制度创业和制度企业家也是一个开放过程，制度的确定与更新，既需要个体的付出，亦是一种不同结构博弈和碰撞的过程（承载于在个体的行动之中），在不同场域发挥着截然不同的效应和结果：个体如何顺利运用不同的制度逻辑达到对自己心中制度的重塑和新方向，值得学者进行更为深入的研究与思考。

## 讨论与展望：哲学对管理学的价值所在

那些既读过哲学又读过管理学文献的学者可能会同意这一点：哲学要比管理学复杂也更难理解，因为哲学是一门涉及面广泛的学科，由许多高度相关的分支组成，所以要了解形而上学和认识论，就必须了解西方哲学史，研究者也需要投入大量的时间和精力。有明显的迹象表明，大部分的管理学文章包括对制度企业家的探讨都缺乏对哲学的足够理解。例如，韦尔奇等基于因果解释和情景化的权衡构建了一个基于案例研究的理论分类，但在论述过程中，他们将波普尔的证伪主义化为实证主义的变种。①

显然，这是一个事实性的错误，因为波普尔是实证主义的强力批判者，在其自传中，他称是自己扼杀了实证主义："现在大家都知道实证主义已死。但似乎没有人质疑，谁应该对此负责。我必学承认恐怕这是我的责任。"②

另一个例子是米尔和沃森提倡融合建构主义和批判实在论来解释管理现象。③ 这一哲学立场本身就矛盾重重，但作者并未体会到两

① Welch, Catherine, et al. (2011), "Theorising from Case Studies: Towards a Pluralist Future for International Business Rsesearch", *Journal of International Business Studies*, 42: 369 - 390.

② Popper, K. (2002), *Unended Quest: An Intellectual Autobiography*, New York: Routledge.

③ Mir, R. and Watson, A. (2001), "Critical Realism and Constructivism in Strategy Research: Toward a Synthesis", *Strategic Management Journal*, 22: 941 - 953.

个难以融合的世界观的碰撞，因为他们对实在主义和建构主义的理解都有很大问题，但依然通过评审程序，在顶刊获得刊登。这也从侧面证明，管理学乃至整个宏观的社会科学都过于缺乏懂得哲学的审稿人了。①

总之，批判式思维始于苏格拉底、柏拉图和亚里士多德，是西方哲学传统的核心元素。哲学家们喜欢争论和辩论，而这也正是这门学科前进的方式。本书认为，管理研究者在这方面有很多东西要向哲学家学习。遗憾的是，在管理研究领域，很少有类似的辩论和对话。鉴于此，我们应该鼓励管理研究者阅读以哲学为基础的文献，批判性地识别问题，提出批评和解决方法。如此的智力对话才会使整个管理学和社会科学领域更加繁荣强大。而在下一章我们将继续这样的挑战性工作，用批判实在论来提升管理伦理分析的质量。

---

① Tsang, E. (2013), "Is this Referee Really My Peer? A Challenge to the Peer – Review process", *Journal of Management Inquiry*, 22: 166 – 171.

# 第二章　伦理与管理科学

在现代商业社会，人们认识到，任何的组织，无论是公司还是政府，都是社会的一分子，它要在社会中生存并显示其存在的价值，这些价值不仅仅体现在组织的管理者为组织成员谋求利益上，还体现在承担其在享受权利时相应的责任和义务上，以在管理行为中贯彻相应的道德规范，对社会负责。所以无论是企业还是政府都需要履行一定的道德规范，而不是一切为了利益。[①]

然而回顾管理学史，20 世纪 80 年代前，管理是不太重视价值观的，直到美国管理学家帕斯卡尔和阿索斯发表《日本的管理艺术》以及彼得斯和沃特曼的《追求卓越——美国最佳企业的经验》出版以后，价值观管理理念才风行开来。[②]

正如弗里曼和吉尔伯特在研究了世界著名企业如 IBM 公司、惠普公司等机构后所得出的经验："优秀企业的秘诀在于懂得人的价值观和伦理，懂得如何把它们融合到公司战略中。"[③] 这里的伦理，指的是组织管理不仅要守法，更要符合超越法律的道德基准。又如佩恩所述："法律不能激发人们追求卓越，它不是榜样行为的准则，甚至不是良好行为的准则。那些把伦理定义为遵守法律的管理者隐含

---

① Freeman, E. and Gilbert, D. (1988), *Corporate Strategy and the Search for Ethics*, NT: Prentice – Hall.

② 龚天平：《追求卓越：现代西方管理伦理的走向》，《国外社会科学》2004 年第 6 期。

③ Freeman, E. and Gilbert, D. (1988), Corporate Strategy and the Search for Ethics, NT: Prentice – Hall, p. 5.

着用平庸的道德规范来指导企业。"[①] 换言之，管理伦理是指人们在组织行为和经营活动中所应遵守的规范、准则及道德，它可有效解决（甚至不需每次都诉诸规则）组织在进行决策时面临的"对错"问题，以平衡经济利益和社会责任。[②]

然而，学界对于管理伦理是否有实践的价值是持有不同意见的，因为现今的管理科学领域，对公司是否应该承担更多的社会责任、遵守商业伦理，而不是追求利益最大化这个理性经济人假设，存有较大的争议，特别是当经济学俨然已经成为管理学的理论和意识形态基石后——基于理性经济人假设，公司的主要目标变成了创造财富。[③]

因此，在论证商业伦理的必要性和价值时，两派学者对经济学的假设做出了自己的解读。一派学者（战略思考派）采取了一种商业战略思考眼光，试图证明公司社会责任与最大化盈利之间存在正向因果关系。[④]

另一派学者（伦理道德派）则认为，商业伦理行为与其经济效益不应该是挂钩的，社会责任在道德和文化层面，有其存在的必要性和重要性。[⑤] 不难想象，两派学者的观点产生碰撞，特别是当一些

---

① Pain, L. (1994), "Managing for Organizational Integrity", *Harvard Business Review*, March - April: 106 - 117.

② 姚丽娜、杨瑞伟：《转型时期管理伦理缺失的原因分析及对策》，《管理世界》2010 年第 5 期。

③ Hinings, R. and Greenwood, R. (2002), "Disconnects and Consequences in Organization Theory", *Administrative Science Quarterly*, 47: 411 - 421; Margolis, J. and Walsh, J. (2003), "Misery Loves Companies: Rethinking Social Initiatives by Business", *Administrative Science Quarterly*, 48: 268 - 305; Williamson, O. (1985), *The Economic Institutions of Capitalism*. New York: Free Press.

④ Rowley, T. and Berman, S. (2000), "A Brand New Brand of Corporate Social Performance", *Business & Society*, 39: 397 - 418; Wood, D. and Jones, R. (1995), "Stakeholder Mismatching: A Theoretical Problem in Empirical Research of Corporate Social Performance", *The International Journal of Organizational Analysis*, 3: 229 - 267.

⑤ Phillips, R. (1997), "Stakeholder Theory and a Principle of Fairness", *Business Ethics Quarterly*, 7: 51 - 66; Alvesson, M. and Willmott, H. (1995), "Strategic Management as Domination and Emancipation: From Planning and Process to Communication and Praxis", *Advances in Strategic Management*, 12: 85 - 112.

坚信资本主义的精髓是为公司和股东创造最大价值的经济学家提出，财富的最大化才能带来更多的社会效益时。①

在两派之争中，出现了一批相对中立的学者，认为公司追求利益最大化与其承担更多的社会责任和伦理行为是不矛盾的②，且两者是相辅相成的③，或者说，公司的不道德行为反而会产生众多的经济损失，所以伦理有意义。④

本书认为，已有文献缺乏对影响管理伦理行为的结构性因素的探索，且两派学者的核心理论假设仍没有走出理性经济人的“陷阱”：在这个辩论的过程中，无论是将经济利益最大化当成管理伦理的“朋友”还是“敌人”，学者们都认为，公司或者组织的管理者，是理性的机会主义者，其行为实践的主要目的是追逐经济利益（趋利理性）。而这一假设混淆甚至错误理解了公司行为的复杂动机及其结构性限制。例如，一些公司的实践和行为不能完全用趋利理性来解释，如将公司采油的设备沉入大海⑤，又如选择性地录用男性的工作申请者⑥，或如那些漫不经心的安全生产提示⑦，这些似乎都对有效创造效益起到反向作用；且公司行为也不能完全由其内部的因素所决定，尽管一些学者分析了公司行为的主导因素，认为其是由信念和价值观所主

① Friedman, M. (1970), “The Social Responsibility of Business is to Increase Its Profits”, *New York Times Magazine*, 32 – 33, 122, 124, 126, September 13; Levitt, T. (1958), “The Dangers of Social Responsibility”, *Harvard Business Review*, 36: 41 – 50.

② Windsor, D. (2001), “The Future of Corporate Social Responsibility”, *The International Journal of OrganizationalAnalysis*, 9, 225 – 256; Saiia, D. et al. (2003), “Philanthropy as Strategy”, *Business & Society*, 42: 169 – 202.

③ Matten, D and Crane, A (2005), Corporate Citizenship: Toward and Extended Conceptualization”, *Academy of Management Review*, 30: 166 – 179.

④ Frooman, J. (1999), “Stakeholder Influence Strategies”, *Academy of Management Review*, 24: 191 – 205.

⑤ Jensen, H. (2003), “Staging Political Consumption: A Discourse Analysis of the Brent Spar Conflict Recast by the Danish Mass Media”, *Journal of Retailing and Consumer Services*, 10: 71 – 80.

⑥ Etzkowitz, H. et al. (2000), *Athena Unbound: The Advancement of Women in Science and Technology*, UK: Cambridge University Press.

⑦ Gephart, R. (1997), “Hazardous Measures: An Interpretive Textual Analysis of Quantitative Sensemaking During Crises”, *Journal of Organizational Behavior*, 18: 583 – 622.

导的①或被人际关系网络所影响的②，但我们依然需要对公司作为一个组织所处的社会大环境进行更全面的考量。若不然，学者们力推管理伦理的努力将枉然，已有研究变成了弥补商业趋利行为造成恶果的“补漏”性尝试，忽略了造成这些恶果背后的结构性原因。

本书将采用批判实在论来解决趋利理性经纪人假设给管理伦理学带来的问题：批判实在论的分层本体论，可以让我们更加完善地理解影响公司行为的结构因素和社会背景③，更加看清影响公司管理伦理行为的社会多元推手④，不再限于简单的成本效益分析，尽管人类的经济理性和短视贪婪是重要的原因之一。正如本书上一章节所示，影响公司管理伦理的社会结构是由多样的制度逻辑组成的，它们可以为个体和组织提供行动策略——社会活动者或者组织会在不同逻辑的指导下实践。有些人倾向接受某种制度逻辑，而另一些人可能认为其他的逻辑更适合。所以在相当多的场域中，组织内多种逻辑的出现是非常普遍的。由此可见，场域中的制度逻辑不会单一，存在多种逻辑竞争主导权的情况。但也有学者认为，即使一个场域内同时存在多种逻辑，其主导逻辑仍是单一的，而场域内主导逻辑的变化无非是一种新逻辑替代旧逻辑的过程。⑤

---

① Scott，R.(2008)，*Institutions and Organizations*，CA：Sage Publications.

② Davis，G.(1991)，“Agents Without Principles? The Spread of the Poison Pill Through the Intercorporate Network”，*Administrative Science Quarterly*，36：583－613；Uzzi，B.(1997)，“Social Structure and Competition in Interfirm Networks：The Paradox of Embeddedness”，*Administrative Science Quarterly*，42：35－67.

③ DiMaggio，P. and Powell，W.(1983)，“The Iron Cage Revisited：Institutional Isomorphism and Collective Rationality in Organizational Fields”，*American Sociological Review*，148：147－160；Meyer，J. and Rowan，B.(1977)，“Institutionalized Organizations：Formal Structure as Myth and Ceremony”，*American Journal of Sociology*，83：340－363.

④ Campbell，J.(2007)，“Why Would Corporations Behave in Socially Responsible Ways? An Institutional Theory of Corporate Social Responsibility”，*Academy of Management Review*，32：946－967；Hoffman，A.(1999)，“Institutional Evolution and Change：Environmentalism and the US Chemical Industry”，*Academy of Management Journal*，42：351－371.

⑤ 李晓丹、刘洋：《制度复杂理论研究进展及对中国管理研究的启示》，《管理学报》2015年第12期。

当然，还有些管理学者指出，目前大量的学术研究都着重关注职业逻辑、市场逻辑和企业逻辑，对其他逻辑缺乏足够的关注。① 但随着学界不断加深对组织所处的制度背景的多方认知，部分学者开始意识到，某些制度逻辑亦会对经济组织的战略决策行为产生重要影响，例如，宗教、家族和社群等“非市场”逻辑。这些关注与学界在制度复杂性和多元性方面的探索是同步的，也成为当前理论研究的焦点。而在家族企业研究领域，家族逻辑更是吸引了众多学者的关注。②

因此，基于这个批判实在论视角下的多重制度逻辑推演，本论文将论证如何跳脱经济理性最大化的假设来理解塑造公司管理伦理的结构性因素。批判实在论的优势在于其强调社会结构和个体能动的二重性，指出行动者的利益和理性是随着外部制度秩序的变化而变化的，这就在一定程度上弥合了管理伦理理论中存在着的社会结构和个体（组织）能动性间的对立鸿沟。

具体来说，本书将首先梳理有关管理伦理的文献，解析管理伦理及必要性的两大理论流派，之后我们将利用批判实在论和其分层本体论的优势来推进一种超越理性经济行为假设的管理伦理分析框架。

## 什么是管理伦理?

20 世纪管理科学的发展突飞猛进，为人类社会的发展做出了重要贡献。但学者们对于管理的伦理问题进行专门研究，则主要是最近 40 年的事——从 20 世纪 70 年代的美国，以及 80 年代的欧洲开

① Greenwood, R. et al.（2010）, “The Multiplicity of Institutional Logics and the Heterogeneity of Organizational Responses”, *Organization Science*, 21（2）: 521 - 539.

② 梁强等：《制度复杂性与家族企业成长——基于正大集团的案例研究》，《南开管理评论》2020 年第 3 期。

始，学者们对管理伦理燃起兴趣，并将其正式规划为学科重点。造成这一情况的最直接的原因是20世纪80年代起暴露出的一系列丑闻和问题，例如大型飞机采购的贿赂丑闻、工业品对江洋湖海的大污染、在商业与政界的丑恶交易、非法武器走私、股票和公司内部交易及大额投资者的非法活动等。[①] 一谈到“丑闻”，西方的人们就很容易想起“腐败”，因此也会更注意“伦理”方面的探讨和商业教育。

由此，管理伦理又被翻译为“商业伦理”或者“企业伦理”或者“经济伦理”，其最初的学术和业界关注点是往往是围绕着企业的社会责任展开的：利润和伦理到底应该谁排在谁的前面？企业如何具有道德价值？这是研究的初始视角。随后这些探讨涉及企业与社会、环境甚至资本主义经济制度的关系。在此基础上，本章是在这个宏观学术大方向上的尝试与拓展。

管理伦理的研究一般分为微观、中观和宏观三个层面。在微观层面，学者们期待理解商业组织中个体间关系，从董事长到经理层再到基层员工，他们在企业中承担着不同的角色和作用，亦担负着不同层面的道德责任。所以，如何在企业治理和管理中，把具备道德感的观念传达给他们，令其行为符合组织的价值观和广义的社会道德？另外，雇主与雇员的伦理责任是什么？且企业对给员工提供的工作环境、劳动条件、待遇问题等问题，都属于微观管理伦理的内容。[②]

在中观层面，学者主要深度挖掘者各类组织之间的伦理关系问题，如厂家、消费者组织、贸易联盟和行业学会、工会等。尽管这些不同的组织都是由人构成的，但是它们作为组织都有自己的目标和利益考量以及行为方式，展现出超越了个体行为特征的自治性。

---

① 戴木才、孙丽虹：《“管理伦理”研究评述》，《当代财经》2001年第4期。

② 一泓：《伦理主管——美国企业管理新趋势》，《中外管理》1994年第4期。Margolis, J. and Walsh, J. (2003), “Misery Loves Companies: Rethinking Social Initiatives by Business”, *Administrative Science Quarterly*, 48: 268 – 305.

且由于社会分工的不同，这些中观组织在商业生活和社会中都扮演着不同的角色，理解它们之间的伦理和道德机制，十分重要。[①]

最后，在宏观层面，伦理和道德问题上升到了社会和制度的层面。比如，提供社会保障究竟应是个人、企业还是政府的责任？如何分担？企业如何参与有道德感的组织和社会生态建设？如何克服贫困问题？如何解决失业造成的社会影响？该如何处理种族和性别歧视等？甚至如何面对全球范围内的经济危机？[②] 特别值得注意的是，在这个宏观层面，学者们还关注文化差异对于公司和个体伦理行为的影响。例如，有学者就发现，北美人更喜欢强调决策的自由及其责任，有一种忽视结构限制的倾向；而欧洲人则更强调应以伦理勾勒出商业组织和运作条件。[③] 例如，德国人就十分注重对管理伦理本质哲学的探讨，例如，在市场经济中，最大利益与道德伦理如何可以不相悖？如何为企业和公司组织伦理建立可靠的哲学根基，以避免价值观行使时的任意性？而日本人则更加务实，喜欢研究企业伦理的民族特征和使用价值，经常把日本所谓的传统伦理观（如仁义和勇猛等）融进企业的实践构架，并强调员工工作的稳定性。[④]

在本书看来，这微观、中观、宏观三个层次的演进和整理十分必要——管理伦理作为伦理学的一种，在考察管理实践和规律的同时，亦需要理解管理的社会本质和价值属性，探究其根本价值原则。[⑤]

---

① Marquis, C. et al. (2007), "Community Isomorphism and Corporate Social Action", *Academy of Management Review*, 32: 925 – 945.

② Matten, D. et al. (2003), "Behind the Mask: Revealing the True Face of Corporate Citizenship", *Journal of Business Ethics*, 45: 109 – 120.

③ 恩德利:《企业伦理学：北美与欧洲的比较》,《国外社会科学》1997 年第 1 期。

④ 斯特曼等:《公司伦理学：概念框架与基本问题》,《国外社会科学》1997 年第 1 期。

⑤ 赵修义:《经济伦理的研究对象和主要课题》,《复旦大学学报》1998 年第 1 期。

## 理解管理伦理：战略投资或是道德约束?

综上，涉及这3个层面的研究或强调伦理的优先，而忽视管理的价值，认为管理应服从伦理考量；或强调了管理的功能而忽视伦理的价值，甚至只对伦理做出效率上的判断，令伦理完全服务于管理。这些观点只看到了管理和伦理的相拆，而没有看到它们的内在共生性。其实，管理和伦理的“矛盾”及其解决不是非此即彼的关系，在管理和伦理之间存在着统一性和一致性。管理和伦理作为两大价值系统，首先要研究的是，这两个价值系统做出判断所依据的终极价值观念和标准是什么？如何处理两者的关系才能保证社会和人类价值的实现？而在中国，如何才能建立起一种与中国特色社会主义市场经济相适应的管理道德坐标？

本书着重关注贯穿管理伦理的两条学术主线。其中一批战略投资派学者认为，资本主义社会的主导逻辑就是对个体经济理性的最大化，对管理伦理的研究具有明显的“工具理性”或“功用理性”倾向，强调的是管理效益原则下的伦理合理性，认为对商业伦理的投资与增加企业效益的关系是正向促进：让企业进行更多社会效益的投资的动机就是经济利益的诱导，因为更多的社会承担不但不会减少企业的盈利，反而有可能增加利润。[①] 例如，弗里切认为，不道德的行为往往会扭曲市场运作，导致资源的配置错配或者效率低下，长期以来就会导致经营效果下降。[②] 佩因则认为，合理的管理伦理可

---

① Rowley, T. and Berman, S. (2000), “A Brand New Brand of Corporate Social Performance”, *Business & Society*, 39: 397 - 418; Wood, D. and Jones, R. (1995), “Stakeholder Mismatching: A Theoretical Problem in Empirical Research of Corporate Social Performance”, *The International Journal of Organizational Analysis*, 3: 229 - 267.

② ［美］戴维·J. 弗里切：《商业伦理学》，杨斌等译，机械工业出版社1999年版，第10页。

以带来有效的组织收益、更高的市场地位和相应的社会效益。[①] 唐纳森也认为，公司发挥特有优势并降低劣势可以最终增加工人的福利以及社会福利，这也是公司作为生产性组织的“道德基础”。[②]

换言之，对于战略投资派学者，经济利益和长远收益主导着企业的伦理行为，所以盈利与企业的社会责任并不是对立的。例如，有学者发现，那些违背伦理道德的企业，往往财政经济收入都不会理想。[③] 也有一些学者认为，过度强调道德而不去考虑利益的企业，亦是对资本主义核心价值观的颠覆。[④] 总之，这派学者认为，伦理道德良好的表现有助增加公司收益，让公司员工和客户以及股东变得更加忠诚[⑤]，亦可以最大程度上减小公司的组织管理风险。[⑥]

而道德约束派学者则认为，现代社会发展高度组织化，使得管理早已超出了企业的范畴并具有广义的社会意义，所以现代企业管理早就不能仅仅停留在技术层面，而应该充满现代的人文理性，通过构建一种新的思考模式来提升人的价值。这派学者认为，应当考量企业行为的行动伦理因素，那些强调管理“工具理性”的言语，将会冲淡伦理作为道德承担者的广义社会意义。如熊彼特所言，资本主义价值观的合理化过程，不仅在一定程度上改造了我们试图达

---

① 佩因：《领导、伦理与组织信誉案例》，东北财经大学出版社 1999 年版，第 3 页。

② Donaldson, T. (1982), *Corporations and morality*, NJ: Prentice Hall, p. 54.

③ Frooman, J. (1997), "Socially Irresponsible and Illegal Behavior and Shareholder Wealth: A Meta - Analysis of Event Studies", *Business & Society*, 36: 221 - 249.

④ Friedman, M. (1970), "The Social Responsibility of Business is to Increase Its Profits", *New York Times Magazine*, 32 - 33, 122, 124, 126, September 13; Levitt, T. (1958), "The Dangers of Social Responsibility", *Harvard Business Review*, 36: 41 - 50.

⑤ Gardberg, N. and Fombrun, C. (2006), "Corporate Citizenship: Creating Intangible Assets Across Institutional Environments", *Academy of Management Review*, 31: 329 - 346; Turban, D. and Greening, D. (1997), "Corporate Social Performance and Organizational Attractiveness to Prospective Employees", *Academy of Management Journal*, 40: 658 - 672.

⑥ Godfrey, P. (2005), "The Relationship Between Corporate Philanthropy and Shareholder Wealth: A Risk Management Perspective", *Academy of Management Review*, 30: 777 - 798; Ogden, S. and Watson, R. (1999), "Corporate Performance and Stakeholder Management: Balancing Shareholder and Customer Interests in the UK Privatized Water Industry", *Academy of Management Journal*, 42: 526 - 538.

到目的的方法，亦改造了目的本身。[①] 所以这种趋利的“工具理性”不应该成为管理学中唯一的原则和价值取向，否则就会产生严重的问题，影响管理的科学性和社会价值。例如，波吉等认为，没有道德伦理的资本主义行径造就了多桩经济和社会丑闻；[②] 而巴克尔则认为，那些我们司空见惯的管理要求如全面质量管理，实为资本主义的压迫表现。[③] 因此，有的学者强调，现代社会中所有的个体都是公司趋利行为的受害者，所以道德的约束力应大于经济考量。[④]

然而，尽管这派学者对趋利理性丝毫不留情面，但并未有效回答“管理”与“道德伦理”的结合是否必要。例如，布坎南就做出过类似尝试，希望把政治经济学更好地置于社会之中，探讨一些与个人价值观利益准则无关的东西。[⑤] 他希望我们理解，经济活动的利润最大化亦需要被置于社会的大环境中，受到道德的制约。

总之，这两派学者共同采取的一个基本假设就是，在充斥着经济理性的商业世界中，单个的人和多重组织都可能以及可以是财富最大化的追逐者，都被假定拥有一定的决策自由度和自主权，但他们对于这种自由中蕴含着多少道德和伦理的社会义务和价值存在较大分歧——奥利茨基等就发现，近百个研究证实了企业的伦理行为与其盈利存在正相关关系，但学界仍然对于两者的关系议论纷纷，莫衷一是。[⑥] 这也让一

---

① ［美］熊彼特：《资本主义、社会主义和民主主义》，绛枫译，商务印书馆 1979 年版，第 159 页。

② Boje，D. et al.（2004），“Enron Spectacles：A Critical Dramaturgical Analysis”，*Organization Studies*，25：751 –774.

③ Barker，J.（1993），“Tightening the Iron Cage：Concertive Control in Self – Managing Teams”，*Administrative Science Quarterly*，38：408 –437.

④ Phillips，R.（1997），“Stakeholder Theory and a Principle of Fairness”，*Business Ethics Quarterly*，7：51 –66.

⑤ ［美］詹姆斯·M. 布坎南：《自由、市场与国家》，平新乔、莫扶民译，上海三联书店 1989 年版，第 399 页。

⑥ Orlitzky，M. et al.（2003），“Corporate Social and Financial Performance：A Meta – Analysis”，*Organization Studies*，24：403 – 427；Margolis，J. and Walsh，J.（2003），“Misery Loves Companies：Rethinking Social Initiatives by Business”，*Administrative Science Quarterly*，48：268 – 305.

些学者认为，企业的社会责任如果是可以做也可以不做的选项，那么所有的商业伦理就是一种商业广告罢了①，这很危险，因为一旦企业利润出现波动，那么管理层首先想到的往往就是减少对符合伦理的行为的必要投资。②

超越战略投资学派：批判实在论首先认为，经济理性假设在解释公司行为时很多道理说不通。例如，经济理性假设比较难解释为什么一些公司的行为不能完全用趋利理性解释，例如招聘时的性别歧视，将能力比男性高的女性拒之门外。③ 又如，有学者认为，如果公司将财务目标最大化，从一开始就不会考虑任何的社会义务与服务，所以这也从侧面证明，不是每家公司都秉承盈利至上。④ 所以一些学者认为，公司的行为并不是完全出于经济的考量，其往往是由价值观和信念主导的，⑤ 或被公司内部与外部的人际关系网络影响⑥，所以我们更需要将公司放入到其所在的社会大环境中进行研究和检验。批判实在论也认为，这种将企业道德和伦理的印象与研究置于全社会场域的努力必须继续。

超越伦理道德派：正如加里加和米勒所指出的，伦理道德是一个很大的范畴，例如，如果你倾向于功利主义哲学，你会有一套自己的

---

① Clemens, E. and Cook, J. (1999), "Politics and Institutionalism: Explaining Durability and Change", *Annual Review of Sociology*, 25: 441 -466.

② Greve, H. (1998), "Performance, Aspirations, and Risky Organizational Change", *Administrative Science Quarterly*, 43: 58 -86.

③ Etzkowitz, H. et al. (2000), *Athena Unbound: The Advancement of Women in Science and Technology*, UK: Cambridge University Press.

④ Swanson, D. (1995), "Addressing a Theoretical Problem by Reorienting the Corporate Social Performance Model", *Academy of Management Review*, 20: 43 -64.

⑤ Scott, R. (2008), *Institutions and Organizations*, CA: Sage Publications.

⑥ Davis, G. (1991), "Agents Without Principles? The Spread of the Poison Pill Through the Intercorporate Network", *Administrative Science Quarterly*, 36: 583 -613; Uzzi, B. (1997), "Social Structure and Competition in Interfirm Networks: The Paradox of Embeddedness", *Administrative Science Quarterly*, 42: 35 -67.

道德准则；而如果你信奉康德主义，你又会有另一套伦理主张。[①]

所以说，对于道德伦理派来说，尽管他们都倡导道德伦理，反对经济理性人所带来的负面效应，但是仍然很难就什么是合适的管理伦理达成一致；所以从实际效果来看，如果学者都无法达成一个管理伦理标准的共识，那么这些概念的影响力在真实的商业世界中也将非常有限。

另外，即使现有的伦理道德派就什么样的道德标准是最合适的达成了一致，我们仍然无法从他们的逻辑中理解为什么伦理可以影响商业行为：伦理逻辑需要强调其相对于商业逻辑的重要性，但是它并没有指向哪些是影响商业行为的非经济因素，以至于这派学者对经理人的伦理道德劝说，基本上依靠于信仰和信念，而不存在逻辑更强的价值分析。甚至很多伦理道德派学者依然需要用经济因素来侧面证明伦理道德对于商业世界的价值。例如，登费就争辩道，公司的社会责任与其理性的商业价值将是相符的。[②] 冯也表示，对于社会责任的投资，将帮助公司减少受到的社会压力，有助公司开发自己的独特身份。[③]

目前这派学者们最常使用的理论依据就是利益相关者理论，认为社会将得益于不同的利益相关者的努力。[④] 这套理论框架的缺陷也十分明显，例如，利益相关者作为一个群体可能本身的诉求就大不相同，甚至可能本身是矛盾的，所以在满足一个特定群体的诉求时，很可能将会损伤其他群体的利益，且将不同利益者的诉求聚集在一

---

① Garriga, E. and Mele, R. (2004), "Corporate Social Responsibility Theories: Mapping the Territory", *Journal of Business Ethics*, 53, 51 - 71.

② Dunfee, T. (1998), "Social Contract Theory", In: Cooper, G and Argyris, C (eds.) *The Concise Blackwell Encyclopedia of Management*, UK: Blackwell, pp. 603 - 605.

③ Fung, A. (2003), "Deliberative Democracy and International Labor Standards", *Governance*, 16: 51 - 71.

④ Clarkson, M. (1995), "A Stakeholder Framework for Analyzing and Evaluating Corporate Social Performance", *Academy of Management Review*, 20: 92 - 117; Rowley, T. and Berman, S. (2000), "A Brand New Brand of Corporate Social Performance", *Business & Society*, 39, 397 - 418.

起时也容易引起更高层面的矛盾。[①] 以世界最大的超市经营者沃尔玛为例，该公司就采取了低价促销的战略，这对一部分消费者来讲可能是很划算的，但却压榨了很多行业和发展中国家。[②]

换言之，利益相关者理论并未就如何平衡各方利益相关者的诉求给出明显的指引，因为假设不同的利益相关者能坐下来协调以达成共同的目标或切合程度，本身也是不现实的。[③] 例如，米契尔等发现，利益相关者的诉求将被按照其紧急或重要的程度排序，且往往只有排名最高的前三者会被公司管理层考虑：如耐克这样的全球企业尽管对一些利益相关者产生了很多正向的回报，但其在全球经营的多家工厂，仍然被认为是血汗工厂，损害了很多群体的利益。[④]

## 理解管理伦理：一个批判实在论选项

批判实在论号召学者们采用一种更广阔的社会视角来理解管理伦理的价值。批判实在论的分层本体论也指引着学者更好地理解决定公司行为的多种因素，将行为置于更大的本体空间维度中进行探讨。[⑤] 换言之，批判实在论警示我们，公司和个体行为所处的大环境（而非仅仅财政上的考量）将影响（但不是决定）公司的企业行为。

那么，如前文所述，在这个批判实在论的哲学视野中，存在客

① Freeman，R.（1984），*Strategic Management*：*A Stakeholder Approach*，Boston：Pitman.

② Wal – Mart.（2008），The Wal – Mart Story. Accessed online，as of Sep 19，2021：http：//www. walmartfacts. com/content/default. aspx？ id = 1.

③ Scherer，G. and Palazzo，G.（2007），"Toward a Political Conception of Corporate Responsibility：Business and Society Seen from a Habermasian Perspective"，*Academy of Management Review*，32：1096 – 1120.

④ Mitchell，R. et al.（1997），"Toward a Theory of Stakeholder Identification and Salience：Defining the Principle of Who and What Really Counts"，*Academy of Management Review*，22：853 – 887.

⑤ Archer，M.（2002），"Realism and the Problem of Agency"，*Journal of Critical Realism*，5：11 – 21.

观、分层的现实——世界是由 3 个域或范畴组成的：实在域、实际域与实践域。实践域的经验范畴由那些通过直接或间接观察体验到的事件组成；实际范畴由那些不管是否能被观察到的事件组成；实在范畴是能够产生这些事件的因果机制，包含了结构和机制。而从实在范畴到实际范畴，从实际范畴再到经验范畴的变动依赖于周围环境的权变条件，所以在不同的情境下，同样的结构和机制可能会也可能不会产生任何可观测的事件。这意味着，研究者在经验范畴中收集数据，尝试得出属于实在范围的结构和机制，用以解释数据所代表的事件模式。① 换言之，在不同的情境下，同样的结构和机制可能会也可能不会产生任何可观测的事件。这意味着，批判实在论探讨的结构力量（根植于社会大环境的多方作用力）并不会产生类似于法规般的规律性事件（law - like event regularities），特别是当批判实在论一直在论述人的反思性以及人际之间关系的不确定性时。也就是说，同样的结构与机制并不会每次都引发相同的事件。② 这里这种作用性或者广义的因果性强调的是结构和机制可以造成事件的能力与潜力，而这些都可能被其他的作用力推翻。例如，物理上的重力，它可以造成很多我们观察到的物理反应如下坠，但是它也可能被其他的作用力反转。在社会生活中，这种可能造成作用力或因果性反转的力量更是数不甚数。

目前，批判实在论已经和制度理论有机结合，意图揭示影响个体和社会行为的背景因素或称为制度逻辑，等同于批判实在论框架内、实在范畴下的结构。③

对于具体的管理实践来说，制度逻辑作为结构，是塑造组织场

---

① Outhwaite, W. (1987), *New Philosophies of Social Science: Realism, Hermeneutics and Critical Theory*, London: MacMillan.

② Porpora, D. (1993), "Cultural Rules and Material Relations", *Sociological Theory*: 215 - 216.

③ Thornton, P. (2002), "The Rise of the Corporation in a Craft Industry: Conflict and Conformity in Institutional Logics", *Academy of Management Journal*, 45 (1): 82.

域内行动者的认知及行为的意识形态或者文化信念的总称。[①] 这种多重的制度文化秩序包含着相应的制度，并塑造着组织和个体的行为模式和关系。[②] 所以，逻辑是社会上共享且深深印在人们脑海中的价值观，是一种形成了的、近乎固定的认知框架，以利于衡量个体行为的合法性。因此，制度逻辑塑造了特定场域与组织内的“游戏规则”及人们看待事情的先验假设。所以在组织层面，制度逻辑往往能帮助决策的制定者做出符合逻辑的决策，并强化组织内的身份认同。

换言之，制度逻辑往往可以指引个体或者组织理解其所处的社会环境与情境，以确保自身行为的合法与合理性，因此制度逻辑揭示了组织现实、什么构成了合适与合法的行为，以及如何获取其他个体和组织的认同与配合等。[③]

诚然，社会由多重制度逻辑构成，它们可以为个体和组织提供行动指引。桑顿认为，西方社会中存在六种主要的制度秩序，分别是市场、企业、职业、家庭、宗教和政府。同时，在这些主要的制度逻辑的指引下，有些个体可能倾向接受某种结构，而另一些人可能认为其他的逻辑更为合适。所以组织内个体践行着多种逻辑也是非常普遍的现象。由此可见，场域中的组织和团体内的制度逻辑都不会是单一的，甚至会出现和存在多重逻辑相互竞争话语权的情况。但有的学者认为，即使场域同时存在多种逻辑，其内的主导逻辑仍会是单一的。相反，一些研究则指出，多样的逻辑和竞争的逻辑是可以共存的（甚至维持很长的一段时间）。

因此，可以说，组织和团体除了受到主导的逻辑影响外，其他

---

① Thornton, P., Ocasio, W. and Lounsbury, M. (2012), *The institutional Logics Perspective: A New Approach to Culture, Structure, and Process*, Oxford: Oxford University Press, p. 5.

② Friedland, R. and Alford, R. (1991), “Bringing Society Back in: Symbols, Practices, and Institutional Contradictions”, In: Powell, W. and DiMaggio, P. (eds.) *The New Institutionalism in Organizational Analysis*, Chicago, IL: University of Chicago Press, pp. 232 – 63.

③ Thornton, P. (2004), *Markets from Culture: Institutional Logics and Organizational Decisions in Higher EducationPublishing*, CA: Stanford University Press.

的逻辑，如政府和家庭和职业等也会影响一个组织的活动和组织内部的个体行为。由此，制度逻辑的多样性也造就了制度的复杂性（institutional complexity），矛盾与和谐共存。①

当然，亦有些管理学者指出，目前大量的学术研究普遍关注市场、职业与企业逻辑，而对其他非市场逻辑缺乏理解和拓展。② 所以，随着学界不断提高对制度复杂性的认知，部分学者开始了解，某些根植于组织内部的制度逻辑亦会对经济组织的战略决策行为产生影响，例如，宗教、家族和社群等“非市场”逻辑。

更重要的是，制度逻辑之间往往是不兼容、互相对立和竞争的。不同层面的制度逻辑存在着内部的紧张性，使得组织和个体在回应制度逻辑的作用力时也拥有了选择空间，这恰恰为制度更迭或制度变迁提供了可能，而这些竞争性制度逻辑的碰撞与并存，也塑造了组织和个体的多样性。比如，邓恩和琼斯的研究发现了多元的制度逻辑在美国的医疗教育产业共存，并影响着不同的团体和利益群体的博弈，且这些制度逻辑的变化也时不时让该场域内的组织行为动态变得紧张。③ 格林伍德等对西班牙企业的研究也表明，一个地区的政府逻辑和家族逻辑往往会与当地的市场逻辑产生互动，造成当地企业在行为与结构上的差异。④

另外，在批判实在论下的视野下，个体或组织对于制度逻辑的回应也不应被忽略，因为批判实在论并非结构决定论。例如，个体和组织完全可以通过全新的身份的转换或者重塑来回应制度逻辑的

---

① 李晓丹、刘洋：《制度复杂理论研究进展及对中国管理研究的启示》，《管理学报》2015 年第 12 期。

② Greenwood, R. et al. (2010), "The Multiplicity of Institutional Logics and the Heterogeneity of Organizational Responses", *Organization Science*, 21 (2): 521 – 539.

③ Dunn, M. and Jones, C. (2010), "Institutional Logics and Institutional Pluralism: The Contestation of Care and Science Logics in Medical Education", *Administrative Science Quarterly*, 55: 114 – 49.

④ Greenwood, R. et al. (2010), "The Multiplicity of Institutional Logicsand the Heterogeneity of Organizational Responses", *Organization Science*, 21 (2): 521 – 39.

压力：组织和个体不是被动地接受制度要求，而是会：（1）通过选择和适应多种或者一种制度身份来削减复杂性，以提高行为的协同性来平衡多种制度的要求；①（2）试图建立较为稳定的身份以获得制度的改变和制定权，这将有利于对外部压力产生免疫力；②（3）组织和个体如何运用和包装其身份，以至于逃脱对其反制度逻辑行为的惩罚；③（4）此外，组织经常可以利用结构差异化来回应制度的复杂性，甚至达到更高的绩效；④（5）洛克还补充道，混合身份的建构往往会造成冲突，因为它在本质上是把组织按照不同的制度和思维区分开来，必然免不了受到责难。⑤

那么制度逻辑或者结构的引入，对于更好地理解商业伦理又有什么作用呢？有学者认为，批判实在论的分层本体论（特别是其对实在层次的探讨）与制度逻辑理论，都敦促学者拨开现实的层层束缚，由表及里，探究那些影响组织行为的多元社会维度或逻辑，甚至历史和文化背景。⑥ 例如，霍夫曼的研究显示，化学和炼油造成的环境破坏并不完全是这些公司在经济上急功近利的结果，而是由一系列的社会制度、规范以及个体与机构造成的。⑦ 同样的，劳恩斯伯里等的研究也显示，那些造成环保回收企业行为的结构因素多种多

---

① Pratt, M. and Foreman, P. (2000), "Classifying Managerial Responses to Multiple Organizational Identities", *Academy of Management Review*, 25 (1): 18 -42.

② Tracey, P. et al. (2011), "Bridging Institutional Entrepreneurship and the Creation of New Organizational Forms: A Multi - levelModel", *Organization Science*, 22 (1): 60 -80.

③ Elsbach, K. and Sutton, R. (1992), "Acquiring Organizational Legitimacy through Illegitimate Actions: A Marriage of Institutional and Impression Management Theories, *Academy of Management Journal*, 35 (4): 699 -738.

④ Battilana, L. and Dorado, S. (2010), "Building Sustainable Hybrid Organizations: The Case of Commercial Microfinance Organizations", *Academy of Management Journal*, 53 (6): 1419 -1440.

⑤ Lok, J. (2010), "Institutional Logics as Identity Projects", *Academy of Management Journal*, 53 (6): 1305 -35.

⑥ Li, J. et al. (2007), "Institutional Pillars and Corruption at the Societal Level", *Journal of Business Ethics*, 83: 327 -339.

⑦ Hoffman, A. (1999), "Institutional Evolution and Change: Environmentalism and the US Chemical Industry", *Academy of Management Journal*, 42: 351 -371.

样，不仅仅只是来自于经济逻辑的考量，慈善组织、社区组织等参与到了其中，增加了结构的重要性。①

从另一个角度来说，批判实在论也帮助我们甄别了那些非道德行为的根源，而不仅仅将这些归因于经济逻辑。② 例如，埃茨科威兹等发现，学术界男女不平等、同工不同酬的现象根源不能完全用经济逻辑来解释。③ 例如，长期的性别歧视文化、家庭地位问题以及教育体制长久以来形成的制度逻辑，如研究生培训筛选与培训制度、大学和院系规则、职业网络以及薪酬结构都是造成这些管理伦理不恰当的原因。④ 因此，面对这些造成性别歧视的复杂因素，以解决学术界的性别不均衡或歧视问题，埃茨科威兹等建议，除了就有关财政问题和数字进行的重新审视，我们还需要对一系列结构因素进行考量，如改进学术职级晋升的机制、修改课程的计划、增加对女性学者育儿方面的支持（如增加幼儿园的数量和培育质量）、鼓励女性建立起更加和谐的职业社交圈等。

总之，批判实在论作为一种元理论，其目的并非是确定唯一的企业伦理原则，而是将伦理学中关于伦理原则和哲学问题的研究传统推广到企业的范畴，加深人们对于现实企业伦理问题的理解，加强企业伦理研究的多元性和开放性，从而帮助人们解决企业伦理问题。换言之，管理的经济理性与工具价值不应该取代其对于人、人的生存及其道德和伦理困境方面的关注，应当助力人的全面发展和解放。黄有光曾深刻地强调，如果经济的增长不能增加社会和人们的快乐程度，那么经济增长就不重要，如何增加快乐才

---

① Lounsbury, M. et al. (2003), "Social Movements, Field Frames and Industry Emergence: Cultural - Political Perspective on US Recycling", *Socio - Economic Review*, 1: 71 - 104.

② Sayer, A (1992) *Method in Social Science: A Realist Approach*, NY: Routledge.

③ Etzkowitz, H. et al. (2000), *Athena Unbound: The Advancement of Women in Science and Technology*, UK: Cambridge University Press.

④ Corley, E. and Gaughan, M. (2005), "'Scientists' Participation in University Research Centers: What are the Gender Differences?", *The Journal of Technology Transfer*, 30: 371 - 381.

是更重要的。①

## 管理伦理的中国视角及改进方向

2022年我们迎来党的二十大，在这个承前启后的新时代，关注管理伦理和道德刻不容缓。批判实在论对西方国家管理伦理的启示，对于中国亦有十分重要的借鉴意义。

早在20世纪80年代，邓小平就要求我们物质文明和精神文明两手都要抓，两手都要硬，然而物质文明一手硬但精神文明一手软的问题，并未得到很好解决。市场经济的冲击打破了人们既有的道德观念，造成旧有道德体系的瓦解，而人们需要一段时间才能建立适应现有经济体制发展的道德体系，所以整个社会的新旧道德观念相互激荡，造成了道德信念的“真空”。这一系列广义上的结构性因素也造成中国管理伦理实践的重重困难。②

我们遇到一系列的挑战，包括：（1）道德缺失。如“三鹿奶粉”事件，某些市场主体为达目的不择手段、无信经营。同时相关法律法规还有待健全，社会上一些人缺乏诚信。（2）利字当头。功利的市场主体和个体往往信奉金钱至上，甚至把人与人之间的关系看成赤裸裸的金钱关系。（3）责任淡薄。道德冷漠是一种病态心理现象，对经济社会的道德要求表现出麻木甚至怀疑的心理，无法正常践行道德规范，是一种“善的缺乏”，或如阿伦特所言的“平庸的恶”。（4）特权现象。随着政治经济的飞速发展，特权现象加剧社会分层，阻碍了社会阶层间的流动，这也造成了一些人心理失衡，弱势群体产生怨恨，人际关系疏离。（5）政府失职。市场经济的自

① ［澳］黄有光：《社会福祉与经济政策》，唐翔译，北京大学出版社2005年版。

② 陈博、胡涵锦：《应对社会主义市场经济下道德危机的路径抉择》，《伦理学研究》2016年第5期。

发性也可能导致其盲目性——在促进地区经济发展的进程中，有些地方政府发生了“缺位、错位和越位”的职权问题。且有些政府机构过度干预市场，并垄断公共资源配置，颁布了很多功利性的短期法规和行政指引等，忽略了社会道德考量，造成结果的不公正，也降低了政府的公信力，让民众失望。(6) 贪污腐败。为政者用公共权力谋取私利，造成道德危机。

总之，即使是中国特色社会主义市场经济也存在道德悖论，一方面营商头脑往往排斥道德，另一方面又需要道德的价值和规范感。所以探索如何在不放弃对利益的孜孜追求下推动社会和经济发展，又不让诚信等道德规范则被束之高阁，应是进路。

## 总结与展望

正如本章所述，国际学界对于企业是否以及如何承担更多的社会责任和道德使命存在争议。赞成的观点认为，随着经济的发展，企业的社会期望也在增加，它们有义务承担更多的社会、环境与人力责任，优美的社会氛围与环境、安全的食品、优异的个人隐私保护等都要求更多的道德考量，与此同时，公众也对这些企业有了更多期待，希望企业有更高的道德表现；而反对的声音也不绝于耳，认为任何时候企业将资源用于道德和伦理目标，都有可能降低其经济效率，使企业承担额外的成本，甚至导致其在自由市场竞争中处于劣势。所以不难想象，即使是在力推企业道德和社会责任的学者中间，对这些道德责任的内涵也有分歧①——国家和社会经济发展进程不同，导致产业倾斜，对于不同产业和企业的道德标准和应做准则皆不相同，所以这对中国企业和中国社会之间的道德契约也提出

① 龚天平：《企业伦理：社会的普遍约束与企业的内在构成》，《哲学动态》2006 年第 4 期；周祖城：《企业社会责任：视角、形式与内涵》，《理论学刊》2005 年第 2 期。

了新的要求，需要解决这样的“情境化”问题：管理伦理绝非普适，应与中国实践相连，特别是在中国市场环境仍在稳步成熟的过程中，自新冠疫情后，我们看到了更多政府反商业不公平、反欺诈和反垄断的尝试，这亦是中国体制的进步之处。当然这也给学者和实践者提出了更高的要求：面对这些在社会主义市场大环境下的道德危机与缺失，我们应当如何进行改进，以加强管理伦理的道德实践？

批判实在论亦为我们提供了全方位的有力答案，瞄准了造成这些危机的结构性因素。首先，有学者认为，我们搞市场经济与社会主义制度紧密结合是正路，但不要搞“市场社会”，市场不应在资源配置过程中起决定性的作用。[①] 所以，如何更好地推动精神文明与物质文明协调发展，解决当前中国面临的一系列社会问题和道德危机，维护市场经济的健康发展，考验着中国共产党的智慧。

其次，一些学者也认为，坚持并继续加强马克思主义的意识形态与制度逻辑是当务之急，因为马克思主义就是中国的立国之本和灵魂。而正如批判实在论一样，马克思主义亦是一个开放的科学体系，它信念坚定，但是不否定多元文化的存在，对它更好地理解，有利于社会主义思想与意识形态的有序化进行。[②]

再次，也有学者指出，中国的国情特殊，社会主义市场经济对人和组织的道德要求与资本主义社会有本质区别。我们处于社会主义初级阶段，不能只追求那些不切实际的、空想化、高高在上的道德规范，也要考虑到这个时代人基本的道德水准。[③] 社会主义市场经济鼓励人们通过合法渠道获得正当收益而不空谈道德，但也反对那种极端的利己主义。如何做到在追求个人利益的同时坚持好集体主义，做到利他和利己，并处理好国家、社会和个人的三者关系值得深思。

---

① 叶小文：《市场经济中的道德危机与共同伦理》，《广东省社会主义学院学报》2014 年第 2 期。

② 秋石：《巩固马克思主义在意识形态领域的指导地位》，《求是》2013 年第 19 期。

③ 周祖城：《管理与伦理结合：管理思想的深刻变革》，《南开学报》1999 年第 3 期。

又如，社会主义市场经济亦是法治经济，如何在立法和执法的过程坚持道德底线，并将法治和道德相结合从而更好地发展中国经济需要我们的更深层讨论——法治与德治相结合是中国的努力方向：在一个层面，因为法治保障德治的可能，需要有效引导道德教育发展，以劝导力来提高社会人士的道德觉悟，促使人们自觉遵守社会行为规范。在另一层面，德治对法治建设也起到关键作用，是行为底线。①

最后，正如姚丽娜与杨瑞伟提醒的那样，中国对伦理教育虽然重视但仍需改进方法和相关内容，不能忽略培养公民的公德心。② 杨斌则更加一针见血地指出，学校道德教育与伦理诱导的失败，是长期过分拔高道德标尺所致，最好的思想道德教育应该回归生活，从生活细节着眼，解决小恶而不是天天迎接大恶，③ 诚然，这些学者和实践者提出了一系列可供未来伦理教育关注的前沿视点。

---

① 龚群：《社会转型与道德重建》，《广西大学学报》（哲学社会科学版）2016 年第2 期。

② 姚丽娜、杨瑞伟：《转型时期管理伦理缺失的原因分析及对策》，《管理世界》2010 年第 5 期。

③ 杨斌：《企业猝死》，机械工业出版社 2004 年版，第 96 页。

# 第三章　街头官僚与行政伦理

“街头官僚”（Street - Level Bureaucrats，SLB）走在政策执行的最接地气的层面，因其拥有的“自由裁量权”而为行政伦理研究带来了诸多新议题。街头官僚是指在其工作中与老百姓直接接触与互动，并拥有一定自由裁量权（在执行公务时）的公职人员，典型的街头官僚包括城管、警察等执法人员、负责一线行政审批的公务员以及提供公共服务的基层公务员。[①] 虽然街头官僚往往处于行政链条的最末端，但掌握着行政权力的真正执行权，也是公共服务的实际提供者，而近年来无论是在国内还是国外，我们都发现了诸多街头官僚在执法一线引发冲突与矛盾的情况，严重影响了政策的实际执行效果和政府权威，引致行政伦理反思。[②]

那么，街头官僚的自由裁量权究竟是符合还是有违行政伦理价值？是“天使”还是“魔鬼”？[③] 学术界对此众说纷纭，莫衷一是。其实，对自由裁量行为的讨论由来已久，例如，社会学家布劳在

① Lipsky，M.（1980），*Street - Level Bureaucracy：Dilemmas of the Individual in Public Service*，New York：Sage.

② 韩志明：《街头官僚的行动逻辑与责任控制》，《公共管理学报》2008 年第 5 期；韩志明：《街头官僚及其行动的空间辩证法——对街头官僚概念与理论命题的重构》，《经济社会体制比较》2011 年第 3 期；尹文嘉：《街头官僚到街头领导：一个解释框架》，《甘肃行政学院学报》2009 年第 3 期。

③ 甘甜：《街头官僚责任控制研究：争议与评述》，《公共政策评论》2019 年第 5 期；陈那波、卢施羽：《转换中的默契互动——中国“城管”的自由裁量行为及其逻辑》，《管理世界》2013 年第 10 期；颜海娜、聂勇浩：《基层公务员绩效问责的困境——基于“街头官僚”理论的分析》，《中国行政管理》2013 年第 8 期。

1955年的著作中就讨论了官僚组织体系中层级之间控制和自主权之间的关系，认为要想在层级之间的控制和自主性之间获得平衡，往往需要向自主性倾斜，允许自由裁量行为的存在。[①] 在法律或法律社会学领域，也有研究者宣称自由裁量权或许是不可避免的；[②] 而在公共管理学界，真正将一线行政人员和自由裁量行为相联系并引发众多后续研究的经典作品当属利普斯基以“街头官僚”为名所进行的一系列探索，它们试图揭示街头官僚自由裁量行为的原因、表现和结果，其核心观点是：街头官僚面临多为复杂、无法标准化的工作环境，所以他们往往需要行使自由裁量权，因而学者和实践者能做的是，尽量为他们打造出一个适合其生存和工作的环境。而他们在这些正向引导的工作环境中的策略行动最终也会为群众带来福祉。

不难想象，利普斯基的作品引发了海量的后续研究，有的学者继续探寻街头官僚自由裁量行为的各种表现[③]，有的则更进一步质疑，街头官僚的自由裁量行为是否是必要的[④]，而其他的研究则倾向在实证上分析影响街头官僚自由裁量行为的各种变量，如任务属性、组织资源、组织文化、激励手段、组织结构等[⑤]；且近年来，更多的微观行为学作品得以问世，探讨街头官僚的个人特征，包括其价值

① Blau, P. (1955), *The Dynamics of Bureaucracy: A Study of Interpersonal Relationships in Two Government Agencies*, Chicago: University of Chicago Press.

② Jowell, J. (1973), "The Legal Control of Administrative Discretion", *Public Law*, 18; Skolnick, J. (1975), *Justice without Trial: LawEnforcement in Democratic Society*, New York: Wiley.

③ Hupe, P. and Hill, M. (2007), "Street - level Bureaucracyand Public Accountability", *Public Administration*, 85; Brehm, J. and Gates, S. (1997), *Working, Shirking, and Sabotage: Bureaucratic Response to a Democratic Public*, Ann Arbor: University of Michigan Press; Maupin, J. (1993), "Control, Efficiency, and the Street - level Bureaucrat", *Journal of Public Administration Research and Theory*, 3.

④ Sandfort, J. (2000), "Moving Beyond Discretion and Outcomes: Examining Public Management from the Front Lines of the Welfare System", *Journal of Public Administration Research and Theory*, 10.

⑤ Brodkin, E. (1997), "Inside the Welfare Contract: Discretion and Accountability in State Welfare Administration", *The Social Service Review*, 71 (1); Scott, P. (1997), "Assessing Determinants of Bureaucratic Discretion: An Experiment in Street - level Decision Making", *Journal of Public Administration Research and Theory*, 7.

观、专业素养、同情心等①以及街头官僚行为受众的个人特征。②

这些研究极大丰富了理论界和实践界对街头官僚自由裁量行为的认识，同时也产生新的研究空间，尤其是关于自由裁量权正面和负面价值的讨论，分为意见鲜明对立的两派：一派学者持悲观态度，认为作为代理人的街头官僚在信息不对称的环境中会利用自由裁量权扭曲政策，为自身牟利，损害行政受众的福祉。③

这样的担忧不无道理，早期研究官僚机构的学者如图洛克④、唐斯⑤以及奈斯坎南⑥都将官僚机制视为如市场经济中的个人或企业，认为他们一直在追求个体工具理性的最大化，所以官僚积累的大量信息造成了信息的不对称，因此，委托人（民选官员）和公众的目标和利益均有可能受损。鉴于此，有学者进一步倡议街头官僚的自由裁量行为需要受到组织和制度的控制。⑦

然而，遗憾的是，这一派学者过分强调街头官僚的理性人假设，而忽视了街头官僚作为政府人员所具备的公共服务动机，否定了自由裁量权促进其履行职责的正面功能。同时，如果依赖结构性控制，

---

① Brehm, J. and Gates, S. (1997) *Working, Shirking, and Sabotage: Bureaucratic Response to a Democratic Public*, Ann Arbor: University of Michigan Press.

② Tripi, F. (1984), "Client Control in Organizational Settings", *Journal of Applied Behavioral Science*, 20.

③ Koch, C. (1986), "Effective Regulatory Reform Hinges on Motivating the 'Street Level' Bureaucrat", *Administrative Law Review*, 38 (4): 427 – 449; Meyers, M. (1998), "On the Front Lines of Welfare Delivery: AreWorkers Implementing Policy Reforms?", *Journal of Policy Analysis and Management*, 17 (1): 1 – 22; Corazzini, K. (2000), "Case Management Decision Making: Goal Transformation through Discretion and Client Interpretation", *Home Health Care Services Quarterly*, 18 (3): 81 – 96; Smart, A. (2018), "The Unbearable Discretion of Street – Level Bureaucrats: Corruption and Collusionin Hong Kong", *Current Anthropology*, 59 (S18): S37 – S47.

④ Tullock, G. (1965), *The Politics of Bureaucracy*, Washington: Public Affairs Press.

⑤ Downs, A. (1967), *An Economic Theory of Democracy*, New York: Basic Books.

⑥ Niskanen, W. (1971), *Bureaucracy and Representative Government*, NY: Aldine de Gruyter.

⑦ Edwards, G. (1980), *Implementing Public Policy*, Washington: Congressional Quarterly Press; Sabatier, P. and Mazmanian, D. (1979), "The Conditions of Effective Implementation: A Guide to Accomplishing Policy Objectives", *Policy Analysis*, 5.

必然需要增设更多规则和程序。若这些程序和规则缺乏协调与统一，反而会为街头官僚自由裁量权的扩张提供条件。[①]

另一派学者较为乐观，认为自由裁量权对政府回应性、组织变革、行政文化、组织目标和个人能动性的实现都具重要的意义。[②] 这一观点植根于代议制官僚的理论假设中，若官僚体制中的工作人员的特征都能较为充分地反映出当地社区人口的结构特征，那么他们在政策执行时的自由裁量行为也能反映总体社群的群众和民主利益。[③] 因此，该派学者认为，自由裁量本身对于政策的执行至关重要，能促进民主的具体实现。[④] 然而，尽管这一派学者认识到街头官僚的“公众代理人”身份，但他们有意无意地忽视了对街头官僚个人品质、责任感等特质的探讨，忽视了他们放大自身利益的可能性，例如，街头官僚本身面临的工作压力就比较大、工作环境复杂，且工作资源短缺，他们很可能因此滥用自身的自由裁量权，以求获得利益和寻求自保。所以利用引导、激励和劝说等柔性的方式来让他们规制和规范自己自由裁量权能否奏效，令人疑虑。[⑤]

本书认为，已有文献缺乏对影响自由裁量权的结构性因素的探索：在这个辩论的过程中，无论是将个体利益最大化当成街头官僚自由裁量行为的“朋友”还是“敌人”，学者们都将评判标准置于

---

① Maynard - Moody, S. (1990), "Street - Wise Social Policy: Resolving the Dilemma of Street - Level Influence andSuccessful Implementation", *The Western Political Quarterly*, 43 (4): 833 - 848.

② Elmore, R. (1979), "Backward Mapping: Implementation Research and Policy Decisions", *Political Science Quarterly*, 94 (4): 601 - 616; Goodsell, C. (1981), "Looking Once again at Human Service Bureaucracy", *The Journal of Politics*, 43 (3): 763 - 778.

③ Krislov, S. (1974), *Representative Bureaucracy*. Englewood Cliffs: Prentice - Hall; Selden, S. (1997), *The Promise of Representative Bureaucracy: Diversity and Responsiveness in a Government Agency*, NY: ME Sharpe.

④ Handler, J. (1986), *The Conditions of Discretion: Autonomy, Community, Bureaucracy*, New York: Russell Sage; Lincoln, Y. (1985), *Organizational Theory and Inquiry: The Paradigm Revolution*, Beverly Hills: Sage.

⑤ Tummers, L. and Bekkers, V. (2014), "Policy Implementation, Street - Level Bureaucracy, and the Importance of Discretion", *Public Management Review*, 16 (4): 527 - 547.

一个韦伯式的官僚制行政的基本价值体系中进行对比。根据韦伯的官僚制理想模型，被学者们理想化了的政府行政价值往往体现了几方面的原则：第一，固定的权责区域。每个官员有固定的职责，在权责之内发布命令和执行政令。第二，层级森严的权力登记。高级机构对低级机构在行政中分工清晰，高级机构对低级机构进行监督和管理。第三，文书为准。官僚机构的管理往往建立在文书的基础上。政府希望各项事务都有规可循。第四，专业分工。政府机构中的官员由于专业化产生分工，且各司其职，展现自己的工作能力。第五，工作稳定。机构中工作的官员，无论什么层级，只要能胜任或者完成工作，都可以拥有终身的聘用期，能领取固定的薪水和养老金，这也造就了官僚工作的高度稳定性，获得了社会的尊重。① 由于拥有了上述理想形态，官僚制就具备了结构分明、规则森严、职权明晰的特点，各级官员的职称和行为也就具有了准确性甚至严格的纪律性。②

在韦伯看来，资本主义社会发展的核心精神特征就是其理性化，而理性化表现在政治社会生活中就是官僚制。③ 张康之也总结道，这种价值体系符合近代资本主义发展阶段的工具理性崇拜原则，且它往往是会优先考虑行政活动的技术可能和执行效率。④

本书通过批判实在论对关于韦伯式官僚制价值体系与街头官僚的文献进行重新解读，强调已有的两派学者就基层官员自由裁量权背后道德困境的探讨，都是基于韦伯式的制度价值观标尺：这些行为如果不是韦伯式价值观的“朋友”，就是其“敌人”。换言之，自由裁量权是否有悖于这些标尺，也成了学者们对街头官僚行政伦理

① ［美］弗里蒙特·E. 卡斯特、［美］詹姆斯·E. 罗森茨韦克：《组织与管理：系统方法与权变方法》，李注流等译，中国社会科学出版社 1985 年版，第 78 页。

② Bendix，R.（1962），*Max Weber：An Intellectual Portrait*，New York：Doubleday Anchor Books.

③ ［美］马克斯·韦伯：《经济与社会》下卷，商务印书馆 1997 年版，第 320 页。

④ 张康之：《超越官僚制：行政改革的方向》，《求索》2001 年第 3 期。

道德进行评判的标准。批判实在论向我们揭示，以韦伯式行政价值作为衡量行政伦理的标准，混淆和错误理解了自由裁量权行为的复杂动机及其背后的结构性因素，因此，我们需对街头官僚所处的社会环境（多重制度逻辑）进行分析。

具体来说，批判实在论的分层本体论与制度逻辑分析的结合，可以让我们更加完善地理解影响街头官僚行为的结构因素和社会背景①，看清影响其伦理道德信念和行为的社会多元推手②，不再限于简单的基于韦伯式价值观的标尺性分析。

不难想象，街头官僚作为一个社会活动者在面对不同制度逻辑诱导时，有些人倾向接受某种制度逻辑，而另外一些人可能认为其他的逻辑更适合自己。学者还发现，在相当多的场域中（如官僚具体的行政场景下），多种逻辑同时出现且互相冲突也是非常普遍的，影响着官僚具体的行政行为。换言之，场域中的制度逻辑不是单一的，而是存在多种逻辑相互竞争主导权。在这里，有的学者认为，即使一个场域内，也可能同时存在不止一种逻辑。街头官僚在行政场域的自由裁量行为，除了受到韦伯式价值逻辑的影响外，还会受到其他逻辑的支配，如市场、宗教和家庭逻辑等。由此，制度逻辑的多样性以及它们的矛盾、共存和变化共同影响了个体自由裁量行为，并造成了它的多样性。③

而基于批判实在论视角下的多重制度逻辑推演，本书将论证如何跳出以韦伯式的官僚式制度逻辑来评介街头官僚行政行为的道德

① DiMaggio, P. and Powell, W. (1983), "The Iron Cage Revisited: Institutional Isomorphism and Collective Rationality in Organizational Fields", *American Sociological Review*, 148: 147 - 160; Meyer, J. and Rowan, B. (1977), "Institutionalized Organizations: Formal Structure as Myth and Ceremony", *American Journal of Sociology*, 83: 340 - 363.

② Campbell, J. (2007), "Why Would Corporations Behave in Socially Responsible Ways? An Institutional Theory of Corporate Social Responsibility", *Academy of Management Review*, 32: 946 - 967; Hoffman, A. (1999), "Institutional Evolution and Change: Environmentalism and the US Chemical Industry", *Academy of Management Journal*, 42: 351 - 371.

③ 李晓丹、刘洋：《制度复杂理论研究进展及对中国管理研究的启示》，《管理学报》2015 年第 12 期。

维度，并将这些自由裁量行为置于更为广阔的结构性因素的考察之中：批判实在论的优势在于其强调社会结构和个体能动的二重性，指出行动者的利益和理性是随着外部制度秩序的变化而变化的，这就在一定程度上弥合了管理伦理理论中存在的社会结构和个体（组织）能动性间的对立鸿沟。

且鉴于自由裁量权的不可避免，以及多重制度逻辑的碰撞，最后我们提出了一种具有关怀意味的制度逻辑或者行政伦理：街头官僚需要在遵守韦伯式规则的同时，更多地体恤民情，践行回应性的实践模式。

具体来说，本书将首先梳理有关街头官僚自由裁量权方面的文献，解析有关行政伦理的学术对话是如何定义这些自由裁量行为的；之后，我们将利用批判实在论和其分层本体论的优势，来推进一种超越韦伯式官僚逻辑价值体系的行政道德行为分析框架，这将是一种基于关怀逻辑的制度实践。

## 街头官僚与自由裁量权：一个韦伯式的视角

诚然，以新公共管理运动（New Public Management，NPM）为代表的后官僚制学派和以新韦伯式国家（Neo - Weberian State，NWS）为标志的新官僚制学派对韦伯的官僚主义价值观提出了疑问。前一阵营包括了倡导官僚制范式变迁的主要学者，他们认为应当以竞争性市场为导向的政府治理模式来取代传统的官僚制。

而为了回应这种市场中心主义的观点，新官僚制学派的学者提出国家及其健全的官僚机构依然发挥着维护公共利益的重要职能。他们认为，比提倡新的政府模式更加明智的做法是推进现代官僚制系统的有效调整。①

① Pollitt，C. and Bouckaert，G.（2017），*Public Management Reform：A Comparative Analysis*，4th edition，UK：Oxford University Press，p. 19.

然而，正如李泉与孙宗峰所强调的，这两个新范式流派都误解了韦伯针对官僚制的概念阐述：纵观其学术生涯，韦伯其实一直强调工具理性的发展会侵蚀人的创造力，并最终摧毁自由社会的根基。所以他一直对自己曾经推崇的官僚制及其社会影响持有一种相当矛盾的态度，甚至在晚年创造了一个独特的词语“鸟笼”来描述现代社会对个体能动性和创造性的压抑，令人生畏。[①] 令人觉得讽刺的是，尽管韦伯已经意识到这种工具理性的负面可能，并在现代官僚制政府组织兴起的初期便对其加以批判，但时至今日，在多层级、效能和效率大行其道的组织变革目标下，工具理性却仍被认定为改革官僚制政府的“全新远景”。[②]

然而遗憾的是，目前有关街头官僚及其自由裁量权的探讨基本都是基于韦伯式官僚体制工具理性展开的。这里我们先梳理有关自由裁量权的文献，再分析韦伯式工具理性的弊端以及批判实在论在此基础之上可以提出的改进方案。

纵观文献，利普斯基在 20 世纪 70 年代首次提出了街头官僚理论，在这之后的近 50 年的理论和实证发展中，西方关于街头官僚的研究持续演进，且成果丰富，但国内的相关研究起步较晚，大多也只是停留在对西方的研究成果及对利普斯基观点的翻译介绍上，缺乏对街头官僚研究的整体把握。

概括来说，在利普斯基看来，“街头官僚”是指在工作执行中与民众直接接触与互动，或是在执行公务时具有裁量权的公职人员，包括警察、基层社会工作者、公立学校的教师、基层法官、公办律师等服务民众、直接接触各类政府事务的工作人员。所以尽管这些街头官僚的领域涵盖了不同行业，但是他们类似的一线接触体验以及类似的工作环境等，经常导致近似的行为模式。所以学者如董伟

① 李泉、孙宗峰：《当代官僚制范式的误读与超越》，《中国行政管理》2014 年第 5 期。

② Dunn, W. and Miller, D. (2007), “A Critique of the New Public Management and the Neo - Weberian State: Advancing a Critical Theory of Administrative Reform”, *Public Organization Review*, 7: 345 - 358.

玮和李靖等在探讨这个概念于中国的适用性时指出，街头官僚甚至不限于公务员群体，任何与政府相关的群团组织，甚至事业单位都包括在内。①

蒋晨光和褚松燕也总结了街头官僚的几大典型特征：（1）街头官僚往往处于行政官僚体系的末端，职位低，权力不大但却数量庞大，所以工作性质往往属于劳动密集型；（2）街头官僚往往是公共服务的直接提供者和政策的践行者，所以他们的工作表现会直接影响民众对政府的评价甚至政府绩效；（3）街头官僚拥有较高的自由裁量权，他们既可以决定服务的质量，亦可以调节执行公务时面对的冲突事件；（4）街头官僚甚至可能掌握一定的专业技能，所以他们的领导和服务对象都对他们有依赖感和遵从情结。②

当然，这些街头官僚也会在行政时遇到不同层面的困难。第一，街头官僚往往是在时间紧迫、资源有限、环境具有高度不确定性时执行任务，所以民众与日俱增的需求以及对政府不断增高的期望，给街头官僚带来莫大的压力，甚至造成整个官僚机构的资源不足，令其所提供的服务质量降低。

第二，街头官僚的工作目标往往是自相矛盾的。一方面，他们既要以公众的诉求为目标又要满足政府的规则和预期，而这两者很可能是相冲突的；另一方面，街头官僚自身的利益考量可能也与公众或政府的利益相冲突。所以这一系列可能的矛盾造成街头官僚的工作业绩往往难以被量化，甚至连绩效都是高度政治化的结果，无法令其完成自我纠正。

第三，街头官僚所面对的群体往往都需要被动接受政府提供的服务，如警察部门这样强制性的执行机构或者城管这样的机构，对象一定是不愿意接受管制的，所以这些公众工作对象往往是非自愿

① 董伟玮、李靖：《街头官僚概念的中国适用性：对中国街头官僚概念内涵和外延的探讨》，《云南社会科学》2017 年第 1 期。

② 蒋晨光、褚松燕：《街头官僚研究综述》，《国外社会科学》2019 年第 3 期。

性的。非自愿性有两个方面的含义。一是像警察部门这种具有强制性的公共机构，其工作对象具有显而易见的非自愿性；二是在表面上看，尽管他们看似接受了官僚的服务，心里其实是不情愿的，但是并没有其他选择，这也导致街头官僚和工作对象之间的不对称性。例如，在这一权力关系中，街头官僚可以制裁工作对象、分配利益、协调组织关系，并对工作对象进行教导和惩戒，甚至影响公众的认知；但是反过来则不然。

利普斯基还总结了这些官僚在面对目标含糊、资源不足和复杂的人际关系之际所采取的三种惯例性的习惯模式：① 第一，他们可以限量分配工作资源和服务，一方面他们可以通过增加双方的信息不对称来限制公众的公共服务需求；另一方面他们也可以根据主流的社会价值观以及被服务对象的权势地位等来调整自己的行为和行政偏好，甚至给予这些工种不同的待遇，简化自身的工作。

第二，与工作对象达成共谋。街头官僚可以通过各种程序和步骤，甚至互动规范，让服务对象达到某种意义上的合作，以增加其自身的工作效率，最后再使这种互动的过程结构化，以便于其掌控互动的时机、节奏和内容，甚至将互动对象打散、分离开来，以提升工作对象的满意程度，减轻自己的负担。

第三，他们可以有效调整自身状态，在面对复杂和紧张关系时，瞬时抽离，甚至拒绝为自身的权责负责。但从积极的一面来看，他们也可以有效修改自己的工作内容，让自己的工作具有弹性和侧重点，又可将工作的责任推给工作对象。

简言之，利普斯基的街头官僚理论认为，处在官僚机构的末端并与民众最直接接触和打交道的街头官僚，拥有广阔的自由裁量权，他们在面对工作问题和民众需求时，可以运用自由裁量权发展出一系列应对行为和模式。所以，他们确实扮演着政策制定和执行的双

① Lipsky, M. (2010), *Street - level Bureaucracy: Dilemmasof the Individual in Public Services*, New York: Russell Sage Foundation, p. 49.

重角色，而自由裁量权构成了整个理论的核心。

学者们对自由裁量权的价值是理想化的，认为其本应当是公平和合理，且公正正义的。[①] 利普斯基虽未特别探讨自由裁量权的含义，但通过描述这些官僚的惯例行为模式和工作环境，可以传递出自由裁量权的真实意义。继利普斯基之后，其他学者就街头官僚的研究往往都围绕着自由裁量权这一主线展开。

总之，不难想象对于街头官僚运用自由裁量权的方式，在学者们当中存在着积极与消极之争。古德塞尔在为官僚制自由裁量权的辩护中表示，这些自由裁量权明显增进了民众的福祉。[②] 詹宁斯也指出，福利国家需要广泛的自由裁量权来支持复杂但是接地气的政府工作。[③]

而另一派学者则较为悲观，认为自由裁量权往往会鼓励专断，因此应当被尽力排除。如皮奥里从街头官僚的立场出发，视自由裁量权为造成街头官僚行动困境的主要原因，认为自由裁量权不利于激励个体的服务动机。[④] 而韦德等人则温和一些，认为自由裁量权需要在法律控制的范围内行驶，而不是被完全消除。[⑤] 萨特亚姆拉迪则发现街头官僚使用自由裁量权是迫于工作的压力，所以行使起来会减少诸如公共服务的供给，甚至妨碍被服务的对象。[⑥]

那么，哪些因素影响着街头官僚行使自由裁量权的程度和范围?

---

① ［英］戴维·M. 沃克：《牛津法律大辞典》，李双元等译，法律出版社 2003 年版，第 329 页。

② Goodsell, C. (1980), "Client Evaluation of Three Welfare Programs a Comparison of Three Welfare Programs", *Administration & Society*, 12 (2): 123 – 136.

③ Jennings, W. (1959), *The Law and the Constitution*, London: University of London Press, p. 189.

④ Piore, M. (2011), "Beyond Markets: Sociology, Street – level Bureaucracy, and the Management of the Public Sector", *Regulation and Governance*, 5 (1): 145 – 164.

⑤ ［英］威廉·韦德：《行政法》，徐炳等译，中国大百科全书出版社 1997 年版，第 355 页。

⑥ Satyamurti, C. (1981), *Occupational Survival: The Case of the Local Authority Social Worker*, UK: Blackwell, pp. 87 – 88.

隆路和梅斯沙尔克归纳出了 3 个方面，即服务对象的特征、个人决策的特点以及组织的特性。[①] 但是斯科特则顺应两者的研究轨迹，证明了个人特征对自由裁量权的影响最低，而组织的影响力是最高的。[②] 文赞特等人从组织所处的外在环境的角度出发，考察了服务需求、政治环境、客户结构等方面，发现法律法规、公共媒体、其他同类机构等因素具体影响组织机构及组织中个人的行动策略。[③] 温特还发现，相较于高层领导的政策偏好，街头官僚本身的立场可以更加显著地影响自由裁量权的行使与效果。[④]

而学者也注意到，街头官僚的自由裁量权也会根据政治和社会的演进而变动。例如，波文斯和斯达沃斯就认为，在信息化的社会，很多“街头官僚”已经转变为通过电脑提供政府服务的“屏幕官僚”。[⑤] 相应的，这种信息工作环境的变化也在某种程度上调整了其自由裁量权的行使，如在很多情况下，行政决策都不再是由人作出的，而是由机器和程序。如果在官僚体制下，街头决策都是由机器做出的，那么自由裁量权（充满了科技的灵活性）又需要被重新定义了。

## 以抗击疫情看街头官僚自由裁量权的中美运行

街头官僚的自由裁量权问题一直是学术和实践中的核心议题。

---

① Loyens，K. and Maesschalck，J.（2010），“Toward a Theoretical Framework for Ethical Decision Making of Street – level Bureaucracy：Existing Models Reconsidered”，*Administration & Society*，42（1）：66 – 100.

② Scott，P.（1997），“Assessing Determinants of Bureaucratic Discretion：An Experiment in Street – level Decision Making”，*Journal of Public Administration Research and Theory*，7（1）：35 – 58.

③ Vinzant，J. et al.（1998），*Street – level Leadership：Discretion and Legitimacy in Front – line Public Service*，Washington D. C.：GeorgetownUniversity Press，pp. 36 – 48.

④ Winter，S.（2002），“Explaining Street – level Bureaucratic Behavior in Social and Regulatory Policy”，*Annual Meeting of the American Political Science Association in Boston*，Vol. 29，2002.

⑤ Bovens，M. and Stavros，Z.（2002），“From Street – level to System – level Bureaucracies”，*Public Administration Review*，62（2）：174 – 184.

这里我们通过中美抗疫过程中街头官僚行为的不同来更加细致地理解这个核心争议。

首先看美国，特朗普政府一直被描绘成昏庸无度的无力政府。通过著名作家刘易斯的新书我们了解到，美国抗疫中的政府公务员或一线的街头官僚存在很大的问题，滥用了自由裁量权。[①] 我们都知道，美国的政府行政体制分联邦政府和州政府两级，这两级政府对抗疫的建议经常与美国政治家的想法出入较大。这就造成一个两级的局面：一方面特朗普的政客团队经常出昏招，给出一些医学上并不专业的建议；而另一方面，各级政府也十分傲慢自大，经常针对政治家给出的选项进行驳斥，并不把人民的利益放在考虑的最中心位置。

刘易斯的新书聚焦于美国疾病控制中心（The Centers for Disease Control，CDC）的发展。CDC 是美国创立的第一个联邦卫生组织，其宗旨是在面临特定疾病时协调全国的卫生控制计划，美国疾控中心的作用是检测和应对新出现的健康威胁，解决造成美国人死亡和残疾的最大健康问题，将科学和先进技术应用于实践，预防疾病，促进健康。刘易斯发现，在 20 年前，在美国就有一批自称为“狼獾分队”（The Wolverines）的医疗专业精英，他们认为，对抗疫情，最有效的方法不再是之前惯常认为的疫苗，而是有效的疾控模型与积极回应的健康政策。尽管疫苗是最终解决疫情的关键，但是如果不在疫情初期展开积极的防控（例如关闭学校和控制社交距离），等政治家和公务员做决策或者被拖延的时候，一切都晚了，局面也将失控。例如，1918 年的西班牙病毒，圣卢西亚的防疫效果甚至比今日的费城好，这得益于早期的有效防控，迅速封城。

刘易斯在书中特别解释说，书名用预感（Premonition）的意思是强调公共卫生机构的行动必须走在大流行病发展前面，依赖模型和计划做出反应。如果想等到拥有充分的科学证据时，那恐怕就太

① Lewis，M.（2021），*The Premonition*：*A Pandemic Story*，NY：W. W. Norton & Company.

晚了。书中有三位主要人物（皆为“狼獾分队”成员），一位美国联邦大流行病计划制订组成员、一位加州公共卫生负责人和一位病毒学家。他们的共同特点是比其他人行动快，做准备也快，所以能在问题出现前就给出自己的方案，并主动且迅速地采取行动，甚至不期待得到任何人的批准。这些人不在政府高层任职，也没有什么高精尖的情报来源。他们能够注意到新冠疫情并展现出领导力，只是源自他们长时间的努力、信念甚至工作责任。美国在疫情前做的大流行病应对评估中，排名高居全球第一，因为该国被认为拥有相对完整的大流行病国家级别的计划和应对执行机构。但政府换届又赶上疫情，带来了政治优先的事项安排，所以这些应急处置并没有发挥应有的作用，这也可能是，至少在刘易斯看来，美国在国家层面未能做出有力反应的原因。所以，既然政府不可靠，那么就只能寄希望于基层社会的活力。

刘易斯在采访中找到3个上述人物并将他们的工作串联了起来。在书中第一位出现的人物是卡特·梅舍尔（Carter Mescher），他在一家退伍军人医院工作，2005年曾主笔布什政府美国大流行病计划。刘易斯认为他擅长“救火”，是行动能力的代表。他的主要贡献有两项，第一项是采纳了一位天才高中学生为科学竞赛所设计的模型，制定出大流行病初期关闭学校的方案（当感染率达到总人口的0.1%时）。第二项是建立起名为“狼獾分队”的民间网络，主要由当年参与起草大流行病计划的专家组成。梅舍尔是其中最后一位离开白宫的专家，对计划的了解也最深入，他充当了“狼獾分队”的导师。在长达15年的时间里，梅舍尔一直让这个网络保持着活跃，等到了其发挥作用的一刻。

第二位人物是乔·德里西（Joe DeRisi），加州大学旧金山分校生物化学和生物物理学教授。脸书创始人扎克伯格的夫人出资6亿美元，创建了BioHub生物医学中心，德里西担任联合总裁。德里西的专长是之一是快速检测病毒，2020年，他在8天之内将BioHub的一间实验室改建为全国最领先的新冠病毒检测中心，每天可以检测近 3000 份样本。BioHub 的检测 24 小时就可以出结果，比 CDC 快得多。由于 CDC 在检测工具供应上出现问题，美国各地都遇到检测能力不足的困难。德里西的贡献使得加州免于这项担心，还帮助了美国其他地方。

第三位人物是加州公共卫生局助理局长查瑞迪・迪恩（Charity Dean），一位行动导向的官员。她曾经讽刺 CDC 说，它们不应当叫疾病控制中心，而应当叫疾病观察和报告中心，这是它们特别擅长并且的确做得非常好的事情。她认为，在灾难发生时，最靠谱的行为就是自救，不能指望任何人。所以疫情初起时，迪恩加入了“狼獾分队”，从卡特・梅舍尔那里了解到预测大流行病的模型和社交封锁的效力。但她的顶头上司、卫生局长更愿意相信联邦政府和 CDC，不同意她的判断，不让她参与相关的会议或发言，禁止使用“大流行病”的说法，禁止将预测感染人数上升的模型展示给其他人。官员们在相同的法律授权和规程之下工作，但迪恩对公共卫生职责的理解不同于其他官员。她决定违抗上司，打破沉默。这一做法触犯了职场的禁忌，将自己的饭碗和声誉置于极度危险的境地。但最终由于她的努力，加州成为了美国第一个因为疫情而宣布全面封锁的州。

所以，作为地方政府的低级官员，迪恩完全凭借个人资源发挥出全国性的自由裁量权。刘易斯认为，她的经历是整个疫情期间最令人鼓舞的故事。

诚然，很多人期待刘易斯对特朗普政府的失误做出揭露批评，但刘易斯没有这样做。他说，将篇幅花在指责特朗普会掩盖许多其他人的责任。在书中他的主要批评对象是 CDC。且不仅美国，其他许多国家也寄希望于 CDC 的领导。但近年来这个机构已经变得政治化，中心主任的任期只有 18 个月，缺乏独立性，不再具备应对大流行所需要的领导力甚至自由裁量权。

刘易斯擅长从枯燥、复杂的业务活动中找出戏剧性的方面。本书从布什总统的担心开始，这位经历过“9·11”和卡特琳娜飓风的领导人对灾难怀有本能的警惕。2005年夏天，布什恰好读了杜兰大学教授约翰·巴里有关1918年流感的新书《大流感》。他问幕僚，美国应对大流行病的计划是什么。当得知根本没有这样的计划时，布什命令立刻着手制订。两周后，一份初步计划完成，它的读者只有一个人——布什自己。两周后，布什以这份计划为依据向国会申请70亿美元拨款并得到批准。国会预算委员会官员给巴里的书起了个外号——“那本70亿美元的书”，讽刺布什小题大做。卡特·梅舍尔和他的“狼獾分队”就是为落实布什计划所招募的专家组成员。刘易斯说，想不到自己有一天会替布什说好话。

总之，通过这本书，刘易斯为我们展示了街头官僚（如迪恩）自由裁量权的优点，以及CDC这个官僚机构滥用这种自由裁量权的弊端：CDC没有及时封城或者采取有效的防控，反而是一些地方官员行使了自由裁量权，帮助所在的城市有效抗疫。而这也从侧面展示出CDC这个机构的风险规避倾向。

我们也需要认识到，一个政府的有效运行确实需要政客和官僚的相互信任和配合。政客需要依仗官僚的专业知识，但同时也需要对这些建议采取审慎的处理态度，因为官僚也会犯错，他们既不是神也不是先知。哪怕是CDC这样的专业机构，它们在行使自由裁量权时也会出现偏差，如果没有刘易斯所述的3位人士的个人行为，美国的疫情防控情况可能更加糟糕。

反观中国，在疫情中，全民充分接受党的全面引领，尊重专业人士的建议，达到了很好的防疫效果。而且中国也特别重视对自由裁量权的指导与限制。例如，湖北宜昌在新冠疫情期间，专门提出了《新冠肺炎疫情防控期间畜牧兽医执法工作提示（自由裁量权）》，要求：（1）政府官员使用自由裁量权也要有法定的依据；（2）如果说有一个行使权力的中线，自由裁量权决定是中线向下还是向上，这需要格外谨慎；（3）减轻或加重适用的标准更高，一般不轻易使用，除非特殊情况，但要报同级检察院审批。①

## 韦伯视野下的官僚理性

正如前文所述，目前所有对于官僚自由裁量权的探索都是基于一个基本假设，也就是说，官僚在行使自由裁量权时无论做得好还是不好，都是基于一个韦伯式的工具理性假设做出的判定。自韦伯总结“官僚制”的理想状态以来，这一组织类型一直广受学术界和实务界的关注。时至今日，“官僚制”依然是世界各国政府组织的核心特点，且官僚制作为一种管理模式依然受到青睐，尽管其缺点颇多。韦伯之后，官僚制的问题逐渐成为学术思想研究中最为引人注目的议题之一。

总体来说，韦伯对官僚制的论述建立在如何统治的类型划分上：他认为，只有“合法性”的统治才可能保证社会的长治久安。② 他认为，作为一种理想的行政组织形式，官僚制应具备6个主要元素：（1）专业化分工：组织内部分工明确且严格；（2）层级节制化：组织结构的层层嵌套令组织内部按照高低规则分配成员间的命令；（3）办事规则化：组织是按照严密的规章制度办事，规范其内部员工的行为，保持整个组织工作的一致性和协调性，员工也对自己的职责明确于心；（4）公务文书化：重要的规则和命令都以正式的文书形式下达并记录在案，且用毕归档；（5）管理非人格化：以规则和法律来管理员工及行为，而不是以个人情感和喜好，这有助于组织合

① 宜昌市畜牧兽医中心：《新冠肺炎疫情防控期间畜牧兽医执法工作提示（自由裁量权）》，http：//xmsy. yichang. gov. cn/content－7990－968603－1. html（登录时间：2021年8月5日）。

② 金太军、张劲松：《后现代理论对西方官僚制的解构》，《江苏社会科学》2009年第3期。

法性和理性的发展；（6）培训机构明确：组织内部有专门的员工和规则培训机制。①

总之，韦伯从理想类型的方法论角度，把官僚组织内部的合理性分成了两类：第一类是形式的合理性（工具合理性），而第二类是实质的合理性（价值合理性）。韦伯认为，二者是不同的价值取向，其之间存在张力以及矛盾。所以在韦伯的视野中，官僚制本质是一种向往形式理性的管理体制，它可使人们专注追求效率，而淡化对所谓理想和一些意识形态的追求。韦伯认为，只有这样一种非人格化的体制才能适应现代资本主义经济的发展，促进其技术和社会的进步，而这种管理模式也是其他管理模式无法比拟的，所以它就是其心中理想的机制。②

而从另一角度来看，韦伯也意识到，官僚制理论有意强调工具理性，排除所谓的价值考量，也带来了诸多问题，如使各种价值取向在巨大的官僚结构之下无法得以发展，减少了社会多元化的可能，对形式理性的追求也磨灭了人性自由等，这也让现代资本主义社会卷入了以手段取代最终目的的过程，即形式理性战胜了实质理性。韦伯也认识到这个方向最终可能导致出现新的“奴役鸟笼”（iron cage）。所以，在面对这种官僚体制倾向的压倒性力量下，他在《经济与社会》中提出了4个相关的质疑和问题：（1）如何拯救个体自由？（2）如何限制官僚阶层的权利才能使民主成为可能？（3）如何解决官员在行使公权时，在伦理和道德层面可能发生的矛盾？（4）形式上的合理性和实质非理性是现代社会的基本特征，因此上述问题虽然存在，但似乎并不重要。③

韦伯官僚制理论包含着相互矛盾的两个方面：一方面他认为官僚制就是一只压制人性的“铁笼”，另一方面他又再强调这个铁笼的

---

① 李猛：《理性化及其传统：对韦伯的中国观察》，《社会学研究》2010年第5期。

② 范靖宇：《韦伯的政治理念及其启示》，《同济大学学报》（社会科学版）2001年第1期。

③ ［德］韦伯：《经济与社会》（下卷），商务印书馆1997年版，第755、736页。

“必要性”。在他看来，迈向官僚制的方向是现代社会进步的唯一标尺，也是自中世纪以来，国家现代化的标志和明确无误的尺度。①。所以基于官僚体制会产生的必要的“恶”，韦伯认为，官僚体制采用档案管理，在精准稳定且有纪律之余，也会产生言而有信的强大示范效应，亦可以面对一切事物，从技术上达到高度的完善程度，这些在他看来也是实施统治最合理的形式。②

最后，韦伯自己也承认，这种对官僚制的描述是一种理想，因为在人类历史上还没有真正且纯粹地出现过这种形式。正如黄小勇所述，韦伯的分析没有详细描述官僚过程化的各种推手和动力，且并没有告诉我们这个系统可能真实存在的内容和形式，尽管“理想官僚制”给我们提供了一个有益的分析起点。③

换言之，韦伯式的“理性官僚制”作为一种理论，它的价值和生命力不关乎它是否能被用于分析和解释现实的世界，而在于它所提供的蓝图能否完整地构建出现实。对于中国而言，韦伯的借鉴价值也很高，让我们思考，他的官僚体制模型是否可以为社会服务，维持国家的公共秩序和相关政策，这也是他的理论的强大所在——既具有深刻的思考价值，亦具有实践导向——那些目标，例如公共管理的高效率、稳定的系统、精确安排以及制度的可预测性等，都是政府的改革目标。④

诚然，韦伯式的官僚模型在全球化的新公共管理运动中备受挑战——新公共管理秉持新自由主义原则，对韦伯理性官僚制进行批判，认为应该借鉴现代经济学和企业构建理论来修正官僚制的强调提升其市场价值、服务于大众（作为顾客）等方向。例如，朱云汉总结道，新公共管理运动或模式的几大原则如下：（1）政府应起到

① ［德］韦伯：《经济与社会》（下卷），商务印书馆 1997 年版，第 755、736 页。

② ［德］韦伯：《经济与社会》（上卷），商务印书馆 1997 年版，第 248、223 页。

③ 黄小勇：《韦伯理性官僚制范畴的再认识》，《清华大学学报》（哲学社会科学版）2002 年第 2 期。

④ 王永益：《在理想与现实之间：韦伯理性官僚制的再思考》，《学海》2012 年第 4 期。

催化作用而不是帮助市场和公民划桨；（2）政府将竞争机制注入公共服务；（3）政府讲究政策的实际效果，按效果而不是按人拨款；（4）政府的使命受到顾客需要的驱使，而不是为了满足官僚政治的需要；（5）政府应该有预见性；（6）政府分权，鼓励多部门和业界协作；（7）政府应以市场为导向；并通过市场的力量发生行政和政府服务的变革。①

然而我们也发现，韦伯的批评者一方面忽略了韦伯的理性官僚制是一种理想建构的纯粹类型；另一方面也没有把握住理性官僚制的核心内涵，以“效率”置换了“理性”，从而造成对韦伯理性官僚制的严重偏离——我们必须承认，尽管该体制和理想类型存有诸多遗憾，但它仍然是至今流行、被采用最多的组织工具，是学者和实践者都无法跨过的认识论基石，而以它作为基准的理论实践，试图评价官僚自由裁量权的优点和缺陷的研究数不胜数。

所以，如何理解并更好地限制或拓展自由裁量权？价值理性或者工具理性是否应该称为判断的唯一标准？批判实在论的答案是否定的，它提出的多元化亦提出了一个更加合理的解决方案：在多重制度逻辑的大背景或结构的影响下，自由裁量权不可避免，那么如何合理运用它，实质上是一个行政伦理问题。制度总是与道德相连并相辅相成。与制度相对，道德强调的是对人们行为的约束。在官僚组织中贯彻道德，不仅意味着要对官僚组织成员进行道德教化，更重要的是为官僚组织制度体系注入伦理元素。中国传统的官僚体系很注重道德自律，这也是中国传统社会结构的产物，具有时代的合理性和局限性。而在传统社会中长期形成的道德文化和伦理精神，为对官僚的道德教化提供了沃土。

但当代中国的社会转型让这些传统的架构面临挑战，实践者也陷入了适应性危机，在个人主体意识迅速觉醒的时代，那些呼唤平等、自由、创新的道德观冲击着传统的制度考虑。所以从总体

① 朱国云：《韦伯官僚制理论的新演变》（下），《国外社会科学》1995 年第 11 期。

上说，道德伦理的制度化意味着制度安排除了要为蕴含道德的规范及保障机制，还要继续为道德的制度化发展贡献力量，这就意味着制度化的道德以及道德的制度化都需要基于社会结构的合理性以及相应的社会秩序的形成。而只有做到这些，制度才能产生对组织成员的道德激励作用，并使道德情操与伦理更加具有可操作性与普适性，而韦伯提倡的官僚制的价值合理性才有可能得到（很好的）实现。

## 制度逻辑与自由裁量权

我们在上几章中，反复介绍和强调了制度逻辑（institutional logics）这一概念。桑顿将制度逻辑定义为类似意识形态的社会构建价值观和信念，它们植根于历史，对现实的生存空间与组织资料进行了指导和重组。通过这一系列的方式，制度主体才能够重构物质生活，并赋予组织空间更大的存在意义。[①] 但桑顿绝不是涉及这个概念实质内容的第一人。制度研究在组织分析领域可追溯到 20 世纪 40 年代，当时塞尔兹尼克认为组织其实是一个超越工具理性的制度结晶，它受到所处环境的影响而不断改变自己的价值观；[②] 梅耶和罗恩在此基础上，写出了管理学经典的论文，提出了应从社会层面以及文化认知的角度来进行制度分析，并认为制度的复制性得益于其是文化性制度规则的复合体；[③] 迪马乔和鲍威尔将研究重点进一步延伸到组织的宏观层面，提出了新制度主义，以强调合法性是组织成功

① Thornton, P. (2002), "The Rise of the Corporation in a Craft Industry: Conflict and Conformity in Institutional Logics", *Academy of Management Journal*, 45 (1): 82.

② Selznick, P. (1984), "Foundations of Theory of Organization", *American Sociological Review*, 13 (1): 25 - 35.

③ Meyer, J. and Rowan, B. (1977), "Institutionalized Organizations: Formal Structure as Myth and Ceremony", *American Journal of Sociology*, 83 (2): 340 - 63.

的重要要素而不是理性。①

1999年，新制度主义被更加发扬光大，桑顿等正式提出“制度逻辑”，与上述学者较为宏观的论述不同，他们认为组织内的个人甚至组织本身都受到文化和意识形态层面的制度逻辑的影响，但也承认，制度主体有能力对制度进行重塑（注意，不是对制度逻辑）——所以在进行制度性分析时，桑顿等认为不同制度逻辑对制度主体（组织或个人）的理性实践行为有影响，而制度的主体在认知和行为方面亦产生对制度的回馈。也就是说，制度逻辑是一种不断发展的意识形态原则。可见，桑顿所谓的“制度逻辑”属于形式逻辑。

而在以制度逻辑理论进行实证分析时，如前文所示，根据每个主体所经历的不同的文化符号和物质化体验，桑顿将制度逻辑根据其所在场域，分为社区逻辑、国家逻辑、市场逻辑、专业逻辑、家庭逻辑、企业逻辑和宗教逻辑；同时，桑顿还指出，这些逻辑之间的关系是非均衡的。②

本书认为，韦伯式的制度逻辑属于一种国家逻辑，而这种逻辑需要在组织层面和个体层面有具体表现。在组织层面，韦伯式的制度逻辑会受到来自政府的诸多影响，承担如发展经济和负担冗余雇员等政策性或者政治任务。这也意味着，在组织资源调配方面，韦伯式的制度逻辑可以依赖于行政手段的调解，充实其设计权和配置权，例如可以寄希望于通过税收或财务补贴或补充来调解市场的资源配置活动。而在个体层面，韦伯式的政府逻辑可以在业绩评价和晋升考核等方面激励或制约个体的行为思维。如在晋升方面，可以按照层级划分相关任务，甚至通过区分公务员体系与“准官员”的

① DiMaggio, P. and Powell, W. (1983), “The Iron Cage Revisited: Institutional Isomorphism and Collective Rationality in Organizational Fields”, *American Sociological Review*, 48 (2): 147 - 160.

② Thornton, P. et al. (2005), “Institutional Logics and Institutional Change in Organizations: Transformation in Accounting, Architecture, and Publishing”, *Research in the Sociology of Organizations*, 23.

事业编制外人员来规划管理。特别值得注意的是，这套个体层面的制度逻辑体现，亦可以通过晋升体系以及业绩评价来使得行使韦伯国家制度的管理层在决策时试图满足来自政府的合法性要求，强调合规。

而这种对于合规导向的理解直接触及街头官僚的自由裁量权问题。换言之，我们评价一个官员自由裁量权的优劣以及必要性，都是基于这个国家制度逻辑。

我们在前章也论述过，批判实在论的理论优势在于其将结构与个体行为置于不同的本体维度中，这样两者才能互相影响，但是不互相决定。以此看来，学界目前的讨论都是基于将韦伯式的行政理性定义于结构，并认为它可以或多或少决定或者衡量个体的行为准则与自由裁量权的行使。这一论断忽略了社会现有其他结构和逻辑（就桑顿看来至少还有 6 种），且这个结构和逻辑的清单也在不断发展和更迭中，会有更多的制度逻辑被发现，例如第一章所介绍的勒卡等的论文就发现了度量（measurement）亦是一种制度逻辑一样，它可能对个体的行为产生影响。

具体来说，在中国政府的科层体系中，公务员在行使自由裁量权时不仅受到市场逻辑的激励，还受到政府逻辑的约束，面临着双重任务环境的影响。[①] 情况往往是官员一方面要追求 GDP 经济增长，以谋求有效治理带来的政绩；另一方面又要试图维持社会秩序和政治稳定，降低自身面临的政治风险。[②] 换言之，以市场逻辑的视角，政府和官员都需要通过事务的达成以谋求自身的经济红利或以此对上级政府发送优异的政绩信号。但从政府逻辑来看，政府官员需要保证社会和政治稳定，减少各种社会冲突特别是政治事件的发生，

---

① 周黎安：《转型中的地方政府》，格致出版社 2008 年版；曹正汉：《中国上下分治的治理体制及其稳定机制》，《社会学研究》2011 年第 1 期；吕方：《治理情景分析：风险约束下的地方政府行为》，《社会学研究》2013 年第 2 期。

② 杨宏星、赵鼎新：《绩效合法性与中国经济奇迹》，《学海》2013 年第 3 期；周黎安：《行政发包制》，《社会》2014 年第 6 期。

甚至约束政府介入市场的程度等。[①] 所以，当政治稳定和发展经济同时成为任务时（换言之，当政府逻辑和市场逻辑同时发力时），政府的治理手段和街头官僚的自由裁量行为就面临两难——如果仅仅考虑经济目标，官员可能选择主推市场活动以谋求治理层面的绩效与资本，但这可能引发社会动荡和政治不安，例如民众可以运用诉苦、上访甚至是要挟政府等方式来谋求利益，造成一系列社会问题；然而如果仅遵循政治目标，则官员可能倾向减少对市场的关注程度，这也不利于经济治理目标的实现。所以说，官员在行使自由裁量权时难免需要在成本和收益之间进行权衡，在不同制度逻辑之间做出决策选择。[②]

总之，这些研究启示我们，官员针对具体的行政任务，需要考量多方逻辑的存在，这些存于实在域的力量，也让他们的自由裁量权变得必不可少且无法回避，因为没有哪一种制度逻辑力量可以强大到完全左右一个官员的行为，且不同的逻辑之间也可能产生互相作用力，例如上述的市场逻辑就可能与政府逻辑相背离或者抵触（在基层治理层面），造成一些官员自由发挥的空间。

值得注意的是，我们仅在此以两个逻辑为例，当然也可能会存在其他逻辑共同影响政府和官员自由裁量行为的可能。例如，政府官员在实践市场治理时还会触碰到与社会和民众的关系，触及关于二者关系的另两种制度逻辑。一种社区逻辑体现为历史上的儒家思想传统甚至计划经济体制下的“父爱主义”的传统[③]，而另一种制度逻辑更加强调契约主义和法律原则。所以不难想象，在当代中国社会的变迁过程中，这两种逻辑的互动复杂而微妙。一方面，两种逻辑都可能被官员感知到并自由裁量地运用到不同的社会场景和情

① 周学光：《“逆向软预算约束”：一个政府行为的组织分析》，《中国社会科学》2005年第2期。

② 贺雪峰、刘岳：《基层治理中的“不出事逻辑”》，《学术研究》2010年第6期。

③ 丘海雄、徐建牛：《市场转型过程中地方政府角色研究述评》，《社会学研究》2004年第4期。

景中；另一方面，两种逻辑由于对市场和政府的主体关系定位不同，给官员在行使自由裁量权时带来困扰，例如：在传统儒家思想的制度逻辑之下，遇到问题或者纠纷，官员和民众都会对政府的责任和义务有无限的期待；而在法律和契约精神逻辑的引领之下，这些纠纷和问题更加有赖于官员的按章办事，减少自由裁量中可能带来的人情世故。

而相关研究也发现，相较法律逻辑的观念基础，这种“父爱主义”的官民逻辑在中国的发展则更加久远和持久。有学者甚至指出，政府在民众眼中的重要地位就在于民众习惯以“官—民”的格局来看待自己与政府的关系，且官与民的区分也显示出了中国几千年来的社会形态和治理路径发展。[①] 这些研究表明，官和民是不同的，二者分别代表公域和私域；而官则往往被形塑为民的“父母官”，矗立在国家“父爱主义”的制度逻辑之下，所以“为民谋福利”等词语也是民众和政府习以为常的话语符号和制度逻辑，不难想象，民众对“父母官”充满了期待。

所以在市场治理过程中，官民关系的逻辑使得官员在行使自由裁量权时往往需要面对一系列的不确定因素，甚至道德考量。这种长期以来形成的逻辑基础（如类似的“父爱主义”），可能会诱使与诱发了民众转化其行为方式与话语策略，并造成社会风险。但是另一种法律层面的制度逻辑也会让这种“父爱主义”的社区逻辑被削弱，将民众过多的、对政府不切实际的期望化解掉。[②]

## 行政道德和行政理性

总之，以上的例子证明，多重逻辑的作用下，街头官僚的自由

① 吴毅：《“权力——利益的结构之网”与农民群体性利益的表达困境——对一起石场纠纷案例的分析》，《社会学研究》2007 年第 5 期。

② 向静林：《市场治理的制度逻辑》，《社会学评论》2017 年第 5 期。

裁量权需要面对不同的压力与结构指引，韦伯式的理性标准作为多重逻辑之一，并不能决定官僚的行为，更不能成为完全判断自由裁量权是否合理的标尺。批判实在论分层本体论借由制度逻辑发扬光大，对这个问题给出了更加明确和清晰的新视角。

那么如果我们假设自由裁量权的正向效应虽存在，但亦需要防范它的负面影响，如何可以做到？换言之，如何解决这个多重制度逻辑下的自由裁量权问题，或者减低它的负面影响？美国学者恩斯特通过他的文章给出了一个相对可行的答案。①

恩斯特首先认同，街头官僚是百姓接触政府的第一步，有的时候，他们就是政府；政府法规总是无法规定所有细节，这也给了街头官僚自由裁量的空间。② 而西方的自由主义与共和主义者皆倡议韦伯式的官僚模型，提倡行政理性，认为对于规则的遵守是一种合适的行政道德。路德维希·冯·米塞斯就认为：③

> 没有必要批评官僚体制的僵化以及对于规则的坚持。这些规则是公共管理和公共行政不可缺少的环节。这些规则不是为了帮助上级解决私欲，而是将法律贯彻始终的唯一途径，尽管它有时候看起来是那么僵化且不近人情。

罗尔斯亦认为，韦伯式的官僚制，是限制街头官僚“肆意所为”的唯一途径。④ 佩迪特也写道，只有规则才能保护老百姓不受到官僚

---

① Engster, D.(2020), “A Public Ethics of Care for Policy Implementation”, *American Journal of Political Science*, 64 (3): 621 -633.

② Zacka, B.(2017), *When the State Meets the Street: Public Service and Moral Agency*, Cambridge, MA: Harvard University Press.

③ Von Mises, Ludwig (1944), *Bureaucracy*, New Haven, CT: Yale University Press, p. 122.

④ Rawls, J. (1999), *A Theory of Justice*, Rev. ed., Cambridge, MA: Harvard University Press.

侵犯，保护他们的福利。①

恩斯特则分析道，韦伯对于官僚制的定义源于他普鲁士和英法专制（absolutist）行政系统的观察，他发现这些系统存在的目的，不是支持有限的回应性治理，而是将帝国的触角和规矩伸至领土内的各处，方方面面。在这些专制体制中，（街头）官僚存在的价值只是为了完成这些延伸和规制，将从上到下的法律以一种非人性的方式有效传达。换言之，韦伯式的官僚体制强调对于规则的僵硬遵守，这种不近人情的处理方式实质上也是为了防止自由裁量权的出现。

同时，市民面对这些执法和规则时，也变得僵硬起来，被动地接受官僚的裁决和法条。这形成了一种官僚规则对于老百姓的压制，让他们无法决定自己到底想做什么。② 恩斯特认为，尽管韦伯知道这种僵硬的、基于理性考量的、对规则极为看重的官僚体制的弊端，但是他依然没有否定这个体制的价值——这个无情的体系将工人、市民以及消费者置于那些他们无法参与和改变的冰冷规则之下。但这种冷冰也不意味着没有学者与韦伯同行，以期为这个冰冷的体系辩护，佩迪特就认为，官员对于这种规则执行的基础源于选举体系的赋权，官僚去执行民选政府和政治家制定的法律和规则实属民意的终极体现。③ 佩迪特的理解有其道理和逻辑，但他似乎对自由裁量权的必然出现避而不谈——任何的法律和规则都有其运行的规则，无论怎么细致要求、怎样对规则进行事无巨细的规定，也需要执行者在执行的过程中进行解读、再进行操作。当然，也有些学者如麦卡蒙提出了一些解决方案，例如，给那些被政策影响的人一些影响政策的能力与权利。④

---

① Pettit, P.(1997), *Republicanism: A Theory of Freedom and Government*, Oxford: Oxford University Press.

② Young, I.(1990), *Justice and the Politics of Difference*, *Princeton*, NJ: Princeton University Press.

③ Pettit, P.(1997), *Republicanism: A Theory of Freedom and Government*, Oxford: Oxford University Press.

④ McCammon, C.(2015), "Domination: A Rethinking", *Ethics* 125 (4): 1050.

扎卡则将这个问题上升到了道德和伦理层面。[①] 他认为，既然这种自由裁量权不可避免，那么我们就应该期望或者想方设法让官员的行为既灵活又对民众或者被执行者具有回应性。这些其实就构成了一种对于规则的伦理（the ethics of rules）。扎卡甚至更进一步地表述，这种自由裁量权即不可避免，也不可或缺，因为它可以有效回应老百姓在日常生活中的诉求，更好地完成政策执行，而这一切假设和可能，对于韦伯式的官僚体制或者官僚理性来说，都是遥不可及的。

当然，我们也可以看到一个更加切实的层面：基层官僚所面对的，是一个充满了张力的世界。信仰某种道德或是纯粹为自我利益，在这种情况下似乎都难做到。官僚整天被各种诉求和要求拉扯着。是该一视同仁地按照程序办事，还是该照顾更需要的服务对象？前者可以让他们显得更公平，而后者也可以被视为是诚心为人民服务的表现。是考虑自己的绩效还是更关心百姓的诉求？身处这样一个由相互冲突的利益和规范所组成的现实世界，官僚们既关心如何计算利益又想去理解信仰何种意义上的道德，但他们更直接的感受却是身处张力之中的无所适从——感受着规范间的冲突，踌躇于各种可能的选择之间——他们也希望消除这种冲突感，令自己的活动和行为变得更加舒适自然。

换言之，街头官僚在生活中直接的体验与行为，既要考虑个人利益，又要兼顾大而化之的道德原则。所以在这个纷乱的世界中，其反思的能力也就变得格外重要了——所谓个体反思性，是人可以不断跳出自我的窠臼，去理解世界或者与世界和解的一种方式，而这也需要人与人通过治理的过程连接起来。

对于扎卡而言，如何将官僚引入一个充满反思性和回应性的自由裁量的体系中是个至关重要的问题，他亦提出了一些设想：首先，

① Zacka，B.(2017)，*When the State Meets the Street*：*Public Service and Moral Agency*，Cambridge，MA：Harvard University Press.

通过一些训练来让官僚克服自己之前的一些情感偏执；其次，体制设计者应该少强调一些服从，因为这有可能加剧官僚自我认同与行政体制的冲突与碰撞，层层加码反而容易让官僚们丧失反思的能力；最后，制度设计者更应该思考如何建立街头官僚的“诚意”，让其在审慎的自我反思中，更加自主地看待自己的角色，所以体制也应该展现出对行为的足够容忍度，让官僚可以真诚地与体制设计相融合，而不是刻意迎合领导与上级，积极地而不是机械地服从体制的预期和具体要求。

恩斯特在此基础上又提出了另一个充满道德关怀的解决方案，这个解决方案可以减低街头官僚在行使自由裁量权时遇到的迷茫以及其中可能掺杂的盲区。

## 一个关怀道德逻辑的解决方案

“治理”这一理念和倡议在 20 世纪 90 年代后期兴起，极大地影响了街头官僚研究。这一概念相较于传统的政治行政与管理，其本质区别就在于强调处理公共事务时参与主体的多元化和过程中的互动协同合作等，并在价值追求上达到多方的共赢。[①] 在利普斯基的著作问世后的 30 年里，街头官僚所处的社会与制度环境发生了巨大的变化：公共部门不再像以往那样主导政策和行政的全过程，而私有化机制和演员的计入，也重塑了组织所处的结构环境，创造了新的、混合式的政策过程。但街头官僚理论却一直是在传统行政管理的规制和思想下发展，因此容易对街头官僚的自由裁量权采取相对消极看待却严格控制的主张，忽略这种裁量权可能的积极的一面。所以，在治理新时代，我们也应该以街头官僚的行为特征为研究和发展重

① 俞可平：《治理与善治》，社会科学文献出版社 2000 年版，第 5—8 页。

点，对现有研究进行反思和重构。

总之，在治理视角下，街头官僚的自由裁量权仍是核心的研究问题，但视角发生了重大转变。学者们似乎不再将街头官僚行为视为政府政绩不佳和行政行为不准确的罪魁祸首，而是街头官僚看作处理日益复杂公共事务时的必要的治理手段和工具，并且对其在社区事务中的主观能动能力有更多的重视。

所以，通过研究并理解街头官僚如何可以更积极地运用自由裁量权，并观察与其他行动者优势互补的互动过程，来探究基层治理的更加有效方式，成为当下街头官僚研究的主要方向。而恩斯特所提出的关怀道德逻辑（一个新的制度逻辑）与扎卡提出的规则伦理有异曲同工之妙，可以减低不可避免的自由裁量权可能带来的负面影响——扎卡关注的是，如何通过一种道德逻辑让街头官僚更加和认同符合他们民主代言人和执行人的身份（个体心理层面），让这些街头官僚的心理上更加灵活和充满反思性，以应对民主社会的多重需求——恩斯特则关注如何可以让这些街头官僚及其自由裁量权行为更符合民主社会的价值观。

具体来说，对于恩斯特，一种关怀的道德逻辑可以让公务人员在行使自由裁量权时，更好地与公众认可的价值标尺靠近：与那些结构性的激励（例如晋升与工资）并驾齐驱，这个机制可以帮助公职人员更好地服务大众——虽然街头官僚和大众在道德层面是具有相同地位的，但是二者的权利与权力却不等同，前者代表国家和政府来执行政令，拥有赏罚大权，甚至可以将民众送进监狱，因此，这种权力的不对等也在召唤一种新的机制来平衡民主与行政权力的执行。

而恩斯特提出的这种关怀的逻辑（care ethics）认识到了这种权力关系的不对等，因此希望街头官僚可以更多地关怀公民，令两者的地位恢复到平等关系。

恩斯特具体指出，这种关怀的逻辑由 4 个主要元素组成：

（1）关注度；（2）回应性；（3）责任性；（4）能力度。

关注度指的是街头官僚对市民生存状况和自己执法绩效的关心程度，没有什么样的关怀逻辑可以比直接询问市民是否有疑问、有异议来得更直接。这也是建立一种民主对话机制的核心范畴与必经之路，甚至可以帮助市民更好地理解和表述出自己的诉求，以至于可以达到一个自由裁量权为人民的结果。

回应性意指街头官僚是否可以虚心接受、耐心接纳老百姓的反馈。这不意味着所有百姓的诉求都需要被无条件接纳，但是在诉求合理的层面，街头官僚需要虚心接纳这些反馈，并在自由裁量政策和规则时，有效考虑这些反馈。

责任性需要公职人员认同自己的使命是在帮助市民的同时完成政府的行政规则，而能力度则指街头官僚在这个政策执行过程中有效执行了这些目标和民众诉求。

总之，这 4 个关怀逻辑的特征加在一起，重新定义了官民之间的关系，是对韦伯式机械理性逻辑的一种道德层面的再审视：在这种较为理想的状态下，街头官僚和市民的交流十分顺畅，前者会更加体恤民情，理解他们的诉求并随之而变。不变的是，街头官僚仍将按照法律和规则执法；变的是，他们和民众之间的关系更加融洽，甚至在某种程度上，两者合力称为政策的有效执行者。

但是随之的疑问也非常明显，这种关怀逻辑是不是过于理想化了？对于不同阶层和类别的官员，尽量做到这一点是否难度不同？斯滕索塔在分析瑞典社会保障部门时，就类型化了 4 类官僚：行政人员、权益保护者、企业家以及帮助者。前两者是或多或少的韦伯类型官僚制的簇拥，而后两者则比较倾向于与民众进行更深入沟通。恩斯特认为，最后一种帮助者最有可能成为关怀逻辑的拥护者。①

① Stensota, H.（2019），“Street – Level Bureaucracy Research and the Assessment of Ethical Conduct”，In：*Research Handbook on Street – Level Bureaucracy*，ed. by Peter Hupe，Cheltenham，UK：Edward Elgar，433 –47.

我们也可以通过芬顿提供的经典社工的例子来更形象化地理解关怀逻辑如何发生①，她给出了一个鲜活的实例：几位社工被派往一个家庭去调查这家人照顾小孩是否称职。当社工走入家庭时，他们一方面需要安抚好母亲，另一方面需要环顾四周，尽量找到证据和线索。之后，他们需要和母亲沟通，给她提出改善建议，如果她做不到则将面临严厉的惩罚，如被剥夺抚养权。尽管他们也听取母亲的反馈，但是他们把这个聆听当作寻找更多线索的机会，并为自己的建议找到更多的依据。芬顿认为，这些社工没有做错什么，他们都是按照规章办事。但是从这位母亲的视角，他们的行为实属"压制"。换句话说，他们更多的是借由这个机会来挑战她的生存现状，而不是试图帮助或者尊重她。换句话说，这些社工这么做并没有真正地关心和关怀她。他们甚至并没有努力去帮助这位母亲尽量减少失去自己儿女抚养权的可能性。

那么从一个关怀式的制度逻辑应该产生什么样的情景呢？社工在进入家庭前就应该理解可能在这里会遇到恐惧、愤怒以及自责等情绪，这些负面的情绪需要被更好地预期，才能在这个街头官僚的执法行政过程中得到更好的结果，才能让这位母亲敞开心扉：进入房间后，社工们应该先询问母亲和家庭的情况，理解小孩在家里和学校遇到的困境（关怀度）。与其说，让母亲完全听命于社工的建议，不如更多地聆听母亲的诉求，帮助她想到更好的解决方案（回应性）。更进一步，他们也应该询问母亲是否遇到了一些结构性上的问题，比如贫困等，导致了目前的局面，并帮助她想出一些可能的解决方法。因为如果只是一味执行政令，不能解决这些根本性问题，无法解决问题的实质。那么在与母亲达成共同的解决方案后，两者（社工和母亲）都应该承担各自的责任（责任性）。这里社工更应该发挥自己的能动性，尽量帮助母亲解决这些结构上的问题，并且帮

① Fenton, J.(2016), *Values in Social Work: Reconnecting with Social Justice*, New York: Palgrave.

助她连接其他的社会组织。当然这里也需要社工更好地做出风险评估，理解她是否会真正关心自己孩子的近况，如若不行，恐怕还是应该收回抚养权。当然这应该是整个过程的最终步骤，在街头官僚充分行使了上述四种自由裁量权之后——这里需要指出的是，街头官僚不需要满足每一个诉求，但需要行使法律赋予的正当权益来保护受害者的利益。

这个案例彰显了伦理道德在街头官僚工作中的重要性：由于每个人生活的圈层不同，不同的文化教育与生活方式产生的矛盾也不同，这些都是每个街头官僚要面对的道德困境和价值冲突。如何在协调各方利益的目标中遵守伦理准则，街头官僚应在行动和实践中拥有更为正确的判断，以符合专业行为的道德要求。

当然这里我们也需要注意，这种关怀式的逻辑并不与其他的逻辑相悖，扎卡式的价值观逻辑也可以并存：街头官僚需要通过自己的实践，有效结合和平衡各种逻辑和轨道，更好地为老百姓争取权益。街头官僚更多的是应该担任民众诉求照顾者的角色，更加有效地达到民主社会的终极目的，体现民权价值：如果说在一个社会之中，每个个体的诉求都不同，那么一个关怀式的街头官僚及其施政行为，更加应当体现这种多元的民主化进程——这不意味着需要打破韦伯式的管理想象，不执行每项规则，而是在权衡执行这些规则的过程中，了解什么时候需要更加体恤民情，什么方面需要更加遵守法律的精神。每个市民遇到的情况不同，因此政策的执行更应该赏罚分明且基于情景。

那么如何让官僚产生这种关怀式的逻辑和行为准则？特别是在他们任务繁重、资源有限且限制颇多的情况下，恩斯特给出了自己的建议。对他来说，构建一个关怀式的官僚机制尤为重要。我们可以更好地发掘韦伯式官僚机构的现有资源和构架来完成这个关怀式的官僚机构转型，例如，韦伯式机构对于行政任务的细分、对于规则的看重，可以让官僚更快成长，熟悉自己的业务，以期官僚可以拥有更加关怀的能力和胸襟。换言之，将韦伯式的官僚制完全替换既不可行，也不应被推崇。需要改变的是规则执行时的制度逻辑或者伦理信仰。

第一，恩斯特认为，我们需要先给这些公务人员减负，本身这些一线人员就因工作繁重而很难对老百姓表示关心，如果不给他们减少工作量，想让他们变得更加善解人意只怕是难上加难，甚至可能事与愿违。

第二，官僚机构也应该给这些员工提供更好的培训和教育资质资助，换言之，公务员的德性培育是一个关系到整个公务员队伍优化的大问题。罗尔将公务员的德性划分为和宪政道德、职业道德和一般道德三个层次。从小到大来说，一般道德指的是个体在日常生活中的道德基准。而职业道德则体现了不同职业的自身特点，如庭审辩护律师，其职业道德就是尽可能地为期客户辩护，即使当事人劣迹斑斑，也要尽力为当事人的利益服务，这是职业道德。在罗尔看来，公务员最高的道德准则体现在对宪法精神的深刻领悟及具体的落实上面。他指出，美国公务员就时常处在伦理困境当中，比如在服从上级命令和一些社会基本道德之间存在冲突，选择一项就需要放弃另一项，而无论放弃哪条，都会造成困境，正确的答案就应该是按照宪法精神和原则来行使。所以罗尔认为，宪法精神就是一个公务员权力运行的指南和百宝箱，它可以被用作对公务员进行培训和考评的依据，增加其德育的目标，充分满足人们对公务员角色的理想类型——换言之，正是因为公务员在具体行政时会遇到多重道德冲突，就应该站在宪法的高度来解决这个问题，这也可以在公务员面对自由裁量权使用困境时不再迷惑，甚至获得思想层面的解放。对于中国的公务员亦如此，对公务员的德性培育，中国也应该促进公务员对宪法价值的理解，并在深刻理解宪法原意的基础上，将其内化为这些公务员的实际行动指南，帮助其在实际的行动中更好地展现对于党和国家以及人民的忠诚服务面貌，促进其在处理各种矛盾和冲突时，做出更加正确的价值判断和行为实践。

当然在这里，我们还要考虑到罗尔的论断和建议都是立足于美国宪法，是对美国政治和行政二分后，公务员价值中立早已不可能后的应急举措。因此，我们可以借鉴但不必照抄罗尔的思想，通过培训，确实有助将中国的宪法内容和其传达的政治价值灌输到公务员的行动理念中，以培育其适当的德性，促进其行政自由裁量权的正确使用，解决其在工作中面临的道德困境。[①]

第三，恩斯特还认为，建立一种关怀式的道德逻辑应被列入行政目标，以更好地督促公务员对于大众的关怀信仰的养成。有关德育制度的构建，需要解决如何在公务员业绩考核指标中纳入这一选项，当然这也需要行政学者更加有建树的提议。特别是在很多市民对于公务员行政行为并不信任的情况下，更加需要建设一个互信的体系，从政府机构和市民思想构建两个角度，达到关怀式行政。

第四，我们在聘用街头官僚时，亦应该注重他们的人际关系构建能力，是否可以在有限的时间内很快建立与客户的信任关系。当然，街头官僚的来历也应该更加多元，如果他们的身份背景可以更加符合市民的人口学特征，亦可以建立起更加多元化、符合老百姓身份和行政诉求的价值服务体系。

## 总结与展望

街头官僚研究已走出西方国家，在全世界的范围内，渗透于不同政体、社会、文化和政策类型，已经积累了相当丰富的经验和实证成果。研究者们在利普斯基的框架基础上，也对街头官僚在动机、

---

① 张康之：《公共行政中的哲学与伦理》，中国人民大学出版社 2004 年版。

偏好和意愿等方面做出了有益补充和解释。

在现实层面，街头官僚的视角为在中国的社会治理中，管好、用好和激励好基层干部队伍、处理好这个队伍与群众的关系，提供了启示和借鉴。所以在组织管理方面，本书建议，首先，尽可能从制度化的角度明确官员权责，这本身就是对基层干部行为的有效制约和赋能，可以减少自由裁量权产生的负面影响，亦是对干部的一种保护，通过明确职责和工作范围来减少环境中的不确定性以及道德风险；其次，对干部和街头官僚的具体诉求与目标更加悉心地聆听，将其有机组合起来，并完善干部培训和考核机制，将干部个体需求与组织目标有机统一，这样街头官僚也可以更好地理解自己的担当和责任，另外，面对资源有限和不断增长的社会矛盾，在做群众工作时也要学会运用更加巧妙的方式方法，优化利用手中的自由裁量权和公共资源。

在理论层面，中国当前正在处于一个社会转型期，各种新的制度和组织要素的引入，如等级分层、专业分工、规章管理和权责限制都显示出韦伯式制度逻辑的特点和特征；但由于社会转型的渐进性，一些更加传统的因素例如“官本位”仍困扰着公共行政的具体执行，在现代的政府组织体系中依然拥有一定的决定权，所以官僚体制的某些韦伯式的元素并不能很好地展现其价值与功用。这也意味着，在行政的制度、体制、运作甚至文化层面，都存在大量的非理性考量的痕迹，这也导致政府机构的随意性以及人员的思想僵化、资源浪费与效率缺失等问题——中国转型时期的官僚制还承受着多重制度逻辑带来的碰撞效应，这让官僚进行自由裁量时更加容易摸不着头脑、找不到门路去更好服务大众。

总之，自由裁量权一直是街头官僚研究的核心问题，如前文所述，从利普斯基开始，研究者们一直关注街头官僚消极运用自由裁量权的做法，并对其进行批判。但是，之后的发展也有些矫枉过正之嫌——在以目标和效率为导向的新公共管理大行其道之时，严格的规则和量化指标确实限制了这些裁量权，但是亦降低了街头官僚对于民众诉求的有效和积极回应性——事实上，学者们也发现，再多的条条块块也无法阻止街头官僚拥有并执行自由裁量，那么在善用该权力积极的一面时，我们也应该更好地规避和降低潜在的道德风险，这亦是该派研究面临和亟待解决的问题。而批判实在论和制度逻辑为解决这一问题提供了一个出路。

具体地说，通过程序和组织方式使新型的关怀道德成为官僚制内在价值，从而获得程序和组织方式的改进，达到公共管理的“科学化”与“道德化”要求，才能帮助政府更加有效地利用自由裁量权，这也是本书提出的理论和实践方向——对政府组织的规划，既要提倡法制，也要强调以人为本的人文关怀。这同时体现了实质合理性与形式合理性的双重诉求，而价值共识往往是实现二者的基础——这两种合理性虽然存在某些冲突，但不可否认的是，在同一官僚组织内可以同时实现伦理精神与多重制度逻辑的统一。

# 第四章　超越韦伯和卡夫卡

我们在上一章中描绘和分析了街头官僚在行政时面临的自由裁量权窘境，这亦是韦伯式官僚体制这种追求理性价值会产生的问题。而本章将解释韦伯式组织生活中“卡夫卡”式的一面，那种对于规制和权力的不屑一顾，对于具体组织内部生存状态的迷茫与探索以及对于具体规章制度的扭曲执行。我们对于有关卡夫卡式组织生活可以给韦伯式官僚体制研究的修正自然是喜闻乐见，但是本章认为，无论是韦伯还是卡夫卡都对官僚体制下人类的生存现状感觉到悲观，看不到人类通过自身努力而改变这些机制的机会，而我们将通过批判实在论切实地改变这一悲观的论述和情绪，利用其分层本体论看到人类在官僚体制下获得解放的可能。

首先，我们会重温韦伯式的官僚体制的特征，这些特征也包括：(1) 专业化分工：组织内部分工明确且严格，行政人员的任务往往根据工作类型和目的而划分；(2) 层级节制化：组织结构的层层嵌套令组织内部按照高低规则分配成员间的命令与服从——下属需要接受主管的安排与监督，上下级的职权关系也严格按照等级来划定；(3) 办事规则化：组织是按照严密的规章制度办事，规范其内部员工的行为，保持整个组织工作的一致性和协调性，员工也对自己的职责明确于心——甚至领导人一时产生的错误决策因为政体机构的规则化，都不大可能危害到整个组织的发展；(4) 公务文书化：重要的规则和命令都以正式的文书形式下达并记录在案，且用毕归档；

(5) 管理非人格化：以规则和法律来管理员工及行为，而不是以个人情感和喜好，这有助于组织合法性和理性的发展——韦伯预言，没有人情味都可以被视为一种美德；(6) 培训机构明确：组织内部有专门的员工和规则培训机制。[①] 总之，韦伯式的官僚体制强调制度的可预知性和理性。

但韦伯的官僚制理论也存在相互矛盾的两面：一方面，他认为官僚制对于人类的未来而言就是一只“铁笼”；但另一方面，他又强调“铁的必要性”，正如前章所述，这个矛盾即为形式合理性与实质合理性的矛盾。[②]

在本章，我们会通过卡夫卡的视野来理解（街头）官僚在官僚体制下真实的生存状态。卡夫卡的书写，无论是他的日记和书信还是小说，甚至他的整个生命活动，都可以被看作是对官僚体系下人的精神危机的理解和解读甚至演绎。显然，这是一个涉及在官僚层级制和科学技术的双重压制下，人的真实生活和反抗官僚组织与制度是否可能的根本性人类与思想解放的问题。[③]

作为和韦伯同时代的思想巨人，卡夫卡任职于位于当时波希米亚王国境内的布拉格工人意外事故保险协会，这是一个半官方机构，职员享受国家公务员待遇。作为一个职业公务员，卡夫卡就读于当地卡尔德文大学期间，也就是 1904 年前后，阿尔弗雷德·韦伯（马克斯·韦伯的弟弟）到这所卡夫卡就读的大学教授国民经济学。两年后，卡夫卡顺利通过了包括这位韦伯在内的考官们的面试，获得了法学博士学位。韦伯兄弟可以说是在 20 世纪前 20 年，对官僚政体做了开创性的前沿研究。而卡夫卡在毕业后依然持续关注韦伯的研究，并通过他之后的文学巨著来反馈其对于韦伯模

① 参见李猛《理性化及其传统：对韦伯的中国观察》，《社会学研究》2010 年第 5 期；魏娜《官僚制的精神与转型时期我国组织模式的塑造》，《中国人民大学学报》2002 年第 1 期。

② ［德］韦伯：《经济与社会》（下卷），商务印书馆 1997 年版，第 755、736 页。

③ 洪涛：《卡夫卡与官僚制》，《复旦学报》（社会科学版）2017 年第 1 期。

式的想法。[①] 如他的《审判》和《城堡》似乎背后都隐藏着相似的主题，即对官僚制度实际运行中存在问题的滑稽讽刺性的描绘，充满了对于资本主义工业生产时代的意见和愤怒。[②]

值得一提的是，卡夫卡在他的小说中，并没有直接展示他所具备的官僚制理论知识，因为小说家的优势就在于他可以让读者随着小说中任务的脚步，深入事情的肌理，但也无须包罗万象。在卡夫卡的小说中，不同主人公均具备的功能就是不知不觉地揭露这个世界和社会的隐秘结构，那些藏于表面之下与正式结构之中的权力结构及其运行规则规律。[③] 例如，在《城堡》和《审判》中，K 这个一开始看似天真的人物，通过剧情的自然发展，让我们看到了官僚制的隐秘核心及其种种面相。这些深入骨髓的讲述，往往是学者在教科书和论文之中难以做到的，而卡夫卡却通过对小说中的官僚组织的独到观察，鞭辟入里，颇具慧眼。

不难想象，卡夫卡对于组织理论和行政管理学的巨大启示。在其去世后的数十年中，不断激励着组织研究的学者对官僚近乎荒谬的生存状态进行阐释。如霍德森（Hodson）等就对卡夫卡式的官僚生态做了准确的描述，他们看到了个体所经历的，犹如迷宫般的条条框框、梦魇般的生存状态以及无法让人理解的工作环境等。[④] 在这种大环境下，我们不难看到官员对于规则的阳奉阴违，对于规则的绕道而行，对于规则的打破以及其后制造的混乱与不确定性等一系列的应急反应。这也是对韦伯模型的有效反思，可以帮助我们成功

---

① 参见［德］彼得－安德列·阿尔特：《卡夫卡传》，张荣昌译，重庆大学出版社 2012 年版。

② ［美］乔治·斯坦纳：《语言与沉默：论语言、文学与非人道》，李小均译，上海人民出版社 2013 年版，第 137 页。

③ ［德］汉娜·阿伦特：《弗朗茨·卡夫卡：一次重新评价——写于卡夫卡逝世 20 周年之际》，载陶东风、周宪主编《文化研究》第 7 辑，广西师范大学出版社 2007 年版，第 252 页。

④ Hodson, R. et al.（2012）, "Rules don't Apply: Kafka's Insights on Bureaucracy", *Organization*, 20（2）, 256－278.

地意识到个体对于庞大官僚组织“铁笼”似的条条框框的有机反馈和抵抗。①

那么这一系列的发现，无论是韦伯式的还是卡夫卡形态的，总让读者遐想，到底组织生态的真实状态是什么样子的呢？我们在上一章的论述中看到，起码以街头官僚理论所发现的情况来看，卡夫卡和韦伯的描述都有道理：从某种意义上来讲，两者描述的官僚制生活采用了不同视角。韦伯采取了一种从上到下的视野，让我们看到了制度和规则的预期，而卡夫卡则是采用了一种从下到上的视角，让我们看到了一个在组织内部真实或者夸张的生存状态，且卡夫卡还告诉我们，无论个体怎么做、如何抗争都无法显著改变这个“鸟笼”的束缚，得到最终的解脱。

例如，正如麦卡比对英国一家银行机构调研所发现的，韦伯式机构的“黑暗”在于无论员工怎么说、如何做以及如何妥协抗争，都无法改变这些员工皆为这个体系受害者的事实，“被一个不是我们建造的，我们并不满意的但是却要墨守其规”的体系所制约。② 但是值得注意的，麦卡比对于改变这种鸟笼却并不悲观，他认为人性的自由意志是改变这种黑暗局面的关键，可以触一发而动全身——通过教育与政治手段和抗争，我们最终可以逃脱这些黑暗并且改变它。③

本章认为，麦卡比的这些论断和遐想可能过于乐观，他的论述和论文似乎陷入了制度理论的一个经典嵌入性悖论——如果一个个体的认知、智趣、利益以及身份都嵌入在一个结构力量之下（例如韦伯式的官僚体制），那么个体对于结构力量的改变可能又从何

① Clegg, S. et al.. (2016), “Kafka Esque Power and Bureaucracy”, *Journal of Political Power*, 9 (2), 157 - 181.

② McCabe, D. (2014), “Light in the Darkness? Managers in the Back Office of a Kafka Esque Bank”, *Organization Studies*, 35 (2), 255 - 278.

③ McCabe, D. (2015), “The Tyranny of Distance: Kafka and the Problem of Distance in Bureaucratic Organizations”, *Organization*, 22 (1), 58 - 77.

而来呢？[①] 换言之，正如前几章节所述，如果结构定义了个体的活动和认知范围，那么个体还如何可能抗争或者改变这些压制性的组织力量与基层现实呢？[②]

这里我们认为，批判实在论及其分层本体论提供了一个很好的答案，可以帮助我们找到解放个体的先决条件以助打破嵌入性悖论。批判实在论认为人类可以拒绝那些哪怕是无比强大的制度性力量的压制：它可以帮我们更好理解结构性力量是如何影响（但无法决定）我们的行为，因为结构性力量和个体的行动存于不同的本体空间之中，所以既然它们不属一处，更难看到例如韦伯和卡夫卡式的制度决定论或者软性制度决定论（如麦卡比认为，通过教育与政治抗争的方式，我们可以逃脱结构性的约束等）。

换言之，从哲学的角度来说，批判实在论认为韦伯和卡夫卡式的组织描绘混淆了本体论与认识论，认为我们看到的就是所存在的，所以这也只是将所有的社会现实归于一个单一的本体空间，其中只包括了个体的体验与想象。

而批判实在论的分层本体空间则打破这一单独维度的束缚：我们能观察到的东西不代表这个社会的全部——正如官僚体制一样（制度及其运作），它包含了可能性与完成性，这两者存于三个本体空间项度之中——本书认为，韦伯式的结构存在于实在域，而它的作用力会在实际域产生多种可以看到以及尚未观测到的事件，而只有那些被观测到的事件和实践才处于实践域中包括那些卡夫卡式的组织内的荒诞、无力抗争和生存无奈等行为和状态。

总而言之，这种分层本体论的价值在于，它让我们首先承认任何的社会科学与管理科学方法和观点的背后都存有一个本体论基础，只是有时候我们没有看到它或者理解它罢了。那么对于我们要探讨

① Holm, P. (1995), "The Dynamics of Institutionalization", *Administrative Science Quarterly*, 40, 398-422.

② Clemens, E. and Cook, J. (1999), "Institutionalism: Explaining Durability and Change", *Annual Review of Sociology*, 25, 441-466.

的题目来说，批判实在论的分层本体论让我们看到了韦伯式的官僚预期和想象并不一定都能够转化成现实或者卡夫卡所描绘的模样，这个没有达成的自动转化也是因为多重制度逻辑的存在。换言之，韦伯式的制度逻辑并不是唯一存在的结构性因素，多重制度的碰撞，例如市场与宗教等都影响着官员或街头官僚执政行为的可见结果（卡夫卡式的具体行为）。

因此，本书的行文顺序如下：首先我们将描绘韦伯和卡夫卡所遐想的官僚体制是什么样的，以及在这两种想象之下产生的嵌入性悖论，之后我们将采用一个批判实在论视角来解放个体，对街头官僚或者官员那近乎荒谬的生存状态进行反思，看个体是如何通过对结构的重塑来打破结构的规制和强制力。

## 韦伯、卡夫卡和结构决定论

从韦伯说起：韦伯提出的官僚制组织理论，可以说是奠定了现代制度研究和组织理论的基础，对整个20世纪的政治和行政的发展都产生了深刻的影响。官僚制又称科层制，指的那种分层、集权、统一指挥与服从的组织形态和特征，对社会现代生产力的发展及其结构稳定起到了重要的作用。

而正如前文所示，恩斯特认为，韦伯对于官僚制的定义源于他对普鲁士和英法专制行政系统的观察，他发现这些系统存在的目的，不是为了支持有限的回应性治理，而是将帝国的触角和规制伸到领土内的各处，方方面面。在这些专制体制中，（街头）官僚存在的价值只是为了完成这些延伸和规制，将从上到下的法律有效传达。① 换言之，韦伯式的官僚体制强调对于规则的遵守，这种不近人情的处理方式实际上也是为了防止自由裁量权的出现。同时，市民面对这

① Engster, D.（2020），"A Public Ethics of Care for Policy Implementation", *American Journal of Political Science*, Vol. 64, No. 3, July, 621–633.

些执法和规则时，也变得僵硬起来，接受官僚的裁决。这也形成了一种官僚及规则对于老百姓的压制，让他们无法决定自己的行为。[①] 恩斯特认为，尽管韦伯理解这种僵硬的、基于理性考量的、对规则极为看重的官僚体制的弊端，但是他依然没有否定这个体制的价值——这个无情的体系将工人、市民以及消费者置于那些他们无法参与和改变的冰冷规则之下。但是这不意味着，没有学者为这个冰冷的体系辩护，佩迪特就认为，官员对于这种规则执行的基础源于选举体系的赋权，官僚去执行民选政府和政治家制定的法律和规则实属民意的终极体现。[②] 佩迪特的理解有其道理，但是他仍然忽略了自由裁量权的不可避免，因为街头官僚理解任何的法律和规则都有其运行的局限，所以无论怎么细致要求，怎样对规则进行事无巨细的解读，也需要执行者在执行的过程中进行再解读、再操作。

扎卡则将这个问题上升到了道德和伦理层面。[③] 他认为，既然这种自由裁量权不可避免，那么我们就应该期望或者想方设法让官员的行为既灵活又对民众或者被执行者充满回应性。这些其实就构成了一种对于规则的伦理。扎卡甚至更进一步认为，这种自由裁量权既不可避免，也不可或缺，因为它可以有效回应老百姓在日常生活中的诉求，更好地完成政策执行，而这一切假设和可能，对于韦伯式的官僚体制或者官僚理性来说，都是遥不可及的。

总之，引用韦伯的学者们都对韦伯的官僚制褒贬不一，但都肯定了其必然性与实践价值：官僚制的组织形式是试图在避免感情用事、专断独裁、暴力威胁、裙带主义等，其基本的依据就是价值理性——学者们认为，官僚制能够稳定地运转并展现出有秩序的权力

① Young, I. (1990), *Justice and the Politics of Difference*. Princeton, NJ: Princeton University Press.

② Pettit, P. (1997), *Republicanism: A Theory of Freedom and Government*, Oxford: Oxford University Press.

③ Zacka, B. (2017), *When the State Meets the Street: Public Service and Moral Agency*, Cambridge, MA: Harvard University Press.

关系，也正是建立在理性的基础之上的。而这种理性的价值体现在诸多方面：第一，秩序。制度理性让人们对秩序产生敬畏，让合法性的秩序成为正当性的认识，所以权威和命令需要被服从，但这也可能造成对权威的遵从甚至不分其来源于统治者还是法律与规则本身。第二，形式。韦伯区分了两种合理性，即实质上的合理以及形式上的合理。前者指的是一种关乎伦理主义或道德理想的合理性，它更注重对行动进行价值判断。后者则关注在统治和政治关系中，双方在行动方式和手段以及程序方面是否符合规则，并希望将这一过程变得更加可具体（量化）衡量——有趣的是，在韦伯看来，实质合理性属于前资本主义的社会秩序特征，而到了资本主义社会，这种理性已经失去其强大的价值统治力，以至于科层制的出现，让生活变得纪律更加严明、有条理、工具化。[①]

当然针对韦伯式的官僚研究，学者们也做出了一些该体制下具体行为的研究和演绎。例如古尔德纳就发现，韦伯似乎忽视了一个重要问题，即一旦一个组织的成员拒绝服从上级的命令，组织的权威就会被破坏。[②] 古乐德纳以美国一个石膏矿为例作了经典的案例分析——这个矿的工人不守纪律，且管理层的监管也不严格，但工人对公司态度友善，尽管经营效果一般。新经理到来后，开始对这些纪律和公司的条款加大收紧的力度，结果加剧了公司（矿场）与工人的矛盾，甚至发生了罢工——于此，古尔德纳总结出了经典的官僚组织三行为方式：虚幻式、代表式以及惩罚式。

第一，在“虚幻式”的状态下，组织的规则往往是由外部的机关强加给组织的，例如，公司制定的禁止在公共场所吸烟的规定，往往是外部环境所致。在这种情况下，组织中的成员甚至管理者都没有参与规则的制定，所以很多人可能觉得这些规章与自己的意愿不符合、不具有合法性；所以在没有上级和外部监督的情况下，起

① ［德］马克斯·韦伯：《韦伯文集》（下），中国广播出版社 2000 年版，第 344 页。

② Gouldner，A.（1954），*Patterns of Industrial Bureaucracy*，Free Press.

码在这些政策制定后的初期，组织中的成员往往会阴奉阳违，制度和政策产生的实际情况往往也与官方的期望与要求相距甚远，甚至人人都在装模作样。古尔德纳说，在"虚幻式"的行为模式下，组织内部的员工和领导者的士气反而可能很高，因为所有人都在假公济私。

第二，在"代表式"的行为状态，规则往往是由专家制定的，这些专家的权威以及合法性往往可以被组织内的所有成员接受，这有助于产生组织规则和组织成员意愿的趋同一致性。因此，整个组织都会尽量遵守这些规章。此外，组织也会给那些规则执行者一定的奖赏和组织内部地位，形成一种正向激励和合法塑造。所以古尔德纳也认为，在这种情境下，组织的权威来自于组织中成员的支持。

第三，"惩罚式"的行为模式下，规则的制定往往来自管理部门的绩效或者规制考量，以达到对某些意见和行为的限制。例如，管理人员对员工上下班打卡采取了强制性手段。但是这也意味着这些规则将会惩戒组织内部的特定一群人或者一个群体，由此也可能引发权力之争。其他力量，例如工会也可能介入，从下到上把一些修正强加给管理层，如提出限制工作量与禁止 996 加班加点的抗议。

总之，通过这三点，我们看到了一个注重组织内部群体平衡的古尔德纳，他试着理解组织内部可能产生的紧张关系，并认为依靠非人格化的规则（韦伯式）实现平衡可能遇到一系列问题，例如降低群体内部权力关系的可见度，从而影响管理层的行政合法性。

那么面对这些问题，古尔德纳并没有提出有效解决方案。官僚组织应该如何应对？早期的组织学研究者，曾试图从不同的角度给出一些答案。例如，著名学者如莫顿，都对旧式的韦伯式体制较推崇，希望可以找到一种源于组织内部的可靠性方案，减少个体行为带来的组织化偏差，呼吁加强对这种个体行为的控制，例如减少组织内部的网络数量，增加规则的内化程度，并且减少个人可以备选的方案的数目等等。[①] 而韦伯本人似乎对这种过度的标准化和较为僵化的组织生活表示很遗憾的同时，并没有否认其可能带来的积极性，例如提高效率，在他看来，社会之上，充满了螺钉和齿轮式的芸芸众生，他们不断地在体制内攀爬，处心积虑，沿着官僚的层级阶梯往上爬。[②] 而消除这些副作用，韦伯并没有提供什么答案，而这也受到了卡夫卡式的强烈反讽。[③]

再议卡夫卡：卡夫卡的小说很少描写官僚组织的本体，也没有像巴尔扎克（如《公务员》）那样的官场生态临摹或想象。他刻画的是现代人在官僚组织和机构中的一种深刻体验，那种受制于神秘莫测但又莫名其妙的庞大体系中的弱小且无助的体验，以及官僚制及其精神，对个体精神世界与灵魂的无处不在的影响。

如以《城堡》小说为例，主人公叫 K，有一日冒着大雪来到"城堡"辖区下的一个小村落，目的是要进城堡，然后要求当局（特别是城堡的统治者），批准他在村子里落户。K 还在村里冒称自己是城堡请过来的土地测量人员。令人费解的是，城堡居然莫名地给他委派了两名助手，还承认了他的冒牌身份。在小说中，这两个助手的形象类似记者、警察甚至窥视者和欺诈者，令人讨厌，是毁灭 K 私人生活的小丑。其实对于卡夫卡来说，这两个助手就意味着现代人生活中无所不在的"眼睛"的形象，在某种意义上代表着官方、警察国家、强势和偷窥的领导者甚至专制的社会，是作为现代权力运作的监察形象的化身。

不久，随着剧情推演，城堡还特意给 K 派来个信使，负责其与官方城堡之间的联系。有一次，K 在信使的带领下，试图前往离村庄并不远的城堡，但是从早晨到黑夜，他似乎怎么都无法走到。最

① Merton, R. (1949), *Social Theory and Social Structure*. Glencoe, Ill.: Free Press.

② 朱国云：《韦伯官僚组织结构理论的新演变（下）》，《国外社会科学》1995 年第 11 期。

③ Fry, B., and Raadschelders, J. (2014), *Mastering Public Administration*, London: SAGE.

后，他走进的还不是城堡，而是这个信使的家。而更加有趣的是，小说中，城堡的统治者虽然是所有人都知道的伯爵，但是似乎无论城里人还是城外人，都没有见过他。K 经过了多次的努力也见不到他。更令人惊讶的是，正在他苦恼时，却又收到城堡的来信，信中居然高度评价了他的土地测量工作——K 更加莫名，因为他不但从没有干过测绘的工作，甚至连自己来到村庄的身份都是假冒的。那为什么他会莫名地收到赞扬呢？因为那封信是城堡当局从一大堆的政府文件中随意抽出来交给信使的，里面的内容甚至不知道是何年何月之事。随后，卡夫卡告诉我们，K 慢慢意识到，人越接近城堡，就会变得愈加糊涂。例如，K 曾在城堡见过一些官员，但是却不知道他们叫什么，且他每次前往城堡，不是白跑一趟，就是从破烂不堪的政府文书中随手抽走一些东西让他带走，一切都是那么莫名其妙，以至于 K 最后都终止了和城堡的任何联系。

在这种荒诞之中，卡夫卡其实指出了西方资本主义社会下的小人物与统治力量之间的疏远、对立、对弈以及格格不入，甚至达到了无法有效沟通的地步：一方面，城堡的统治力量压在成千上万的小人物身上，统治着他们的命运；而另一方面，这些被统治着的人，也很少考虑到寻求抗争、自由以及平等，甚至在某种程度上丧失了自我，例如 K 在莫名其妙地来到村庄后，又让人不理解地执着于追求与城堡建立联系，其间受到无数的冷落、悲哀、莫名和失败，甚至丧失了存在意义。且 K 在书中的出现，唯一的目的仅仅是请求城堡和它的主人允许他在村庄中定居，这个请求十分卑微，但 K 却不断碰壁，他不愿放弃这个愿望——一个不想发财、不想升官，更不是为了避难的人，为什么要来村庄定居？这个人都不像一个拥有自由意志的个体，人活在世上什么最重要？难道是为了取悦别人，取悦权威？K 去城堡的路上没有任何恐怖的路障，他又是如此执着，但他始终没有勇气，甚至没有想过要挺胸抬头走进城堡，让城堡变成了一个莫名的、可望而不可及的地方，K 总是希望用迂回与间接的方式与城堡当局取得联系。这让读者对 K 产生同情，一个被专制的社会或政体压垮了的小人物。

更值得一提的是，卡夫卡的作品，主人公往往具有双重可批判性。K 确实是值得同情的，所以我们憎恨那象征着压迫和邪恶的城堡；但我们也从 K 的经历和身上看到了另一层批判性，那种腐朽的官僚信条以及人与人之间的隔绝，以至于 K 生活的全部似乎就是要与城堡取得联系。为了得到城堡的承认，他甚至什么都愿意干，为此也承受过学校教员的侮辱，在旅馆外的冰天雪地，冒着天寒地冻等了大半夜，还为此勾引过大臣的情妇。他这么做不是为了消灭谁，而是为了获得敌人的收容和恩典，向胜利者投降罢了。

所以，K 就是这样的人，值得同情，又令人生厌。他的目的既卑微又可悲，只求得到一个栖身之所都是那么难。这既是因为城堡当局的高高在上，对小人物的漠视；也是因为 K 不敢正面争取与抗争，无法摆脱自己的困境。也就是说，卡夫卡通过 K，描述了一个官僚世界的囚徒，而非这个世界的主人。他处处感到他人的排斥，自己脑子也经常胡思乱想，在不自由和粗暴的拒绝面前，也一无所有。如果真有人问他，K 你活着的意义又是什么呢？他一定回答不上来，因为他可能对自由没有任何的概念，所以无法应对这类问题。他更加像资本主义社会的产儿，一个孤儿，用诅咒和痛苦的眼神看待整个世界的近况。

在卡夫卡其他小说里，官僚组织的形态也无处不在。《审判》开场的场景就发生在 K 的私人寓所中，里面呈现了一个金字塔形的组织等级：三个年轻同事、两个看守和一个监督。而不同于教科书中对正规官僚制理论的固定印象，卡夫卡的小说中的官僚组织是不断流动的，可在任何人群中肆意地构建而成；这种组织和机构也是模糊和暧昧的，时而像个正常的组织，时而又像一个冒牌货。

所以在卡夫卡看来，官僚组织可以是正式的、固定的政府机构，亦可以是由那些心存“官僚心态”的如 K 般的人临时搭建的，甚至算不上机构。

而在小说《美国》中，卡夫卡也讽刺了韦伯式的官僚制度是如何塑造官僚这种让人怜惜又让人恨铁不成钢的心态的：小说中，他描绘了一张写字台，上面有超过100个大小不等的格屉。在《审判》中，权威人士之所以可以对K发号施令，就是因为他有用一个象征着权威的写字台。在《城堡》中，克拉姆的第一次露面，尽管在K的管窥之下，也是坐在屋子正中央的一张写字台边——写字台本身的价值在于写作和阅读，但是在韦伯的官僚制理论中，写字台代表文书档案对于官僚机构统治和规则传达，写字台就代表着统治——例如，在《城堡》中，官员似乎永远都抬不起头来，不是在垂头阅读，就是在低头写作，他们面前的写字台上，放着一本接一本的厚重大书，这些官员哪怕在口述政府指令时，也不停止阅读；官员和记录员或者复述者最大的差别就在于写字台和在它之前的小矮桌。

那么，在卡夫卡的小说中，官员们又是如何以文档完成其统治的呢？例如，在《城堡》中，K独闯酒店为的是拦截克拉姆，而在这努力失败后，克拉姆的最高代表、村秘书莫姆斯出现了，他要求K放弃接近克拉姆并不要再试图进入城堡。但这时，老板娘却偏偏提醒了K，告诉K克拉姆去了哪里，且可行的唯一的通路就是先让这位秘书对这个对话做个记录（韦伯式的记录）——这份记录的重要对K而言十分明显，是K能同克拉姆建立的唯一公务性的联系。换句话说，因为有了该记录，K才有了他在韦伯式荒谬的官僚体制内存在的价值——一种是官僚们可以看到的、存在于记录和档案中的K，另一种就是那个试图闯入城堡和见到克拉姆的K，有血有肉。但是在经历了整个“审判”过程后，K领悟了，变得更加匪夷所思了，《城堡》中的那个K，似乎已经不再是《审判》开头的那一刻，因此他甚至拒绝了莫姆斯的讯问，选择一走了之。

与教科书版的官僚制理论不同，在卡夫卡的小说中，官僚体制的权力不仅是公私不分的，甚至打乱了私生活。在《审判》中，K

的私宅被设为公用；而法院居然设置在居民楼里，且最后的处决也形同私刑。在《城堡》中，K从来没有见过如此的公私不分，而官府的权力对人的操控也是几乎全方位的，完全不受公私界限的限制。公权根本不像人们想象的那样，臃肿、热衷表面文章且低效，但直接地渗透于私人的荒诞之中，对私人生活进行着“非政治”的控制——这种控制将个人置于一个莫名其妙、看不清摸不透、甚至与自己生活格格不入的生活之中，更加有效地操控个体：在《城堡》中，克拉姆对K的公职只是有名无实的权力，而官僚制对他确实全面监视或记录，这甚至与专政、民主体制都没有内在关联。当然我们也得承认，在不同的政体下，监视者以及监视力度有所不同：较为专政的体制更多的是利用秘密机构或者警察的监视，而民主政体则利用媒体和大众的视野——但是，我们也要意识到，被一个人监视（独裁），还是被少数人或者多数人（如民主）监视和操控，在现代官僚制的压制之下，政体之间的差别已经逐渐模糊——“观察”是控制的前提条件，是一种加诸的权力活动。

在现代社会，政府对个体控制的加强往往得益于科技的进步，例如显微镜让人的权力进入微观世界，而天文望远镜也增加了人对宏观宇宙的监控，但在1922年的《城堡》中，这种技术依然原始，但它依然产生了一种全民都被监视的“监狱”社会，窥视者或明或暗地监控着，这种监控（“被看”）也是一种被置于权力之下的感受——掌权者也总是尽可能地处于隐蔽状态，一种往往被忽视和无视的隐身状态，例如克拉姆总是避免见人，人们找不到他，感觉他是遥不可及的，这与传统封建时代那种炫耀式的权力大为不同，现代的“城堡”的权力低调且隐身，这既保护了当权者，又让这种权力的运行处于隐身状态，默默地完成监控。

而且这种默默监控也与压迫性的传统统治不同，它可以在背后默默消磨人的意志，并且不激发出人的敌意或者抵抗的斗志，将人置于无处不在的注视之下，使人处于惘然的、时而感受到畏惧的状态。而且权力者也似乎不在乎听到内容的错与否，而只是关注“监控”本身，为了让人知道，他时时被监视，让人感觉自己无所适从。

在完成《审判》后，卡夫卡还写了个小短篇，题为《一场梦》：一个名为K的人梦见自己走进了一个公墓，看到一个正在被建构的坟墓，两个男人正在把一个墓碑砸进地里，而第三个男人看着像个画家，正在墓碑上书写，他一看到K就写不下去了，显得很狼狈，K那时候也意识到这就是自己的坟墓，后来昂着头的K坠入了坟墓，画家才重新开始挥笔，把K的名字写在这个墓碑上。

这个短片有助于我们理解《审判》和《城堡》。例如，《城堡》中的K看到自己的记录，有如短篇中看到自己的墓碑一样。所以在《审判》中，K的罪名其实就是偏离这些文字的行为，他才被逐出。而K在《城堡》中的回归，肯定也会带来秩序的混乱，因为K就是一个令书写者感到不安的灵魂，而韦伯官僚制在小说中的目的，就是让K和有关他的文字合二为一。

难怪在《城堡》中，所有人都为城堡操心，因为城堡是他们的存在本体。K之所以汲汲于他在城堡中的“名分”——那些没有在官方档案中被记录的存在，便无异于不存在，所有的个体都是通过“城堡”与自己打交道，正如任何一个影子，总是能在城堡中找到一个与自己相符的档案和命令，所以我们在这里也可以一窥官僚政治的统治的核心，那种将人一律记录为文字的倾向，通过文字来定义个体：这也最大限度地使活人合于记录中。

这里我们更需要理解：K要闯入城堡面见克拉姆，到底意味着什么？用小说的话来说，是为了能够面对面地同他对话，K所要求的是只是“对话”——直接的、平等的、面对面的交谈。往往，与官僚制的交流不是基于书面文字的来往，就是面对面的“讯问”，而两者都是官方且单方面的统治，而K寻求的交谈，是一种与官僚制对抗的个体升华。

解脱还是逃离，关于自由的悖论：那么对于卡夫卡，人生命自由的根本不是人为制造的社会，而是与世界不断的斗争，只有这样，才能自由。[①] 换言之，自由源于人的个体行动，而不是被动被赐予的——在《城堡》中，除了“K”这个符号，K 似乎代表不了什么，但是对于城堡而言，K 就是存在的，因为他存在于文书中。事实上，K 的自身和生活极其单纯简朴，在某种意义上，活泼而真实的 K，就是对于官方书写的对抗。而如《城堡》的结尾，在 K 和城堡切断了联系之后，小说也戛然而止了。布洛德在《城堡》早期版本的附注中也表示，卡夫卡从没有写出过结尾的章节，有一次我问他小说的结尾到底是什么？他说那个名义上的土地测量员得到了部分的满足，他将不懈地抗争到死。[②]

这里我们也可以看出卡夫卡对 K 描写的可能意图：K 在小说中的身份是土地测量员，然而似乎全书的矛盾点都在这个身份之上，所有人都在力图摧毁这个测量员，以维护城堡的权威和村庄固有的习惯和习俗。而只有 K 等人在顽强不屈地为这个职位正名，并且努力投入工作试图为“土地测量员”正名。有趣的是，为什么是土地测量员？而不是律师、公务员或者诗人呢？K 始终试图获得官方的认可并且为之进行着殊死的抗争。如果说小说看似是迷宫，倒不如说它是一个让人眩晕的游戏，K 独闯龙潭，在这坚墙厚壁中探寻着细微的线索，试图寻找破解的方法，但是大概率这些工作和努力也是徒劳的。[③]

这里我们看到，K 其实只是象征性的存在，我们其实每个人都是 K——一个人来自何处，又将去往何方，不仅 K 无法回答，我们每个人也无法回答清楚，就好比卡夫卡的作品一样，迷宫般地让人

---

① ［奥地利］卡夫卡：《卡夫卡全集》第 5 卷，叶廷芳主编，河北教育出版社 1996 年版，第 327、468—469 页。

② ［奥地利］卡夫卡：《城堡》，高年生译，人民文学出版社 2018 年版，附录四。

③ 陈龙：《城堡中的目光——从〈城堡〉看卡夫卡的道德建构和命运毁灭》，《江苏开放大学学报》2014 年第 5 期。

捉摸不清，所以这也是有人将其归于荒诞派作家的原因，因为他超越了现实主义的游戏规则。

但是对于管理科学或者更广义上的社会科学来说，卡夫卡确实在描绘韦伯式官僚机构日常中的真实图景，这些办公室文化在技术和历史中变成了一个统治工具。在这个描绘过程中，他正如《审判》里一样，加入了很多荒诞的元素，例如将法院的办公室安放入民宅，审判也在大杂院中进行，嘈杂且闹哄哄、充满讽刺——“办公室”就是一种统一的制裁模式，正如他自己所经历的那样，所有的文件都需要被尽快处理，个体的日常也总是跟着公文行走，直到最后的收件人，人们的日常视野也在不断收紧和缩小，而不是变得更加宽广。

而且，在办公室日常生存的员工们也都在不自觉地被同化、被体制化、被模式化。每个人都似乎在按照同样的模式与办公室发生关联。① 事实上，现代社会中，确实每个人都无法切断与办公室的连接效果，办公室就变成了人的生存方式，每个人也正在承受着现代社会体制充满了预谋性质的制裁和统治。

黑暗中的亮光：但如余华的评论，读过卡夫卡的作品，他“注意到一种虚伪的形式”，而这种领悟也让他大彻大悟，获得了想象力的自由，又如田野上的微风那么自由自在。②

到底从哪里能看到自由呢？其实卡夫卡也在描述个体对整体形势的一种抗争，这种抗争可能是无声的，但的确是有力量的，对于卡夫卡本人，人们应该小心地保持办公桌的凌乱，从这点开始，对抗这种“办公意识”。

对于卡夫卡来说，某种意义上，只有杂乱无章的生活才是抵抗，唯有凌乱无比，才能获得个体的一点点自由。③ 但是在整个机构都被

---

① ［奥地利］卡夫卡：《卡夫卡全集》第5卷，叶廷芳主编，河北教育出版社1996年版，第310页。

② ［奥地利］卡夫卡：《城堡》，高年生译，人民文学出版社2018年版，后封皮。

③ ［奥地利］卡夫卡：《卡夫卡全集》第5卷，叶廷芳主编，河北教育出版社1996年版，第400页。

“办公室化”的时期和时代，任何人的抵抗可能在最后都要以失败告终，因为反对办公室，其实也是反对整个官僚世界和其现实世界的翻版，个人的胜率很低。[①]

但这一切并不意味着卡夫卡放弃了抵抗。他并没有绝望。所以，无论在他的作品里还是他与人沟通的过程中，卡夫卡始终认为尽管社会被“办公室化”，但是这并非人的被拒，而是现代社会不可避免的现实和存在状况。而这种境况也包含了人们对于这个“办公室化”进程的微弱且普遍的反抗。所以我们的生存状态，对于每个人来说，都是荒诞、充满荒谬的，但是离开它，不代表人生的意义和价值就可以实现，所以在卡夫卡看来，唯有清晰地意识到它的本质以及特征，我们才能创造出属于人的价值和意义。这也就是为什么卡夫卡一再说：“我们每个人都是一座迷宫。”[②]

在组织学者麦卡比的田野调查中，我们也看到了这种人性的闪光与纠结：通过对英国一家银行的调研，麦卡比发现银行赖以生存的官僚制组织构架受到了底层员工的抵抗，如经理层无法有效对员工进行控制等。[③] 他在调研中发现，这家拥有20000余名员工及1700多家分行的英国银行是一个典型的韦伯式的官僚组织构架，但卡夫卡式的组织下的员工日常却暗流涌动。麦卡比主要针对一家后勤服务的行政中心展开观察，他发现，这里的员工对于经理层的行政命令并不感冒。例如，经理层准备对1400名接线员进行培训，告诉接线员如何和客户在电话上打交道，如何进行交流沟通，整个培训长达一个小时。但是管理者的“善意”却遭到了员工的强烈抵制与消极怠工，没人愿意参加这个培训，这让管理者也大吃一惊，没有想

① 胡志明：《官僚政治的图形学：论卡夫卡创作中的“办公室”形象》，《外国文学评论》2006年第4期。

② ［奥地利］卡夫卡：《卡夫卡全集》第5卷，叶廷芳主编，河北教育出版社1996年版，第395页。

③ McCabe, D. (2014), “Light in the Darkness? Managers in the Back Office of a Kafka Esque Bank”, *Organization Studies*, 35 (2), 255 – 278.

到会遇此抵抗，以至于这个培训被完全废掉。甚至，在这个抵抗过程中，员工还反映了很多实际工作中遇到的问题，管理者在停掉电话培训项目的同时，还不忘试图解决员工的诉求，包括减少对于电话客服出错率的严格统计以及加大基层员工工作的轮换等。在了解到员工工作的巨大压力后，管理层甚至停掉了每个月都需要进行的月度会议以减少员工负担。

麦卡比还发现，与传统的组织理论预期不同的是，经理层并不是一味地监督和制裁员工，与此同时，他们也对自己进行约束，因为他们所处的官僚制系统也是不完善的，需要他们个人层面的疲于应付，整个的大系统有可能出错甚至瘫痪。

所以从某种意义上来说，经理层也是这个官僚体系下的受害者罢了：一位经理对麦卡比表示，很多时候他们并不愿意向员工传达一些上层规制的信息，因为即使在现今这样的一个自动化和互联网时代，最上级的指示传达到基层经理处有时候都需要数天的时间，且这些信息的本意也有可能在传递的过程中失去。这位经理甚至认为，最高层对于结果的追逐让整个组织过程变得没有人情味，所以说，尽管经理层对于高层的决策没有发言权，但这并不意味着他们对这些规则和预期十分尊重。遗憾的是，尽管对于体系的无情，经理层不甚喜欢甚至不同意这些令则，但是依然需要硬着头皮执行上层的决策，不难想象，到最后“所有人都是一个巨大官僚机器下的木条罢了”——经理层需要底层员工的配合才能达到上层布置的任务，这让所有人都停服于这个庞大的自成一体的官僚体制下，所有人都是受害者，这个体系让人感觉，看似没有人操作，它也会继续向前。

从某种意义上，麦卡比的发现再次确认了阿德勒和波利斯的经典论文，文中指出，韦伯式的官僚制度可以同时对员工赋能与限制其工作行为，这本身就是一个充满了矛盾的机制。[①] 两位学者在研究

① Adler, P. and Borys, B. (1996), “Two Types of Bureaucracy: Enabling and Coercive”, *Administrative Science Quarterly* 41 (1), 61 – 89.

日本丰田汽车在美国加州的工厂时发现，经过管理层的易主，传统的压榨式的管理方式已经不再，员工感受到了经理层对他们的信任，这产生了一种正向的赋能：丰田新推出的标准化作业模式让员工们感受到了这个标准化的体系的高效，同时甚至让一些员工感受到了更多的关怀和信任；很多员工都向作者表示，作业过程中，只要按照标准做事，他们受到的监管也更少。且他们在作业过程中，都感受到标准化模式可以帮助他们找到问题的所在（准确、快速），让他们看到作业链上是哪里出了问题，这也让他们的工作更加轻松愉快。

换句话说。标准化是组织管理从“人治”到“法治”的过渡与基础，保证工作的安全与高效以及稳定，例如员工只要按照标准化作业，谁都可以在相同的时间内产出类似质量的产品。标准既可以指导员工的工作，也用于评价员工工作的成效。同时，后韦伯式的标准化组织架构也有利于人才的培养，可以更加快速帮助员工建立知识体系和规则意识，提升员工的知识管理能力。标准化也有利于管理领域知识的迭代发展，加快行业人才的快速成长和流动等。

当然，阿德勒和波利斯不只发现韦伯式构架的赋能的表现。也有员工向他们反映了该体系的压榨或者限制性，比如说，有的员工就认为，目前建立的这个标准化体系本身就是个玩笑，因为如果按照规则很快完成了任务，就会被组织委派更多的任务，增加负担，让员工喘不过气来，得不到丝毫休息的机会。有的员工甚至怀念起丰田入主之前的情景，那仿佛是一种乌托邦，多劳多得，不想太累做完即可回家来享受惬意的工作后生活。

阿德勒随后也运用了马克思主义的相关视野来解释了韦伯式标准化的官僚制度可能的重点，在马克思的眼里，这种官僚制度虽然拥有自己赋能的一面，但是最终由于资本主义社会的大机器生产本质，这种制度成了维系员工生产和劳动关系的重要一环，揭示了资本主义社会的剥削本质。[①] 也就是说，长远来看，官僚制度的压榨性会盖过其赋能性，而这种压榨性来源于资本主义的社会劳动的本质，即将生产关系置于结构中的特点，而这也是批判实在论的理论精髓。

那么怎么能从这些黑暗中看到光亮呢？麦卡比认为，在《城堡》中，卡夫卡曾描述道，官僚体系的权力运行貌似一个钟摆一样机械和无情，但是，人在执行这些政令，夜以继日。不难想象，当人们累了以后，错误一定会产生，人也不能且不可能机械地工作。管理层也会对下属产生同情。我们在麦卡比的银行田野调研中就看到了这一点，从此开始，正如卡夫卡所述，经理层不再是经理层，而如上章所期望的那样，一些经理层展现出了人性的光辉，展现出了一丝温柔和体贴——在这个层面，人性战胜了机器的冰冷以及官僚体制这个巨大的鸟笼。在这些相互的作用力之下，整个系统开始出现裂痕，出现了光亮，以至于人们可以找到喘息和逃生的方式。这些光亮，在卡夫卡看来并不是暂时和临时的，而是一种系统失衡的终极表现，挥之不去。而人性的光辉将把这个缺口打得越来越大。

换句话说，系统和数字以及规则都是没有情感的，它们不会自动压迫和压制员工，它们在道德上是中立的，是人在执行这个系统的命令时展示出的意志和精神在作祟。那么除了逃脱这个系统，要对这个系统进行改变，需要个体自身的反省以及努力改变才有可能，且最后这个结果在卡夫卡看来，一定是美好和欢快的。

所以，对于卡夫卡来说，现代生活最大的荒谬之处在于我们可能很难逃脱铁笼的枷锁，我们的思维和行动也受制于阶层、架构、工具性以及专业性的限制，这是韦伯很早就给我们揭示出的。在这种境地中，个体需要按规则行事，有些人甚至需要将规则强制执行。所以对于卡夫卡来说，对规则的抗拒不是重点，真正让人觉得可悲可叹的却是对于规则的接受或者默许。诚然，不遵守规

① Adler, P. (2012), “The Sociological Ambivalence of Bureaucracy: From Weber via Gouldner to Marx”, *Organization Science* 23 (1), 244 - 266.

则是可以在某种程度上打破枷锁的，但是真正的解放光辉仍然需要个体的反思，已达到自省和最终挣脱的状态，用人性的美抗拒系统的压制。

总的来说，尽管卡夫卡对人类挣脱韦伯式的官僚体系或者改变体系抱有希望，但是他并未给我们提出一个实际的可行方案。人性的光辉一定可能吗？人的自主性能够挣脱结构的控制吗？如果挣脱了会不会造成个体决定论？

一般来说，要解决卡夫卡和韦伯所提出的这一制度决定论问题可以有以下思路：第一种思路是从根本上否认客观存在矛盾，或在现实中尽力缩小存在的问题，或是根本不予承认。第二种思路是承认有矛盾存在并且有利益冲突，但解决问题的方法是站在某一立场上，要求另一方彻底服从；而惯常的第三种思路是采取非此即彼的思维方法，将解决问题的方法归于两个极端或者是将组织看成绝对的非个性系统或者是将组织看成许多不同的独立个体与个性的集合体。前一种极端把组织成员在自己岗位上的一举一动都视为其内在个性的反映和折射（个体决定论），或者是其潜意识动机和幻觉的副产品。后一种极端则将人看成是有无限可塑性的存在物，可以根据结构岗位的需要去任意地塑造出个人的个性特征（结构决定论）。而批判实在论则是基于这上述两种思路提出了一个超越结构决定论和个体决定论的第三条路。

## 批判实在论的第三条道路

诚如前文所示，韦伯和卡夫卡对于组织生活的控制力和压制力都有比较悲观的看法，很难看到个体改变结构的可能。而批判实在论找到了这种可能。这一切还要从其重新定义结构的努力说起。

有别于前几章，我们在这里将结构定义为社会关系（而非制度逻辑），诚如批判实在论的中心思想，任何的决定论，例如将某特定事物定义为某某的行为，都是批判实在论者所反对的。而制度逻辑和社会关系从本质上也并不冲突，因为意识形态就存在于不同的关系之中。

其实社会科学对于结构的定义一直存有争议，本书将结构定位为关系，也是符合波尔波拉经典论文的结论。[①] 波尔波拉认为，纵观社会科学发展史，社会结构可以有下面四种定义：（1）历久亦稳的累积性行动的模式；（2）能够掌控社会事实式行为的法则式常规性；（3）依于社会位置中人类社会关系所构成的系统；（4）能够使行为得以结构化的集体规则与资源。

正如波尔波拉文章所述，我们需要一个一个来品鉴其优劣与适用性。

对于第一个定义，见于柯林斯等人的著作，他们将结构定义为历久亦稳的累积性行动，而这也否定了结构存在的必要性，因为结构不过是个体行为的总和罢了。[②] 柯林斯甚至认为，这个世界甚至没有国家、没有经济、没有文化，因为所有的一切都是个体对于不同情景的微观应对行为。比如说，一个国家的法律其实不过就是坐在法院里的人的行为的总和罢了。这种还原主义的定义，试图从下往上解释一切的社会现象，因此，社会现象或者社会结构也就没有必要独立存在了。除了这一点，这一派系明显的缺陷我们将在第三种定义那部分进行更加详细的讲述和分析。

对于第二个定义，见于布劳等人的名作，他们的结构社会学研究采取了一种整体趋向，深植于实证主义的覆盖率取向，认为这个世界上拥有类似于物理定律那样的法则常规性，即 A 的变动会引起 B 相应的变动。所以在某种程度上，结构在这些学者眼中对个体行

① Porpora, D. (1989), "Four Concepts of Social Structure", *Journal for the Theory of Social Behaviour* 19 (2): 195 - 211.

② Collins, R. (1981), "On the Microfoundations of Macrosociology", *American Journal of Sociology* 86, 984 - 1014.

为是没有作用力的或者是不影响个体的微观行为的，同时来说，个体对于社会结构也没有什么影响力。[①] 当然，这种趋向根植于社会学鼻祖涂尔干的本体论，认为社会结构自然地存于个体之外，且社会学应当而且能够像自然科学那样研究社会现象和社会问题，他称这样的社会现象和社会问题为“社会事实”。在涂尔干看来，“社会事实”具有客观性、强制性以及社会性。这个定义有明显缺陷，因为即使其的拥护者也承认，哪怕我们承认“社会事实”A 到 B 有物理式的连接方式，但是这个也需要个体来进行执行——A 对个体产生影响，他或她再去做 B。但是由于个体具有反思性，我们总是无法完全控制他如何解读 A 并且践行 B——个体并不被 A 到 B 的逻辑所决定。

第三种定义则更加符合社会学注重社会关系的本源。代表学者例如巴斯卡和奥斯维特等人，深植于马克思主义的传统。[②] 这些学者最初是从一个哲学角度出发，认为实证主义（所见即所有）的哲学是不能够解释整个世界的运行的，因此他们提出了一种后实证主义的哲学传统（批判实在论的前身），认为社会内部的复杂结构可以产生无限的可能，而可能性并没有被实证主义所覆盖。这种哲学非常符合马克思主义的本体论和世界观：一个马克思主义视角认为一个系统的人际关系组合就具有这种无限的可能性。例如，是资本家和劳工阶级之间的关系矛盾产生了阶级斗争，而这种不同关系产生的可能性和潜在性的汇总就是资本主义的结构。所以这种定义避免了前两种将个体与结构分裂开来的还原主义倾向，因为它认为社会结构（社会关系的集合）可以通过利益、资源、权力等一系列的行径（根植于社会结构下的社会定位）来影响个体的行为。而个体也未必总是会按照自己的社会身份、利益与结构预期行事，他们总可以创

① Blau, P.(1977), *Inequality and Heterogeneity: A Primitive Theory of Social Structure*, New York: Free Press.

② Outhwaite, W.(1987), *New Philosophies of Social Science: Realism, Hermeneutics and Critical Theory*; St. Martins. Bhaskar, R.(1975), *A Realist Theory of Science*, Leeds: Leeds Books.

造性（超出预期）地来改变结构。

那么我们通过这种定义再看柯林斯第一种定义，它的优缺点就变得更加易见了。将结构看成个体行动的集合其实也仰仗于第三种定义：假设一个问题是为什么有些组织和团体拥有对一些事物更大的决定权？答案可能在于这些团体拥有更多的权力，那么这些权力从何而来呢？当然是来源于社会关系和位置带来的力量。这种力量亦是相对的，完全基于个体在社会关系中的位置。你的老板是你的老板，但是他也有管着他的老板，在别人那里，他可能只是个雇员罢了。所以说个体行为的组合或者个体行为不可能为所欲为，它的逻辑在很大程度上都取决于社会身份、社会位置和社会关系。你的老板让你做一些事，你恐怕难以推辞，那么为什么反过来不可以呢？这从很大意义上取决于两者社会关系和位置的不同。所以第一种定义中不考虑或者忽略了社会结构的作用力。

当然，柯林斯亦可以说，我们刚刚描述的这些无非资本主义下个体关系的常态行为罢了，依然是社会关系的总和。但是这么说依然有问题。例如，在资本主义运行中，我们有时候看不到个体面对面的交流的行为，资本家有时候未必会和员工见面，同时员工很多行为比如去上班，比如操作工具，比如去打印，都是一种广义上的竞争行为，甚至是零和的，但是这些我们平时未必会见，即使见了也未必理解清楚的行为，都是和社会关系以及社会位置有关的，绕不开第三种定义的力量。所以分析起来，第三种定义的使用一定是在第一种定义之前的。所以说，尽管柯林斯认为没有国家、没有社会，一切的一切都是个体行为的总和，他犯了一个大错，也就是不承认任何集体形式（或者更大行为集合体）的存在，但就如物理学家发现的那样，我们仍然可以继续还原，把个体还原到细胞层面（已知的物理最小的分子等），这让我们更加怀疑，为什么柯林斯把结构还原到个体行为就不再还原了？甚至有些物理学家会说，哪怕是最小的分子，我们也不认为它是独立存在的，它的存在以及作用力都是依照其和它者的互动和关系而维系的。[①]

最后一种定义则以吉登斯的结构化理论为代表。[②] 主体与结构以及社会的关系，即结构与行动的关系一直就是社会科学面对的最为棘手的经典谜题。吉登斯在总结了西方社会理论中存在的两种对立观点之后，揭示了其中存在的结构与个体行为的二元对立——一种观点从结构出发来解释行动，而另一种则恰恰相反。吉登斯把这种对立归为本体论问题，对于他来说，我们所在的社会，即存在丰富的宏观结构，也充斥着个体能动性的发挥，而两者相互统一才能构成社会有机体。可是，社会学家们往往喜欢做出非此即彼的二元对立判断。

对于吉登斯来说，其实，二元对立问题只存在于哲学层面而非现实生活之中。因此，他用结构行动的“二重性”概念取代了原有的“二元”方法论，以对现有社会科学方法论中的个体主义与整体主义进行统一。

在其影响力巨大的结构化理论中，吉登斯将“结构”定义为在一定时空和历史条件下的、涉及规则和资源的反复性的社会再生产过程。而“结构二重性”指的则是：一方面，社会结构由人类的行动构建起来，所以它受制于人；另一方面，经过人行动构建起来的结构亦是行动得以付诸实施的桥梁和中介。换言之，结构就是能够使行为得以结构化的规则和资源的集合体，而结构化就是人使用资源来面对规则的生产和行为过程。

具体来说，结构化理论中的“规则”指的是行动者可以依赖的正式的、非正式的制度以及各种对个体意义构建有价值的文化和信息符号等——正式的制度涵盖了各种政治、经济、法律性的规章或者政治制度，可以被看作支配性规则，而非正式制度如习俗等则可

---

① Davies，P.（1984），*Superforce：The Search for a Grand United Theory of Nature*，New York：Simon and Schuster，p. 49.

② Giddens，A.（1984），*The Constitution of Society*，Berkeley：University of California Press.

能影响到个体行为发生时个体的心理状况，是一种规范性的规则；而那些社会文化性符号则属于表意性规则，可以属于文化制度。而“资源”则也可以分为两种，权威性资源包括行动者具备的各种权威和社会资本等；而配置型资源则包括各种唯物实体资源，指行动者所拥有的权威和各种社会资本等，配置性资源则是指各种唯物实体性资源。

这样，社会结构就是个体利用和面对规则和资源的产物。在此之上，吉登斯更进一步，他认为，社会结构甚至就是个体在社会活动中所具有和产生的一种“记忆痕迹”，是人的无限次社会活动的结果，也是个体心理活动的产物。这样一来，社会结构就具有了主观性，它甚至变成了个人社会存在时的一种“自我认同”。而在社会结构的作用下，行动者的行为既有主观能动性，也有某种程度的偶然性——人的行动尽管拥有主观目的性，但是人的认知和行为都是有限的，难以预测到所有的一切，所以其行动必然拥有“意外性后果”，即某种偶然情形。

吉登斯还认为，个体活动和集体活动都可能存在无意识的状态，这样才造就了一个充斥着大量的意外后果的社会世界。于是，社会结构就实现了能动性与偶发性的统一。由此可见，吉登斯对“规则”和“资源”的重新解读，实际上是在强调个体英雄主义的视角而忽略了资源是权力的媒介。反之，结构至上的视角则过度强调了配置性资源的力量。但是在批判实在论看来，吉登斯似乎对个体的能动性或者能动者有过多的关注，甚至忽略了唯物主义与结构的功效——他虽然揭示了行动者的能动能力，赞扬了行动者的主体特征，突出了行动者在人类社会中的地位，但却夸大了能动者的主体性，这也使得他无法同时强调结构的重要性，甚至在某种程度上让结构作为一个概念的重要性和价值变得可有可无。

特别值得一提的是，吉登斯过于强调规则的重要性，但是这也让人起疑，在分析社会过程时，规则和社会关系哪个更先被用到呢？

第三种对于结构的定义似乎更加合理，看到了社会关系存在于规则之前，也只有先分析社会关系，才能谈起个体对规则的执行程度。举例来说，如果我们分析一个地区贫困的原因，那么按照吉登斯的理论，这个地方一些个体可以使用的规则和资源决定了他们的贫困程度，但是话说回来，是什么决定了这些个体接触到的规则和资源的程度呢？

第三种对于结构的定义更好地回答了这个问题，社会关系和社会定位决定了这些。而吉登斯的还原论倾向并未对规则和资源之外的更广阔的社会结构进行分析，从某种程度上，他认为社会关系无非个体追随或者改变规则的行为集合体，所以他的结构化理论其实和柯林斯的第一种对社会结构的定义异曲同工。举个例子，假设我和我的博士生的社会关系在她所需要遵守的学校规则之后，那么这和她为什么要遵守这些规则并不矛盾。换言之，如果将学校的规则和资源（对她来说）置于我们师生关系之前，就显得有些本末倒置了。而吉登斯认为规则和资源可以赋能或者限制我们的行为，但是如何解释资源和规则对博士生行为的激励？例如，规则和资源为什么会令我的博士生有特别的行为？这貌似说不通，所以这里的社会结构更多地取决于社会关系和位置。

诚然，吉登斯论述的规则和资源（作为文化的一部分）确实可以促成或者制约我们的行为，但是它的分析前提和特权性并不在社会关系之前。其实就连吉登斯自己也承认，他在某种程度上改变了欧美社会学对于社会结构的定义，以至于我们在这里需要格外强调社会关系才是社会结构，他其实偷换了社会结构的传统定义①，将其改编成了规则和资源的组合体。这是很少见的“勇敢行为”。

换言之，第三种和第四种有关社会结构的定义的最大区别是，吉登斯认为，规则和资源并不独立于个体之外，它们需要被个体践

---

① Giddens, A. (1979), *Central Problems in Social Theory: Action, Structure and Contradiction in Social Analysis*, Berkeley: University of California Press, p. 64.

行才能成真。而第三种将社会关系定义为结构的方式，则承认了社会关系客观存在于个体的行为之外，是一种物质化/唯物的存在。只有承认了物质化的存在，才能更加有效解决二元论的问题，这样结构不会跌入到行动中去，个体也不可能肆意妄为，随意改变结构。

所以我们如果秉持着第三种对于社会结构的定义，我们其实是在回归马克思主义强调社会关系分析的传统：马克思认为社会结构就是社会（生产）关系模式的总和，而这个结构也影响到了一个社会的经济行为和个体的行动。且这个社会关系模式也是唯物的，意味着它独立于个体的意识（或者个体的认知和理解）而存在，且它对于个体行为的影响也独立于个体的意识而可以单独发挥作用。[①] 换句话说，唯物意味着，我们理解世界的存在确实是通过我们的认知，但这并不意味着那些我们没有客观意识到或者理解的东西，就是不存在的。

但是这也让我们有所疑问（或者说马克思主义亦有它的弱点）：社会关系最初又从何而来呢？换言之，对于马克思主义学者来说，社会关系独立于个体思维的存在真的可能吗？如果每个个体都对于这些关系的规制性没有任何的想法，那么这些关系真能产生作用吗？其实就连马克思也承认，革命不仅要改变生产关系，同时也要改变那些规制生产关系的规则，即建构性规则。

而吉登斯却走向了另一个极端，忽视了社会关系或生产关系的重要性，他同时还混淆了建构性规则和规制性规则（regulative rule）。[②] 规制性规则仅仅是规制我们的行为，告诉我们什么可以做，什么不能做。而构建性规则赋予我们做事情的意义，如语言就是一种构建性规则，它告诉我们一些发音语法在我们执行时到底意味着什么——构建性规则是一种文化上的共享体（换句话说，构建性规

① Porpora, D. (1993), "Cultural rules and material relations", *Sociological Theory* 11 (2), 212 - 229.

② Cohen, I. (1989), *Structuration Theory: Anthony Giddens and the Constitution of Social Life*, NY: New Martin's.

则更加像一种受到多个体认同的文化，它决定了关系的形成，这也是我们在这里可以将结构之前章节所指的制度逻辑换位为社会关系的原因）。

那么吉登斯则混淆了这两种规则：在他看来，这两种规则是一样的。例如他非常出名的惯习/习惯理论就认为，个体在很多的时候对规则的遵守是重复且半意识化的。其实我们日常的工作和生活中的很多行为都是如此的，重复性高且有的时候甚至不需要我们理解为什么要做这些，而是潜移默化去执行了。

在这里，吉登斯特别区分了三个意识层面：无意识、实践意识和话语意识。[①] 无意识，顾名思义指的是行动者无法用语言表述自己的心理活动；实践意识则是行动者以非话语的形式来监控自己的行为（比如被问到动机，可能说不清，但是明白自己为何如此）；而话语意识则指的是，行动者可以用话语的形式来解释自己行动过程即动机。他认为，实践意识和话语意识的界限可能是软性并且可以改变的，但是无意识却不能进入实践或者话语意识——例如，有些行为如自杀，除非行动者拥有明确的话语意识，不然这个行为很难发生；但对于大多数的行为，有意为之并非必然的特征。而这类的实践意识则是吉登斯理论中被使用最多的部分之一：一般说来，学者在解释个人行动时，都是把个人行动解释为一种拥有自我意识和明确意图的活动（即话语意识）。但是吉登斯却反对这类对个体行动解释的一边倒，认为这样来解释行动者的行动过于简单了。他发现，个体的日常行为很少表现出来明确的话语意识，人们的行动动机很多情况也是说不清的，甚至非理性的。

他认为，人们的日常行为和动作很少由明确动机直接激发，即并非“有意识”的。人们会说，许多事情的发生并不是有意为之，甚至不是我想要的，但是我依然这么做了——不管怎么说，如果你

① 谢立中：《主体性、实践意识、结构化：吉登斯“结构化”理论再审视》，《学海》2019 年第 4 期。

的确是做了，吉登斯就认为，这么做的目的就是达到一种本体上的安全感，一种人类最原始的生存的需要。而这种安全感往往来自那种不断重复的行为：例如我们总是有意无意地坐在咖啡馆我们最熟悉的位置，尽管未必是最好的位子，但是它让我们觉得很安全。当然这么强调非话语意识的重要性，也让学者们很难在结构化理论中找到动机。比如我们可以问，工人每天例行去工厂，老师去上课，难道不是一种生存和生机的需要吗？难道这真的是一种人们想说却说不清的实践意识吗？在这种程度上，吉登斯和他的结构化理论甚至将个体的有意识能动性降到了最低。以至于其理论倾向不再认为我们的社会结构具有像骨骼系统和建筑一般的构架，存在于个人行动者之外，所有的结构，无非是各种社会实践（很多都是非话语意识之下的）往复不断的组合罢了。这和柯林斯（第一种）定义结构的思路如出一辙，陷入了个体决定论的沼泽。

如果用第三种定义结构的方式，我们就可以更加合理地自圆其说：以资本主义为例，它就是一种构成性规则，一种文化，那么在其之下，会有一系列社会关系的产生，例如资本家和员工之间的关系，这也就是社会结构之一，这个结构是唯物的，它的存在和运作独立于个体的意识层面，并不受个体的限制。那么这个结构之下亦会有一系列规制性规则在运作，束缚着资本家和雇员之间的关系和行为，但是这些规则不能涵盖个体所有的选择和选项以及可能性，因为结构只能影响但并不能决定个体的行为——这种影响既能赋能，又能制约，亦可激励。

综上，本书更加倾向利用第三种定义结构的方法来理解韦伯和卡夫卡之争。

韦伯式的结构：在将存在于实在域的结构定义为社会关系后，我们可以看到，韦伯式的社会关系（例如雇主与雇员）有着足够多的期待和预期，例如对于权力和阶层等级的强调、对于分工的重视，对于理性化的追寻，对于权力距离的预期等。这些预期并不一定能转化成现实（个体行为和实践），所以它们代表着可能性：在整个社会层面，韦伯式的结构并不是唯一存在的结构，正如前几章制度逻辑所介绍的那样，多重结构预期存在于这个社会中，它们都可以在不同层面影响雇员与雇主的关系，且这些社会关系及其预期可能会自相矛盾并互相抵触，甚至传达给个体时也会出现多重的指令性预期，让个体不知所措，亦有个体会利用这些结构关系的矛盾或空隙来完成自己的实践。[①] 换言之，一个公务员可能是一个父亲（受到家庭关系或结构的影响）、一个佛教信徒（受到宗教结构的影响）、一个统计学博士（受到科学理性结构的影响）、一个兼职股票买手（受到资本主义社会关系的影响），所以他在官僚机构内如何应对对自己发号施令的上级，可能受任何单一结构的影响。且他的所作所也为未必会让行动的两方（他和他的上级）都能够实际感受到。

实际域：在这个域，由实在域中结构引导的行为会产生一系列的事件，很多都并未能被个体感知或经历（尚未转化到实践域）。具体来说，这些发生在实际域的韦伯式事件可能包括（1）稳定且繁多的既定规则；（2）明确分工的部门；（3）清晰的等级制度和员工责任分布；（4）为员工提供的专门化培训等。这些事件虽然在结构的指导下已经发生了，但是未必会被员工明确地感知到（有些规则员工甚至都不知道）。例如，尽管一些规则被明确地写下来了，但是我们并不能看到和感受到它的实践，以至于很多情况下它们都在默默地复制着自己，潜移默化影响人的行为及行径。

克莱格等还向我们揭露，以卡夫卡的视角来看，还有些事件也在潜移默化地发生，但是未能被员工感觉到。[②] 这包括：（5）一种结构造成的无以名状的失落和存在感，例如卡夫卡小说中描述的那种虚无和丢失掉存在意义的行为模式，员工不知道自己为什么要干

---

① McPherson, C. and Sauder, M. (2013), "Logics in Action: Managing Institutional Complexity in a Drug Court", *Administrative Science Quarterly*, 58 (2), 165 – 196.

② Clegg, S., Pina e Cunha, M., Munro, I., Rego, I., & Oom de Sousa, M. (2016), "Kafkaesque Power and Bureaucracy", *Journal of Political Power*, 9 (2), 157 – 181.

某事，但依然践行着，有时候甚至不知道或者没发现，自己在重复着一些吉登斯所谓的惯习（在实践意识之下）；（6）体制造成的有意无意的无能感，让员工觉得自己什么都不行，无法顺利完成任务，十分渺小，更不会去向组织请求什么以满足自己的诉求和私欲，以至于他们被体制管教，不再有改变自身状况的想法。

总之，实际域有在实在域结构影响下发生了的事件，尽管这些事件不是都能让每个个体感知到（并未进入实践域，但却是唯物独立存在的）。

诚如上文所述，有些事件可能发生在了个体的观察和感受之外，因此没有进入实践域，但是幸好卡夫卡帮我们发现了一些类似的事件——除了那些谨小慎微的官僚屈服于体制的行为（如韦伯所预期的），卡夫卡还发现了很多反常的、打破规则的事件。这其中包括：（1）混乱，个体不按照韦伯式官僚结构的预期行事，在组织内部创造了混乱的局面；（2）谈判出来的稳定，底层员工与上级谈判，以至于官方规定的规则不能按照计划或者预期执行，执行起来也效果大变；（3）利欲熏心和裙带主义，这很容易理解，当权者在滥用权力；（4）组织内部的恐惧感，员工每日活在惶恐之中。①

在这个实践域中，我们确实看到了很多反韦伯结构关系的卡夫卡式“叛逆行为”，那么回到本书的重点，什么是韦伯式组织架构下的个体自由呢？或者说，如何改变制度决定论，无论是强制度决定论者如韦伯，或者弱制度决定论者如卡夫卡，而又不陷入个体自由意志决定论呢？换言之，到这里，我们最后需要解决这个嵌入性悖论——批判实在论告诉我们，实在域、实际域与实践域各自互相独立，那么在其中的结构、事件以及实践都是互相独立但相互影响的，所以任何结构（况且如前文所述，多重结构经常是矛盾且随时会产生碰撞的，给个体留足了自由余地）也不可能决

① Yang, Y. (2022), "Beyond Weber and Kafka: Conceptualizing a Critical Realist Model of Bureaucracy", *Administration & Society*, 54 (3), 500 - 521.

定个体的实践行为，所以卡夫卡和韦伯的悲观也是没有必要的。当然这里我们还要提醒，结构无法决定个体的行为意味着个体尽管被结构所约束，但是依然既拥有政治自由（political freedom），亦拥有本体自由（ontological freedom）。后者值得我们格外注意。

萨特认为，一个人要么永远是自由的，要么就是不自由的，不可能出现时而为奴，时而自由的情况。这些论断当然与萨特所处的二战时期有关，当他看到那些奋勇向前抵抗的人群，即使在德国的强权统治之下，人们依然在坚持抵抗，伴随着眼泪以及一切对未来的向往，不再畏惧精神和肉体上的折磨，即使处在死亡的痛苦下。萨特看到，人们每一天的每一个小时都在做出他们的创造性生存的选择，无论有多么困难，个体依然会做出选择，得到和经历一次最深刻且最满意的自由，每一个选择都是一个人生活着的机会，可以重申真实的自我和尊严，即使在即将来临的悲剧面前。

刘笑敢曾比较过庄子与萨特自由观的异同，他发现庄子看自由，往往是从命运决定论的角度出发的，那种绝对的无为，减低了偶然性的出现，所以他所指的是客观唯心主义的自由。而萨特的自由是反对无为的，排斥唯心主义自由观的：但二者都信仰那种纯个人的自由，推崇那种抽象化的自由。甚至都在用乐观主义来掩饰其内心悲观主义的实质。[①] 诚然，庄子与萨特都是伟大的哲学家和文学家，都敢于挑战传统，用文字表达自己的力量，标新立异，他们都有知识分子的清高气节，蔑视强权甚至名利；他们也都对现实不满，主动拒绝与统治者合作。且他们都以个人如何生存的问题为哲学的核心，都认为个人的自由是哲学的第一要义和最高的目标。

换句话说，庄子是他那个时代的失意者，所以无情的现实让他成为了一个命定论者，一种无名的力量压迫着他，他把这种必然性叫作“命”，并把这种必然性归于“天”和“道”，因此庄子表示，只有我们认识到命运是无法改变的，才可以无心无情以至安之若命，

---

① 刘笑敢：《庄子与萨特的自由观》，《中国社会科学》1986 年第 2 期。

摆脱痛苦，进入真正的自由境界。他是在承认命定论基础上来追求自由的。相反，萨特则是在否认命定论的基础上来追求自由，他坚持认为，只有否定命运决定论才可以获得自由，命定和自由是相互排斥的。例如萨特看来，上帝如果不存在，那么世间必定有种存在是先于一切本质的，而这种存在就是人，所以人的存在证明存在是先于本质的，所以人是终极自由的，人就是自由本身，人就是抽象地存在着，它不再仅仅局限于肉体和精神。[①] 所以可以总结为，萨特是主观唯心主义，而庄子则是客观唯心主义。

与庄子和萨特不同的是，本书认为，脱离必然性的自由是不存在的，而真正的自由（在本书我们将其称为“政治自由”）是实践中的自由，存在于具体历史发展长河中的自由。例如，在德国统治法国的法西斯时期，法国是没有“政治”自由可言的，这种个体行为的自由必须通过斗争去争取。实际上，萨特本人也参加了这种斗争，但他却说斗争不是活的自由的手段，甚至不是活的自由的目的。他甚至表示，在法西斯的统治下，每个人仍然是自由的，因为他们可以在内心里说“不”。

在批判实在论或者马克思主义者看来，显然，这种自由是软弱且没有力量的。萨特的本意可能也是积极的，因为他认为这种理论可以激励人民奋起反抗，并且剥夺那些叛徒向法西斯投降的事实。然而，这种本体层面的自由并不是真实的自由，而且很容易就可以被转化为对敌人的宽赦，例如说，法西斯从来没有剥夺法国人民的自由。而马克思主义和批判实在论所强调的解放性自由，在探讨卡夫卡和韦伯式官僚体制中是否可以出现解决嵌入性悖论的时候，更多地强调政治自由，在认识客观必然性的基础上发挥主观能动性的、更全面的自由形态，而不仅仅基于思想自由。这亦符合人类自由观的发展线索：萨特的哲学或者本体论本身就是矛盾的，一方面抹煞必然性，另一方面又把人的能动性推到极至。他认为每个人都可以

① 刘笑敢：《庄子与萨特的自由观》，《中国社会科学》1986 年第 2 期。

自由选择自己的本质。而批判实在论的自由观是从思想的自由到实践的（政治）自由，把自由引入实践，把人的自由与人的社会实践联动起来。

## 结语：批判实在论与个体解放

批判实在论是在20世纪70年代哲学界对实证主义本体论和科学观进行批判的理论背景下产生的，进而更加关注人的解放问题，以帮助我们最终达到普遍的自我实现。巴斯卡认为，辩证矛盾本身就是本体论的，是客观实在的，所以他试图将理性的人类行动者批判地融合到辩证法之中，为人类的解放和改革行为实践建立起一个系统的模型。[①] 克里文对巴斯卡的辩证法和批判实在思维赞赏有加，认为他在哲学层面上论证了晚期资本主义的现代性中所蕴含的解放的可能性。[②] 那么具体来说，批判实在论是如何解放韦伯式结构的束缚但又不跌入个体自由意志决定论的漩涡中呢？本书看来，这主要可以分为两步。

第一步，其实批判实在论对多维度、多形态结构的分析，帮我们揭示了如何更好理解结构及其作用，这些结构可能摸不到、暂时看不到，但是学者们通过努力是可以帮助我们理解其中的一些结构及其逻辑的。例如，批判实在论就帮助我们发现了韦伯式的关系是如何产生剥削的，这也有助个体理解结构的力量。

第二步，在个体较为充分理解了结构的力量之后，个体才能发挥更大的主观能动性来改变现状，甚至去改变结构，因为结构本身就不是单一的，甚至可能存在冲突，那么个体可以更好地利用主观

---

① Benton, T. and Craib, I. (2001), *Philosophy of Social Science: The Philosophical Foundations of Social Thought*, Hampshire and New York: Palgrave, p. 119.

② Creaven, S. (2002), "The Pulse of Freedom? Bhaskar's Dialectic and Marxism", *Historical Materialism*, 10 (2), 77 - 141.

能动性，改善自己的行为决定模式等，以期更好地和结构作对抗，知己知彼才能百战不殆。

回到本章的重点，韦伯的结构性特征并不能对个体在组织和社会中的行为产生决定性影响，当我们理解了分层的本体世界，我们也就理解了权力其实处于不同的本体空间之中，在实在域，我们可以看到的是使用权力的能力，在实际域中，我们能够看到被释放和行使的权力，而在实践域中，我们只是看到了被发现的权力行使，那么如果个体可以对结构有更深入、更全面的了解，一定可以产出更多的制度和结构性的改变。管理学的研究已经很好地证明了，组织成员完全有能力且已经成功地对韦伯式的制度、规则和结构进行抗拒、整合和重塑。①

① Thornton, P. and Ocasio, W. (1999), "Institutional Logics and the Historical Contingency of Power in Organizations: Executive Succession in the Higher Education Publishing Industry, 1958 - 1990", *American Journal of Sociology*, 105 (3), 801 - 843. 及 Yang, Y., & Liu, L. (2019), "Strategic Uncertainty, Coordination Failure and Emergence", *Journal for the Theory of Social Behaviour*, 49 (4), 402 - 420.

# 第五章　地方政府改革和政治学建构主义

上一章描绘和分析了韦伯和卡夫卡笔下的官僚体制给个体造成的压力，并通过批判实在论释放了个体的能动性，解放了多重结构之下的个体（政治）自由。我们认为，即使在高压的行政体制之下，依然可以发现不居高临下亦不低三下四的个体状态。在本章我们继续这个旅程，来理解批判实在论如何可以帮助我们解决政治学在解释地方政府改革时（制度变迁）面临的三种“制度主义”窘境。我们认为，已有研究不是陷入制度决定论（制度变迁学派，institutional change）①，就是被个体自由意志论所左右（制度设计学派，institutional design）②，亦有较为新潮的学者展开了吉登斯式的理论探索范式，采用了建构主义的视角（制度形成学派，institutional formation）来解释制度变迁，将制度变迁看成人行为的总和。③

而批判实在论利用其颇具特色的分层本体论解决了这三大问题：诚然，制度研究作为一种学术传统，在西方社会科学演进史上有着久远的渊源。以政治学为例，自该学科诞生以来，有关这一主题的

---

① Thelen, K. (2009), "Institutional Change in Advanced Political Economies", *British Journal of Industrial Relations* 47 (3): 471 - 98.

② Steinmo, S. (2008), "Historical Institutionalism", In: Della, D. and Keating, M. (eds), *Approaches and Methodologies in the Social Sciences*, Cambridge University Press, pp. 118 - 138.

③ Lowndes, V. and Lemprière, M. (2018), "Understanding Variation in Processes of Institutional Formation", *Political Studies* 66 (1): 226 - 244.

讨论就是这个学科的基本话题，甚至成为该学科象征性的理论进路。所以如何解释政治生活的运行、其轨迹发生的变化，并安排更加有序的政治生活，怎样定义公权的干涉范围和建构其运行空间等，一直会是热点话题，也是学者们长期以来投入时间和精力最多的部分，用事实和理论加深对制度变迁的理解。

本章将从一个实证角度切入，看已有的理论是如何解释一个具体地域的政策变迁的，然后用批判实在论的分层本体论更新这个理论，再用这个新视野来重新讲述一遍这个实证案例，以期得到一个更为合理且未陷入决定论泥潭的解释。

具体来说，我们以英国地方政府改革为实证切入点。1997 年新工党执政后，在苏格兰、威尔士、北爱尔兰和伦敦等地推行权力下放，并使用“合作式”的财政预算机制和绩效目标考核体系来克服地方治理的“碎片化”治理状态，以期将地方服务提供者整合，并进行监督管理。特别是在 2011 年，英国上下两院通过了有关地方政府改革的《地方主义法案》（*Localism Act 2011*），该法案针对英国中央政府长期干预地方政府自治权的顽疾，提出要扩大地方政府的独立权力与资源，发挥地方政府民选机构的价值。法案全文分为十个主要部分，包括社区自治、地方规划、地方政府、房屋政策等改革内容。①

长期以来，国内外学界对于苏格兰和威尔士以及北爱尔兰等地权力下放探讨较多，但对英格兰权力下放却甚少涉及。伦普利和郎兹这两位学者就是近年来研究这个问题的明星，他们在一系列的论文中试图解释，为什么英格兰东北部没有成功建立起东北部地区联合管理局（North East Combined Authority），而西北部却成功建立了大曼彻斯特地区联合管理局？他们认为，已有研究范式，如前述的

① Convery, A. and Lundberg, T. (2017), “Decentralization and the Centre Right in the UK and Spain: Central Power and Regional Responsibility”, *Territory, Politics, Governance* 5 (4): 388 -405.

制度设计学派（陷入个体自由意志决定论，认为所有的制度改革都得益于地方政客的能力）或制度变迁学派（陷入结构决定论的旋涡，认为结构决定了制度的变化和发展），而他们就此提出了建构主义的制度形成理论，重新解读了奥斯特罗姆的制度分析与发展（IAD）框架后，将制度比作被使用着的规则，来解决个体自由意志和结构决定论带来的问题——英国西北和东北部联合管理局建设的差别被归因于不同的制度演员在使用制度规则时的差异化结果；换句话说，他们将制度看成被践行的规则，如果规则一旦不被践行了，那么制度也即不复存在，制度改变也仅仅成了英勇且近乎无所不能的个体改变规则的过程和行为的集合体及结果。这样做的优点在于，确实摆脱了结构决定论的束缚，但是却有意无意地陷入了个体自由意志的陷阱。诚然，两位作者承认制度演员的选择受制度大环境的影响，但仍然将制度看成个体行为的总和。[①]

他们的这个观点和建模也陷入了制度理论的一个经典嵌入性悖论——如果一个个体的认知、智趣、利益以及身份都嵌入在一个结构力量之下（例如韦伯式的官僚体制），那么个体对于结构力量的改变可能又从何而来呢？[②] 换言之，如果结构定义了个体的活动和认知范围，那么个体还如何可能抗争或者改变这些压制性的组织力量与基层现实呢？[③]

从批判实在论的视角来看，这种建构主义的视角也是自相矛盾的：它同时认为制度独立存在于个体行为之外，又认为制度其实就是个体创造性使用及改变规则的过程和结果，那么制度到底是否独立于个体的行为之外呢？如果不独立于行为之外，那么制度这个词

---

① Lemprière, M. and Lowndes, V. (2019), "Why did the North East Combined Authority Fail to Achieve a Devolution Deal with the UK Government?" *Local Economy* 34 (2): 149 – 166

② Holm, P. (1995), "The Dynamics of Institutionalization", *Administrative Science Quarterly*, 40, 398 – 422.

③ Clemens, E., & Cook, J. (1999), "Institutionalism: Explaining Durability and Change", *Annual Review of Sociology*, 25, 441 – 466.

眼其实根本没有必要存在了。如果独立于行动之外，那么将制度定义为正在被使用的规则，就是不合时宜的。这让我们也想知道，到底是什么在制度化什么？又是通过什么来进行制度化的呢？

根据批判实在论学者亚彻的经典论述，我们认为，在解读地方政府制度改变和变迁时，陷入了三个省略主义或者合并的问题：① 学者们要不就采取向下省略的方式（例如制度变迁学派），将个体的能动性降到最低，过分强调结构和制度的力量；要不就使用向上省略（upwards conflation）的方式（例如制度设计学派），有意强调或夸大个体的能量，成为制度设计者；还有一种就是我们刚刚提到的建构主义学派，采用的是趋中省略的方式，将个体和制度化作一体，两者也都失去了独立存在和解释力。

批判实在论对这三种省略都可以进行很好的解决：如前几章所示，通过解决嵌入性悖论，批判实在论将结构、制度和个体行为放在三个不同的本体的维度中（实在域、实际域和实践域），这样三者都互相独立、相互影响但不相互决定——处于实践域的个体可以采纳或者选择性吸取处于实在域的结构性因素例如制度逻辑，来改变处于实际域的制度。制度在这里被定义为制度逻辑下个体间关系可能产生的多种情形或事件，而只有一部分事件能被个体感知到，这部分事件就处于实践域。换言之，批判实在论认为，制度既包含了可能性（potentialities）与完成性（actualities），这两者存于三个独立的本体空间项度（reality realms）——在更广义上的结构的影响下（如制度逻辑），制度作为社会关系中的可能性，有被转化为可见事件（在实践域）的可能（达到完成性）。同时，个体与制度的互动存在于实践域，可观测到的行为就是这种完成性的制度。批判实在论在这里告诉我们的是，制度不是简单的个体行为过程，而是社会结构下社会关系中的可能性，它不是一定的。例如我们可以举例，

① Archer, M. (2000), *Beijing Human: The Problem of Agency*, UK: Cambridge University Press.

在一个学校，校长和学生之间的关系存在很多可能性（这就是这种社会关系产生的可能性，即一种制度）。校长拥有惩戒学生的能力和潜在性，亦拥有向学生索取贿赂的能力和潜在性。两者皆需要通过个体的实践转化为完成性。但从这一个角度来说，制度是独立于个体之外存在的，是唯物的，而不能像建构主义者那样，将制度跌落于（只存在于）个体行为之中。

那么只有这样建构理论，我们才可能解放个体：个体可以用自身的知识以及对于结构的理解来改变制度——这里存在于实在域和实际域的结构和制度都是可能性而存在于实践域的个体行为是完成性，所以这三者互相影响但互不决定。

按照行文顺序，本书先分析政治学制度主义理论派系的发展和问题，再利用批判实在论提出修正的方法和目标，并以英格兰地区放权改革为实例来印证批判实在论的合理性。

## 制度主义的三个阶段

第一阶段，根据朗兹等人的最新分类，纵观政治学发展的历史，19 世纪末到 20 世纪初是该学科甚至整个社科研究关于制度范式理解的时间分水岭，因为这一时间从学者们对制度的一般研究转变为对制度主义的探索。之前的制度研究如马克思的《资本论》、亚当·斯密的《国富论》或者韦伯的《新教伦理与资本主义精神》等不朽作品也是有关制度研究的重要代表。

而从 19 世纪末到 20 世纪四五十年代，制度主义发展迅猛，根据彼得斯的观点，这段光景中，旧制度主义时期行为主义占据了 30 年主流光景，直到新制度主义的兴起。[①] 旧制度主义将制度直接定义为政府官方的法律或者文件，而不是非官方的行文准则，学者们主

① Peters，B.（1999）*Institutional Theory in Political Science*，UK：Pinter.

要关注于什么才是好政府（从法律和道德上），以一种类似于法学的视角去理解如何可以达到更加完善的法制化的政府形态，而个体行为在这一时期也不被认为可以（轻易）改变这些制度规则。

那么相应的问题也随之而来，如果制度是冷冰冰的，且个体能动性也在旧制度主义中不受到应有的重视，那么如何解释制度变迁呢？即使将制度定义为政府的法规或者官方条款，那么政府的规则也会在历史上发生改变。

不难想象，第二阶段的制度理论（又称新制度主义）试图超越前者对制度的简单定义，认为制度不仅包括这些明文条款亦包括那些有关行政运作和规范的约定俗成（informal conventions），特别是在新时期政府职能转变的情况下，我们看到了更多的联合治理、网络治理、更多的市场力量与政治党派的示弱等，这令学者们更加需要一个更广阔的定义制度的方式。所以在这一时期，新制度主义发展出了四大流派，即社会学制度主义、理性选择制度主义、历史制度主义以及话语制度主义。[①] 我们逐个来讲。

（1）社会学制度主义

传统制度理论主要关注以规制性为属性的正式制度，认为制度是解释社会行为的主要外生变量，现代社会学鼻祖如涂尔干就认为制度是围绕着在某个领域的社会规范而进行的社会行为的体系化。而社会学制度主义这一派的学者更关注非正式的程序、规则以及惯例等对于社会运行产生的影响。代表学者如马奇、奥尔森就明确指出，非正式的制度等对社会具有约束作用，能够为人们的行动提供一个意义框架和象征系统，以及助其前行的认知模式和道德标准等。[②] 显然，在漫长的制度发展研究中，这些约定俗成早已内化于心，甚至以非正式的制度发挥着正式规制的影响。例如，在中国社

① Mcckay, F. et al. (2010), "New Institutionalism through a Gender Lens: Towards a Feminist Institutionalism?" *International Political Science Review*, 31 (5): 573 - 588.

② March, J. and Olsen, J. (1989), *Rediscovering Institutions*, US: Free Press, p. 196.

会中的“面子文化”“人情社会”“中庸文化”等都深刻影响着社会的运行，成为了普遍的社会心理和价值观。

对非正式制度的特别关注，社会学家斯科特将制度涵盖了符号性要素、物质资源和人类的社会活动，认为他们为社会的运行提供了稳定和意义上的规制性与文化认知要素，以及相关活动所需的资源和规范。这一界定也凸显了制度中的文化——认知要素。[①]。可见，与传统制度主义相比，社会学新制度主义的倾向是把文化界定为制度，从而弥合了组织、文化和制度之间的空缺，体现了新制度主义的进步。所以在这个由脚本、符号甚至惯例等构成的制度世界，行动者的身份认同和具体偏好以及自我想象十分重要，它约束甚至建构着人们的行为，促使形成了相对稳定的正式以及非正式的制度系统。

且和早期比较关心制度和制度对组织影响的制度主义者相比，社会学新制度主义者更加关心制度过程，即制度是如何获得合法性、拥护者以及稳定性的。[②] 换言之，既然制度的形成是个体达到的一种隐性的心里默契和道德契约，那么改变制度就变得难上加难了。当然，有的学者恰恰认为，合法性及合法性危机是该派理论体系中最为核心的概念——合法性定义了制度设计的范围和影响力，且只有注重合法性，制度的设计及预期才能转换成制度实践。

换言之，如果旧的制度体系不能随着社会环境的变化而相应变化或适当调试，那么它就会遭遇合法性危机，而危机的本质是制度与文化之间的分离，以及新文化或者非正式规范对于旧制度的抗拒与抵制，由此也就产生了制度变革的诉求，这往往也是制度变迁的内在激励机制。所以说，新制度的确立，对于社会学制度主义学者来说，是经由文化选择而取得制度合法性的过程。

合法性机制是这派社会学制度主义的核心分析工具，代表了制

---

① ［美］理查德·斯科特：《制度与组织：思想观念与物质利益》，中国人民大学出版社2010年版，第56页。

② ［美］理查德·斯科特：《制度与组织：思想观念与物质利益》，中国人民大学出版社2010年版，第103页。

度环境与组织间的关联方式。[①] 合法性机制可概括为三个要素：规范、文化认知以及规制。在这三者中，认知往往是社会运转的基础，它可以提供规制系统与规范的框架，而规范和规制要素则可以互相转化。三种合法性来源彼此关联、相互影响。

总之，从社会学新制度主义的框架中我们可以发现，制度首先被定义为规制性要素的集合体——规制性指的是制度在制约和调节行为方面的作用，突出特征就是强调外在的各种规制过程，例如规则设定、奖惩和监督活动。其次，制度还要依赖规范性要素的支持——这也强调了人们在追逐效率和利益的同时，必须以社会的秩序化为前提，这种秩序化得益于程序、传统、角色、惯例、信念等各种伦理和道德对人的内在约束，强调了一种社会角色应该持有的价值和规范。最后制度还需要文化—认知性要素的支援。个体认知性的要素在于构建一种社会个体都能理解的意义上的认知共识。所以制度不仅是行动者的符号指引系统，也是一种文化框架和信念体系。

但是如果已经默契地达成了心照不宣的协议，变革的动因又在哪里呢？社会学制度主义并没有给出答案。

（2）理性选择制度主义

在 20 世纪 70 年代，政治科学步入了后行为主义时期，理性选择主义的先驱已经在专注和研究公共选择现实议题时做出了可观的成就，在经济学的新制度主义的传统的强烈推动下，政治科学的政策研究在这宏阔背景下形成了自觉的意识。1989 年，政治学者谢普瑟为理性选择制度主义背书，这也标志着这一流派正式加入到新制度主义的大家庭中。[②]

而有别于源自历史和组织社会学的其他制度主义流派，理性选

---

① 周雪光：《组织社会学十讲》，社会科学文献出版社 2003 年版，第 74 页。

② Shepsle, K. (1989), "Studying Institutions: Some Lessons from the Rational Choice Approach", *Journal of Theoretical Politics*, 1 (2), 131 – 147.

择制度主义的理论渊源可以追溯到新古典经济学的理性选择理论。20 世纪五六十年代政治学经历了行为主义的洗礼，并同时受到了心理学和社会学理论和方法的影响，所以在追求数理经济模型的同时，也关注政治领域的决策活动与行为选择，利用数理化和试验等工具，开展研究，也将其理论基础聚焦于原子式的个体主义、固定偏好以及一般均衡等内容，并逐渐对政治生活中的个体和集体行为进行关注，探讨例如寻租活动、法律体系、官僚体系、联邦主义等。正如塔洛克所言，理性选择在本质上是用经济学工具来解释政治学遇到的问题。①

公共选择学派的新古典主义理性选择模型当然也具有内在不足的明显缺陷，这导致其适用范围有限，也经常忽视组织层面与权力场域的内涵——这一学派沿袭了理性选择理论对于社会选择、市场活动机制重视的传统，集中关注自利倾向所导致的政治后果，并把制度界定为行动者的选项，认为其有严格规范形式。②

1990 年，诺思转向批评工具理性与有效市场这两个新古典经济学假设的不足，认为交易成本政治分析有着诸多不足。在诺思看来，当代主流经济学对选择产生的背景持漠视的态度，所以他主张从动态视角来理解经济变迁，关注人类自身环境和信念所带来的政治、经济和社会制度的选择。③

换句话说，诺思认为，公共选择学派内部并没有从根本上质疑古典经济学的诸多假设，所以应该将个体的策略与选择修正为有限理性与外生偏好，再将个体的策略置于组织环境之下来研究其逻辑，再运用认知科学的理论来分析和探讨制度选择的议题，这一新动向

---

① ［美］戈登·塔洛克：《公共选择》，柏克、郑景胜译，商务印书馆 2015 年版，第 25 页。

② Erik Lane, J. and Ersson, S. (2000), *The New Institutional Politics: Performance and Outcomes*. New York: Routledge, pp. 4 – 19.

③ ［美］道格拉斯·诺思：《理解经济变迁过程》，钟正生等译，中国人民大学出版社 2013 年版，第 11—12 页。

也造成了诺思开始偏离新古典主义理性选择模型。

20世纪70年代起亦供职于华盛顿大学的谢普斯勒与温加斯特受到罗彻斯特公共选择学派与新制度经济学的影响，对稳定或均衡有着不同的看法，以此为契机推动理性选择制度主义得以确立。1989年，谢普斯勒发表论文《制度研究——理性选择理论的启示》，指出理性选择学者应将社会选择理论、博弈理论和决策理论运用于制度分析，并把自己归入理性选择理论的新制度主义阵营，这意味着理性选择制度主义先驱学者同正统公共选择理论与实证政治理论走上了不同道路。甚至有学者在总结当代政治科学发展历程时甚至指出，理性选择制度主义可在狭义上等同于谢普斯勒与温加斯特的学术贡献。[①] 与谢普斯勒同属罗彻斯特公共选择学派的费奥里纳虽然对新制度主义的新颖程度提出质疑，但他将理性选择制度主义置于实证政治理论的发展脉络，认为实证政治理论的新制度主义优先关注理性意义上的能动性，主张偏好是给定的而且利益因素比观念因素更具解释效力。[②] 1996年，比较政治经济学者霍尔与泰勒正式为理性选择制度主义定名。[③] 1999年，政治学与公共政策学者彼得斯在综述著作中提出，理性选择制度主义的研究主要有委托代理分析、博弈论分析、规则分析3种模型。[④] 吉林大学的马雪松也在进行文献综述时表述，许多学者对理性选择制度主义内部版本或分析路径的认识也往往忽视其跨学科、多脉络的背景。实际上，对理性选择制度主义发展演进的主要线索做出把握，应重视博弈理论、组织理论、比

---

① Adcock, R. et al., *Modern Political Science*: *Anglo – American Exchanges since* 1880, Princeton: Princeton University Press, 2007, pp. 260 – 261.

② Fiorina, M. (1995), "Rational Choice and the New Institutionalism", *Polity*, 28 (1), 107 – 115.

③ Hall, P. and Taylor, C. (1996), "Political Science and the Three New Institutionalisms", *Political Studies*, 44 (4), 936 – 957.

④ Guy, Peters B. (2012), *Institutional Theory in Political Science*: *The New Institutionalism*. New York: Continuum, pp. 51 – 52.

较历史分析、政治经济学这4个主要路径。①

总之，发展至今，尽管理性选择理论与有限理性理论难以调和且集体理性与个体选择的张力持续存在，学者们仍可以将理性选择制度主义的内在逻辑归于：就制度分析而言，理性选择制度主义对制度的理解有贝茨和卡尔弗特所代表的均衡主义与诺思所代表的规则主义两种形式，前者倾向于将制度界定为某种策略均衡状态，后者倾向于将制度界定为可对行动者进行监督和奖惩的正式或非正式规则。② 与此同时，理性选择制度主义将选择置于人际互动之中，这种对制度结构予以扩展的认识方式，有助于进一步认识制度结构的文化维度与理性选择的因果分析。而就内生制度变迁而言，理性选择理论强调决策行动的算计特征与历史过程的效率取向，这种功利主义和功能主义的外生倾向为制度变迁的内生视角设下障碍。例如，温加斯特较早关注内生型制度，却不无狭隘地将其理解为制度对变迁的抵制，无意于从动态角度对制度进行理解。理性选择制度主义的其他倡导者则重视内生制度变迁问题，认为制度变迁的推动者能够预见制度变化的影响。③ 理性选择制度主义在内生制度变迁问题上所受到的质疑，也成为其更新理论观点和丰富理论内容的契机，由此反思制度变迁的外生起源、均衡状态的僵化路径、行为偏好的静态分析。部分学者借鉴经济史、比较政治经济学与比较历史研究，提出内生制度变迁的自我强化与叙事分析等研究路径，在吸收历史制度主义与组织分析制度主义制度变迁理论的基础上，延展分析的时间范围并重视对非正式制度变迁的分析。④

---

① 马雪松：《理性选择制度主义的发生路径、内在逻辑及意义评析》《社会科学战线》2020年第6期。·

② Campbell, J. (2004), *Institutional Change and Globalization*, Princeton: Princeton University Press, pp. 3 – 4.

③ Alt, J. and Shepsle, K. (1990), *Perspectives on Positive Political Economy*, New York: Cambridge University Press, pp. 1 – 2. 2

④ Koning, E. (2016), "The Three Institutionalisms and Institutional Dynamics: Understanding Endogenous and Exogenous Change", *Journal of Public Policy*, 36 (4), 639 – 664.

如马雪松的总结，首先，就制度的生成而言，学者有关理性选择制度主义的论述往往基于委托代理分析与博弈论分析，认为制度的建成与行动者的有意设计有关。[①] 在这里，具有理性能力的个体为了自治，可以将规则和成本收益提前计算，再根据历史文化背景对制度做出筛选和更新。[②] 而且理性选择制度主义也有着明显的进化论倾向，认为制度是达到了均衡状态的行为标准或者管理，是个体广泛的社会博弈中产出的。[③] 总之，理性选择主义者看到了权力因素与其相应的冲突，主张个体行动者追求利益，强调理性基础和利益计算。[④] 其次，就制度的维系而言，该派学者认为制度的内生性成就了它的长久稳定，并被权力格局与社会关系所加固。[⑤] 最后，就制度的变迁而言，该派早期阶段并不重视制度变迁，并注重经济假设，认为个体主要是为了满足自身利益的最大化而进行制度的选择，而制度则会对个体的选择活动进行限制。[⑥]

有学者因此指出，理性选择的路径是将制度的实质理解为最终的均衡与平衡，这也造成内生变迁的可能性大大降低。[⑦] 彼得斯等学者则认为，这派学者过多强调行动者的动机与策略，导致制度变迁看似易如反掌。[⑧]

---

① Peters, G. (2012), *Institutional Theory in Political Science: The New Institutionalism*. NY: Continuum, pp. 65 – 67.

② Ostrom, E. (1991), "Rational Choice Theory and Institutional Analysis: Toward Complement", *American Political Science Review*, 85 (1), 237 – 243.

③ ［美］安德鲁·肖特：《社会制度的经济理论》，陆铭、陈钊译，上海财经大学出版社2003年版，第216页。

④ Kato, J. (1996), "Institutions and Rationality in Politics: Three Varieties of Neo – Institutionalists", *British Journal of Political Science*, 26 (1), 553 – 582.

⑤ Ostrom, E. (1995), "New Horizons in Institution Analysis", *American Political Science Review*, 89 (1), 174 – 178.

⑥ Koning, E. (2016), "The Three Institutionalisms and Institutional Dynamics: Understanding Endogenous and ExogenousChange", *Journal of Public Policy*, 36 (4), 639 – 664.

⑦ Mahoney, J. and Thelen, K. (2009), *Explaining Institutional Change: Ambiguity, Agency, and Power*, New York: Cambridge UniversityPress, p. 6.

⑧ Peters, G. (2008), *Debating Institutionalism*. Manchester: Manchester University Press, p. 7.

当然针对上述批评，这派学者也作出了一些更正或反驳，例如，代表人物诺思就在制度变迁的研究中，一直不断地强调信念发挥的内生作用。①

还有些学者如舒尔茨就从实证角度论证，行动者对制度进行创新的动力并非仅限于寻求经济最大化这一单一要素，而也注重人力资源的保护和需要。人不仅满足于经济生活，也会对制度产生更多的新需求，所以一些法律、政治与文化的制度安排是被制作出来以满足和回应这些需求的。② 拉坦也认为，制度创新尽管受制于需求与供给的影响，但技术改革也会引起需求的变化，人类知识、文化、商业以及社会服务的进步也会对新的制度供给提出要求。③ 奥斯特罗姆等人通过案例，阐明了制度供给的历时性变化。④ 林毅夫则解释了制度创新的动力。他认为，预期收益虽然是推动制度创新的基本要素，但在社会环境条件的改变之下，制度的预期收益也会受到法令与政令等强制性要素的影响。所以当这些要素发生改变时，制度均衡也会向非均衡状态转移。⑤

总之，我们既要承认理性制度选择理论的价值所在，也要看到它的问题。相比政治学的其他范式，该派制度主义致力于利用系统性的量化方法来研究制度的功能问题，甚至采用均衡分析等守则来对个体行为及后果进行预测，并运用精致的制度变迁模型为相对宏

---

① ［美］道格拉斯·诺思：《理解经济变迁过程》，钟正生等译，中国人民大学出版社2013年版，第4页。

② ［美］科斯等：《财产权利与制度变迁：产权学派与新制度学派译文集》，刘守英译，上海人民出版社1994年版，第254—256页。

③ 许丹：《中国农村公共文化服务制度创新动力分析——基于理性选择制度主义的考察》，《行政论坛》2021年第2期。

④ ［美］奥斯特罗姆等：《制度分析与发展的反思——问题与抉择》，王诚等译，商务印书馆1992年版，第126—130页。

⑤ 许丹：《中国农村公共文化服务制度创新动力分析——基于理性选择制度主义的考察》，《行政论坛》2021年第2期。

观的现象提供微观的制度基础和分析方法。[①] 该派制度主义过分强调其经济学的渊源，不仅注重交易成本分析，也深度探讨了制度变迁下的结构性和能动性关系，以程度不同的个体主义方法论为其研究特色，所以也难免同其他强调结构性因素的制度主义产生分歧。[②]

当然，理性选择制度主义的缺点更为明显。例如，在一些学者看来，该派制度主义对人类动机的定义和理解过于简单，并没有克服功能主义等理想化的缺陷。[③] 还有一些学者认为，理性选择制度主义使用的是一种逆向推演的逻辑，往往将结果或者后者存在的因素归咎于前者，且往往还忽视了政治社会生活的多样性，在运用历史分析时也增加了过多的条件，甚至将社会现实与模型等同起来，令认知机理与行动表象混为一谈。[④]

且经济理性和有限理性存在巨大的差异，所以理性选择理论与组织分析之间对信念和文化等制度因素并没有足够的重视，忽略了它们对制度过程产生的稳定作用等。[⑤] 同样地，理性选择制度主义过于偏向数理化的方式来理解制度的来龙去脉，而忽略了历史细节和演进，难以从叙事的角度把握历史事件并对其做出可信的分析与说明。[⑥] 而且这派学者往往将预测和经验证据放到研究基础的首位，忽

---

① Goodin, R. and Klingemann, H. (1996), *A New Handbook of Political Science*, UK: Oxford University Press, p. 168.

② Katznelson, I. and Weingast, B. (2005), *Preferences and Situations: Points of Intersection between Historical and Rational Choice Institutionalism*, New York: Russel Sage Foundation, pp. 15 -16.

③ Hall, P. andTaylor, C. (1996), "Political Science and the Three New Institutionalisms", *Political Studies*, 44 (4), 936 -957.

④ Baert, P. and da Silva, F. (2010), *Social Theory in the Twentieth Century and Beyond*, Cambridge: Polity Press, 2010, pp. 145 -151.

⑤ [日] 青木昌彦：《制度经济学入门》，彭金辉、雷艳红译，中信出版社 2017 年版，第 166—167 页。

⑥ Lichbach, M. and Zuckerman, A. (2009), *Comparative Politics: Rationality, Culture, and Structure*, UK: Cambridge UniversityPress, p. 130.

略了质性研究的学术洞察力。[①]

总之，可以说理性选择制度主义是立足微观而面向宏观的，以评价理论和经验的微观基础来判定制度的动因和发展，而历史制度主义则倾向于立足宏观走向微观，两大流派有望构建起更具解释力度的制度理论，二者的联合将产生更加丰富的制度主义学术研究框架。[②]

（3）历史制度主义

历史制度主义作为新制度主义的一个最重要流派，在分析制度变迁的框架中分量十足。它以对政变、民主化和革命等重大历史制度变迁的深度分析而闻名，其所构建的理论框架也对社会科学产生了深远的影响。[③]

首先，历史制度主义与理性选择制度主义对制度的界定较接近，比社会学制度主义的界定要窄一些：彼得·霍尔认为，制度是指在政治和经济等领域形塑个体之间关系的正式和非正式规则、程序与标准化的惯常。[④]

其次，路径依赖理论是该派制度分析的核心理论与工具——历史制度主义者强调，一个地区或者国家一旦走上了一条道路，其扭转的成本就会非常高，以至于往往是继续走下去而不是翻转。所以鉴于扭转的成本非常之高，转折点也都发生在比较大的偶发事件之下——新制度也会在该点自我强化，直至下一个重大节点的发生。当然，其他的制度选择也是可能存在的，但是初始的制度选择的影响力更大且更深远，对后续的制度变迁也将产生巨大的阻碍。例如，

---

① Lowndes, V. and Roberts, M. (2013), *Why Institutions Matter: The New Institutionalism in Political Science*, London: Palgrave Macmillan, p. 35.

② Thelen, K. (1999), "Historical Institutionalism in Comparative Politics", *Annual Reviews of Political Science 2*, 369 – 404.

③ 马德勇：《历史制度主义的渐进性制度变迁理论——兼论其在中国的适用性》，《经济社会体制比较》2018 年第 5 期

④ ［英］彼得·霍尔：《驾驭经济：英国与法国国家干预的政治学》，刘骥等译，江苏人民出版社 2008 年版。

我们现在所使用的键盘的布局和设置也决定了键盘后续发展的格局，由此产生历史的制度路径依赖。换言之，初始的权力一旦占据主导位置，就会在政经资源上不断扩大优势，产生递增的回报或者正向反馈——如历史制度主义学者皮尔森就认为，在关键节点时，各种利益集团尚未搭建起来的时候，一些组织的小优点和优势，都很可能产生自我强化，甚至改变制度。所以如果某种制度可以占得先机，必然会在之后让这种差距继续加大。而反馈机制也分为两种：一种是功能性的，制度一旦成型，行动者就会大概率对其进行强化；另一种是分配效果，它反映的并不是个体和团体之间的合作机制，而更多的是在复制甚至放大特权阶层的分配模式，进而继续边缘化一些群体。① 所以可以说，路径依赖更多地解释了制度为什么趋于稳定而并没有产生变化，对于制度变迁的解释力度较低。当然，我们也承认，稳定的制度并不意味着停滞或静止，它也有可能在缓慢地进行变迁。

关键节点也是历史制度主义的重要发明。它强调制度变迁中存在关键时刻，对制度变化起着重要甚至决定性的影响。区分历史学的分析与历史制度主义的重要视点就是关键节点，它往往把制度变迁的原因外因化，但却没有考虑外生变化也在变化。②

情景也是历史制度主义的关键概念——这派学者主张不孤立地看待一件事情的起因和变化，而是需要将这些事情放入历史的脉络和情景中进行考虑，特别是当行动者的偏好也会发生变化之时（相较于理性选择制度主义更加完善的一点）——所以在分析哪些导致社会与政治变迁的重要事件时，历史制度主义往往不会仅仅看到短期内的小问题，而是更加偏向关注结构性、制度性的因素。这些学

① Pierson, P. (1993), "When Effect Becomes Cause: Policy Feedback and Political Change", *World Politics*, 45 (4), 595 - 628.

② Kathleen, T. and Mahoney, J. (2015), "Comparative - historical Analysis in Contemporary Political Science", In James Mahoney and Kathleen Thelen, eds., *Advances in Comparative Historical Analysis*, NY: Cambridge University Press.

者认为，更长的历史脉络和制度发展情景是理解事情发生前因后果的关键。所以不难想象，历史制度主义强调变迁发生的时机和次序，而这两者在有机组合的情况下，才能催生一些事件（甚至偶然事件）的必然发生，甚至带来重大的后果等。①

这里需要注意的是，历史制度主义和关键节点十分强调偶然性对制度变迁的作用：第一，关键节点的研究强调偶然性与个体政治选择的必然连接；第二，关键节点个体做出的选择并非无所限制，而是受到先前条件的限制，或者说受到制度环境以及情景的约束。②

如果从个体与结构互动的二元视角来看，历史制度主义更加强调结构或者制度对个体的影响，但是，历史制度主义也并不否认人的主观能动性，承认个体具有创造和学习的主动适应能力，也肯定了观念的重要性，认为这些文化元素与制度环境构成了互动，所以不能把个体的观念认为仅仅是对外部环境的回应。

间断均衡理论也是历史制度主义的重要元素，它将制度分为突变期和稳定期，这也造成了严重的问题。例如在《制度是如何演化的》一书中，西伦通过对对英美日德技能体系一百多年的形成史的分析指出，在间断均衡理论看来，只有历史巨变才会产生巨大的制度变迁，但她却发现，即使在经历了大背景的历史和制度显著转折后，制度依然会保持强大的连续性，所以不会出现什么突变期——制度的存续不仅源于它们的黏性，而也会伴随着外部世界的发展而改变且进行适应性调整。③ 所以马洪尼和西伦在近期的专著中表示，制度变迁受到外部冲击的理论建模固然重要，但是现有制度大多都

---

① ［美］保罗·皮尔逊：《时间中的政治：历史、制度与社会分析》，黎汉基译，江苏人民出版社 2014 年版。

② Capoccia, G. (2015), "Critical Junctures and Institutional Change", In James Mahoney and Kathleen Thelen, eds., *Advances in Comparative Historical Analysis*, NY: Cambridge University Press,

③ ［美］凯瑟琳·西伦：《制度是如何演化的：德国、英国、美国和日本的技能政治经济学》，王星译，上海人民出版社 2010 年版。

欠缺一种非外生变化的解释模型，特别是探讨内生性的制度变迁机制的探索。①

此外，在历史制度主义看来，观念也依赖物质基础——观念往往是制度变迁的排头兵，因为在制度变迁的前期，往往会存在意识形态与话语权执政，个体在面对问题或者危机之时，往往会创造性应对或改变观念以寻求一个合适的解决方案。所以在制度变迁的源起和执行过程中，那些能够进入个体及政治任务的话语将对制度产生实际且直接的影响。例如，在政策制定上，观念就有至少两层含义：第一种涉及伦理和道德，它在公众政治中涉及形象象征与修辞；另一种则涉及公共具体事物的纲领和想法。历史制度主义学者指出，这两种观念在促使制度变迁时发挥着重要作用，但也会对制度的传播产生阻碍。

此外，历史制度主义还肯定了人的学习性，认为它也是制度变迁的重要机制，例如个体对于新鲜事物的模仿、诠释以及再生产编辑等。学习也在制度创新和扩散中皆有体现。所以，尽管制度变迁具有不确定或者不可预期性，制度依然是相关行为者有意识地创造出来的，但未必会向着初始设计者的想法来发展，且初设者的想法也有可能发生变迁，这也是学习的本质影响力——现实中，政治和政策结果变迁往往不能被精准地加以控制和预测。②

总体来说，历史制度主义对结构更加关心，个体行动所占的学术比重稍低；同时该派学者也更加关注宏观事件而非个体策略，对特定案例的解释更加在意，而非为了阐明历史的普世规则——这种对于偶然性而非确定的关注，取决于历史制度主义对具体的、及时性的历史变化的关注，而不是理性选择制度主义所主张的偏向均衡

---

① Mahoney, J. and Thelen, K. (2010), "A Theory of Gradual Institutional Change", In Mahoney, J. and Thelen, K., eds., *Explaining Institutional Change*, Cambridge: Cambridge University Press.

② ［美］詹姆斯·马奇、约翰·奥尔森：《重新发现制度：政治的组织基础》，张伟译，生活·读书·新知三联书店 2011 年版。

的秩序感。[①] 其实，现实中的冲突和矛盾已经证伪了理性选择的不准确性，因为这些看似的均衡并没法有力解释冲突的出现及其造成的制度变迁。[②]

诚然，无论是制度的突变还是渐变，不同政治力量和演员之间的较量，在历史制度主义者眼中，就是制度变迁的动力机制。行动者在特定的政治和历史脉络中的前行，决定了制度的演进方向和方式，而制度本身的固有模糊属性也为制度变迁提供了余地和空间——由于制度的挑战者很难有能力直接摧毁现有的制度，所以他们往往是利用制度的模糊性来重塑制度的演进方向，朝着自己的目标进发。在这时，不同的行为主体还会围绕旧制度的解释以及新制度的建立来展开辩论以及角力，而历史制度主义学者认为，规则与执行之间的空隙，让制度产生模糊感，让个体的操作更加复杂化，这也是制度变迁的增量空间，而这种空间越大，制度发生改变或者扭曲的可能性也越大。所以这些学者在研究美欧的制度变迁时，会着重关注行动者是如何在遵循现有的制度情况下，利用制度的模糊性来创造性地阐述甚至改变制度。[③]

总之，相较于理性选择制度主义，历史制度主义更加看重较为长期的制度下生存的状态以及制度的延展性；而理性选择仍然是偏向理解自我利益最大化所产生的结果和影响。所以，我们可以认为，历史制度主义还是更加关注结构层面的异动，即使是在承认个体能动性的情况下，也需要利用制度模糊性或者其他的外生变量来解释个体在制度变迁中的作用。而这种对个体能力的相对忽略却被话语制度主义带向另一个极端——正如下面的部分将叙述的那样，对于

---

① Thelen, K. (1999), "Historical Institutionalism in Comparative Politics", *Annual Review of Political Science*, 2, 369 -404.

② Hall, P. and Taylor, R. (1996), "Political Science and the Three New Institutionalism", *Political Studies*, 44 (5): 936 -57.

③ Sheingate, A. (2010), "Rethinking Rules: Creativity and Constraint in the US House of Representatives", In JamesMahoney and Kathleen Thelen, eds., *Explaining Institutional Change: Ambiguity, Agency, and Power*, New York: Cambridge UniversityPress.

话语制度主义者来说，改变制度的过程需要首先拥有一个新的想法（往往是精英的想法），然后在通过“精致”的包装和“思想”框架来把它们售卖给大众，之后，制度变迁和改变才会发生。①

（4）话语制度主义

这一派学者，在2000年前后顺应了西方社会（政治）科学的“观念转向”（ideational turn），试图把社会学制度主义、理性选择制度主义以及历史制度主义所关心的能动与结构之间的问题进行一次“话语转换”，并重新界定了所谓制度的本质，将其定义为“观念”和观念之间的相互关系。

在这些学者看来，观念（“话语”）是贯穿整个人类实践历史的关键，它决定着人类社会的生活方式和基本存在价值——例如，现任教于美国波士顿大学的施密特就通过吸收话语理论、建构主义、后结构主义的一些理论视野，来区别于上述三种新制度主义流派。自话语制度主义提出以来，其引起的讨论甚至争议亦十分不同凡响。②

主要看来，施密特的话语制度主义的理论建模布局主要分两步：第一步是贴近和利用政治科学的观念转向，第二步则是借用了新制度主义在话语逻辑上的特长。

首先，政治科学的观念转向涉及了公共政策的政治分析、比较政治学的政党政治以及马克思主义研究的意识形态分析等。施密特认为，2010年前，政治学者如布莱思就已经把观念的工具和功能性放在了比较显著的位置来解释制度变迁，但并没有把它当作主要的研究对象。③ 所以，第二代新制度主义者更多的是把观念当作一种分

---

① Iyengar, S. and Kinder, D. (1987) *News That Matters*, Chicago, IL: University of Chicago Press; Morgan G. (2005), "Introduction", In Morgan G., Whitley, R. and Moen, E., eds., *Changing Capitalism?* Oxford: Oxford University Press, 1－20.

② Schmidt, V. (2010), "Taking Ideas and Discourse Seriously: Explaining Change through Discursive Institutionalism as the Fourth 'New Institutionalism'", *European Political Science Review* 2: 1－25.

③ Blyth, M. (1997), "Any More Bright Ideas? The Ideational Turn of Comparative Political Economy", *Comparative Politics*, (2).

析方法，而非一个变量。[①] 施密特则更进一步，认为政治科学中的观念分析不应止步于此，而应该更加密切地关注其解释效力。在施密特看来，这主要是因为话语或者观念有着非常强的因果性，可以说明制度变化和连续性——她不仅仅关心观念或者话语的内涵到底说的是什么，也关心是在什么情景之下说出的（何时、何地以及怎么说出），所以它既涉及结构也涉及个体能动。[②]

其次，在施密特看来，另外三种新制度主义都对制度作出了不同的定义：历史制度主义的研究对象是制度的结构和相关实践，理性选择制度主义则基于理性行动者的行为，而社会学制度主义则更加关注文化和规范。它们三者的逻辑也不相同，分别聚焦于路径依赖、个体利益的考量以及文化价值的适当性，且都面临着同样的问题，在它们的视野中，经济、文化、历史多为静态的，所以在说明制度变迁时缺乏力度——在施密特看来，三种新制度主义都更加关注制度是如何稳定的，过多地强调连续性，而忽略了观念对制度变迁的助推作用。而这也是话语制度主义的强项，不仅仅关注个体如何改变制度，同时强调制度往往是话语和语言交互的产物——制度不再是历史制度主义所定义的规范结构，也不是理性选择主义定义的激励结构，更不是社会学制度主义定义的文化规范结构。

话语制度主义区别于三种制度框架，重新界定了“话语”（discourse）和“观念”（ideas）这两个概念，并说明了两者对于行动者策略的实际效用——话语在这里意味的不仅是观念的体现，而更是能动者交流和互动的过程（discursive interaction），这个过程有助于克服行动者的利益考虑甚至路径依赖的限制——施密特着重强调话语带来的制度情景，既把制度看成有结构的、给定的，让行动者可以在其中思考和活动的情景架构，又把它看成偶发的，可以被行动

① Carstensen, M.（2015）, “Conceptualising Ideational Novelty: A Relational Approach”, *British Journal of Politics and International Relations*,（2）.

② Schmidt, V.（2008）, “Discursive Institutionalism: The Explanatory Power of Ideas and Discourse”, *Annual Review of Political Science*,（11）.

者言语和行动改变的“偶然”结果。换言之，对于话语制度主义，制度是内在于而不是外在于能动者的——制度是内化的并被践行才能存在的，而不是唯物的，独立于个体思维存在的实体。所以在某种程度上，施密特依然坚持着建构主义（吉登斯视角）的套路，将制度（话语）既看成限定行动者的结构，又看成这些行动者的行为改变。

此外，有别于后结构主义，施密特还表示，话语制度主义认为行动者是具有一定观念的个体，其在改变和维持制度方面具有主观能动性，而后结构主义则认为，行动者作为主体都是嵌套在话语结构之中的，甚至在某种程度上，行动者都是非中心化主体，他们需要通过嵌入预先存在的话语体系才能彰显其身份。①

那么说了这么多，到底什么是话语制度主义？正如前述，施密特对话语的一个定义是“观念交换”——话语制度主义因此包括了不同层次的观念（从政治观念到哲学范式），以及不同类型的观念（从认知到规则，从叙事到集体记忆等）——所以，通过话语过程或者观念交换，政治学者感兴趣的个体可以协调政治领域的建构观念，并与领域中的其他个体协商观念的构建和身份的认同以及“交往逻辑”等。所以在某种程度上，话语制度主义把个体能动性置于优先的地位，赋予其融入观念，并通过观念来改变制度的能力，所以在制度中的行动，不再是能动者理性计算、路径依赖或者符合道德文化规范的产物了，而是被看作能动者创造和维护某种特定话语体系的过程。② 这种交往逻辑在政治学中也十分普遍，例如我们可以看到个体参政的广泛话语互动，以及构建成的制度情景等。

---

① Schmidt, V. (2017), “Theorizing Ideas and Discourse inPolitical Science: Intersubjectivity, Neo - Institutionalismsand the Power of Ideas”, *Critical Review*, (2). 以及 Jacobs, T. (2019), “Poststructuralist Discourse Theory as an Independent Paradigm for Studying Institutions: Towards a New Definition of ‘Discursive Construction’ in Institutional Analysis”, *Contemporary Political Theory*, (3).

② Schmidt, V. (2010), “Taking Ideas and Discourse Seriously: Explaining Change through Discursive Institutionalism as the Fourth ‘New Institutionalism’”, *European Political Science Review*, 2: 1 - 25.

也就是说，观念或者话语对于政治结构有着如何的因果效力十分重要。施密特通过考察观念与能动之间的关系，在政治科学领域，提出了观念权力的概念，强调能动者通过意义构建来影响社会和制度的特征。[①] 这也意味着，观念权力既是从上至下的流动，又是从下往上的过程。

举例来说，政治本就是一种广泛而复杂的实在关系。那么，为什么话语制度主义可以“更好地”说明政治制度的“变化”呢？她论证到，话语制度主义倾向于放弃外部显著的危机事件来说明政治变化更多的是一种内生性的演进和渐变。[②]

但是，话语制度主义者自己也承认它是有别于其他新制度主义的本体论和认识论的。这无疑会受到后结构主义和建构主义等流派的挑战。在本体论层面的探讨，施密特运用了塞尔（John Searle）关于“社会事实”和“物理事实”的区分，来说明制度并不是如山川大海那样随手可以感知的实体，而是通过权力和话语构建成的有效联结——制度在本质上是由话语建构的。而在认识论层面，相对于其他三种制度主义，话语制度主义强调制度对于个体的内嵌性，是内在与能动者感知的存在，既可以限制个体的思维与行动，又可以为能动者提供相应的构建，不再简单地作为行为的激励、历史路径或者文化规范了。

这里需要注意的是，施密特并不完全认同建构主义的本体论和认识论，反对建构主义把任何事物都和话语和观念相关联，也反对任何事物都是不客观的相对主义论调——她则把制度情景定义为意义情景，却又不把客观的物质利益包含在话语制度主义的探讨之中，这样在施密特看来，可以确实保持话语制度主义对各种不同形式的制度主义流派的接纳性或者开放性。[③]

---

① Carstensen, M. and Schmidt, V. (2016), “Powerthrough over and in Ideas: Conceptualizing Ideational Power in Discursive Institutionalism”, *Journal of European Public Policy*, (2).

② Schmidt, V. (2011), “Speaking of Change: Why Discourse is Key to the Dynamics of Policy Transformation”, *Critical Policy Studies*, (2).

③ Schmidt, V. (2017), “Theorizing Ideas and Discourse in Political Science: Intersubjectivity, Neo - Institutionalisms and the Power of Ideas”, *Critical Review*, (2).

总之，话语制度主义给社科学者甚至哲学学者既带来了新的视角，也提出了新的挑战：我们需要搞清楚，到底话语、观念和个体的能动力与制度之间到底存在什么样的相关性，而这也衍生出一系列的问题：第一，在什么情况下和意义之下，制度是“外在于”观念和话语的呢？第二，到什么地步，观念和话语可以“无关于”制度？所以当话语制度主义把观念和话语置于优先的本体论地位之时，其实是隐含了一个基础命题的，即话语和观念对于制度甚至可以达到无所不能的情况。[①] 就这一系列关键问题，施密特给出的答案也是模糊甚至矛盾的，例如，施密特本人对于何为制度，何为话语都有过不同的表述——她曾经将制度定义为，构建话语的场域[②]，亦曾将制度定义为内在于行动者的意义构建，这有别于其他三种制度主义那种强调外在的遵从规则或者规范的视野[③]，她甚至一度表示，制度就是观念本身。[④] 所以，虽然这三种说法都否定了制度外于话语和观念的形态，但是特别是第三种说法，其实就把话语主义等同于了建构主义。

因此不难想象，历史制度主义者例如贝尔（Stephen Bell）会批判道：“话语制度主义把几乎所有的经历都投入到对能动力的阐述上，反而对制度视而不见。”贝尔的反对也是十分有力度的，因为如果制度不再是一个逻辑上“自给自足”的概念的话，那么制度的唯物性或者“刚性”（那种独立于主观因素之外的实体性和结构质性）就不复存在了，甚至说，制度本身作为一个概念就没有

---

① 吴畏：《作为治理哲学的话语制度主义》，《江苏行政学院学报》2021 年第 3 期。

② Schmidt，V.（2008），“Discursive Institutionalism：The Explanatory Power of Ideas and Discourse”，*AnnualReview of Political Science*，（11）.

③ Schmidt，V.（2010），“Taking Ideas and Discourse Seriously：Explaining Change through Discursive Institutionalism as the Fourth ‘New Institutionalism’”，*European Political Science Review*，2：1 – 25.

④ Schmidt，V.（2010），“Analysing Ideas and Tracing Discursive Interaction in Institutional Change：From Historical Institutionalism to Discursive Institutionalism”，APSA 2010 Annual Meeting Paper，https：//papers.ssrn.com/sol3/papers.cfm? abstract_ id = 1642947.

必要了。①

诚然，上述的四种制度主义看似矛盾不可调和，但是依然有学者将其中的几种结合起来以分析现实问题。例如格雷夫和莱廷就结合了历史制度主义的反馈机制和理性选择主义的博弈论模型，阿尔坎塔拉则使用历史制度主义的路径依赖理论和话语制度主语的框架理论来解释为什么加拿大的土地改革步履维艰以及精英是如何达成妥协的。② 当然还有一些学者发现，其实要想有效结合这些制度主义传统的优点来解释自己所关心的问题，需要摒弃这些传统中的一些假设，例如需要抛弃理性选择制度主义中的一些强假设流派（比如默认所有个体都有同样的选择逻辑，这样才能经济最大化），或者不可以使用话语制度主义中对文化的一些强势假定（比如认为永远无法找到两个相同的社会现实，如帕尼萨和莫耶里等学者）。③

朗兹和罗伯茨认为，第三代制度理论是上述四种制度的改良或者精进版，也更多地进行了一种本体论层次上的探讨。④ 以至于这几种流派都出现了同流和汇聚的倾向，最后更明显地被划分为两种大趋势：如前文所述的制度改变派和制度设计派——前者更多地看到的是结构性因素对于个体创造性行为的束缚，在某种意义上陷入了

① Bell, S. (2011), "Do We Really Need a New 'ConstructivistInstitutionalism' to Explain Institutional Change?" *British Journal of Political Science*, (4). Bell, S. (2012), "Where Are the Institutions? The Limitsof Vivien Schmidt's Constructivism", *BritishJournal of Political Science*, (3).

② Greif, A. and Laitin, D. (2004), "A Theory of Endogenous Institutional Change", *American Political Science Review* 98 (4): 633 – 652; Alcantara, C. (2013), "Ideas, Executive Federalismand Institutional Change: Explaining Territorial Inclusion in Canadian First Ministers' Conferences", *Canadian Journal of Political Science* 46 (1): 27 – 48.

③ Koning, E. (2016), "The Three Institutionalisms and Institutional Dynamics: Understanding Endogenous and Exogenous Change", *Journal of Public Policy*, 36 (4), pp. 639 – 664; Riker, W. H. (1990), "Political Science and Rational Choice", In Alt J. E. and Shepsle K. A., eds., *Perspectives on Positive Political Economy*, Cambridge: Cambridge University Press, 163 – 181; Panizza, F. and Miorelli, R. (2013), "Taking Discourse Seriously: Discursive Institutionalism and Post – Structuralist Discourse Theory", *Political Studies* 61 (2): 301 – 318.

④ Lowndes, V. and Roberts, M. (2013), *Why Institutions Matter: The New Institutionalism in Political Science*, London: Palgrave Macmillan, p. 35.

结构性因素决定论（将制度变迁的原因归结于制度本身，亚彻所指的向下合并）；[①] 而后者则认为，具备有限理性的个体可以利用自己的资源来重塑制度，他们变成了制度设计者，因此相关理论也变成了个体决定论（将制度变迁归结于个体，亚彻所指的向上合并）。当然学者们也承认，这些制度设计者从不占据绝对的控制权，因此制度设计的结果亦是多群体妥协的结果。[②]

因此，可以说第三代制度理论者主要的关注点是如何解释制度变迁：在承认变迁可能是由内生性与外生性因素联合产生之后，第三代学者的主要分歧在于他们对个体在这个促进制度变迁的过程中，到底有多大的力量或者能动作用持有不同看法。有些学者认为只有当制度出现危机时，个体才能发现创造性的机会来重新设计制度；[③] 亦有学者认为，个体在制度设计的过程中面临一系列资源性的束缚、互相之间的不信任以及对于风险的规避与逃离等。[④]

朗兹等人提出了一个构建性的解决方案。[⑤] 他们认为，只要不定义因果机制（或者说到底是结构性因素、亦或者制度本身还是个体决定了制度变革，或者说个体和结构到底谁决定谁不在讨论范畴内）就可以跨过这个问题。因此，他们创造性地将制度定义为正在被使用的规则，指的是在具体情境下什么可以做、什么不能做的规制性和认知性限制，那么他们的构建制度主义自称就可以解决这个两端决定的问题（结构决定论或个体决定论）——因为制度只是在个体

① Steinmo, S.（2008），“Historical Institutionalism”, In Della, D., and Keating, M., eds., *Approaches and Methodologies in the Social Sciences*, Cambridge University Press：118 – 138.

② Thelen, K.（2009），“Institutional Change in Advanced Political Economies”, *British Journal of Industrial Relations* 47（3）：471 – 98.

③ Blyth, M.（2003），“Structures do not Come with an Instruction Sheet：Interests, Ideas, and Progress in Political Science”, *Perspectives on Politics*, 1（4）：695 – 706.

④ Stoker, G.（2010），“Blockages on the Road to Relevance”, *European Political Science* 9：72 – 84.

⑤ Lowndes, V. and Lemprière, M.（2018），“Understanding Variation in Processes of Institutional Formation”, *Political Studies* 66（1）：226 – 244.

的实践中才能成立或存在，而个体还可以根据自己的兴趣和利益来使用、改变或者颠覆这些规则。所以对于构建制度主义，制度变迁即成为了被使用的规则如何被个体所改变的过程，因为制度既可以限制人的行为，又可以赋能人的行为和行动，它在某种程度上就是个体行动。但正如前文所示（有关吉登斯），这样定义个体行为和制度或结构约束产生了一个必然的问题，即我们之前提到过的嵌入性悖论：如果我们将制度定义为被使用的规则或者被规则的个体行为的集合，那么我们需要质疑，如果一个规则需要被执行，那么个体如何解读它的执行标准呢？换句话说，规则所定义的界限往往是模糊的，所以个体对其解读的过程是必不可少的。但是，如果个体的解读过程不可避免，那么既然个体所有的动机以及认知都镶嵌于制度之中，那么他们怎么可能对制度进行挑战呢？如果制度规制了他们的解读界限以及可以的相关行动，那么这派建构主义学者仍需回答个体如何能改变规则——在他们想改变这些规则的情况下，改变都是不易发生的，因为制度限制了认知。

回答这个嵌入性悖论，朗兹等人可以说，制度及其规训只有在个体执行这些制度时才会产生，且个体总是可以不这么做。那么问题又来了，为什么大幅度的制度变迁很少见？按理说它们应该随处可见。或者什么时候可以理解个体更容易被限制，什么时候这种限制更容易被改变？有些学者们曾经指出的历史和个人的细节由于过于特殊以至于不能让人看到它学术预测力的价值。我们亦可以说，这派学者无法告诉我们制度对于个体的规训到底有什么效力或者不同的个体会在不同的场合做出什么样的行为，及什么样的改变方向更可能被选择。

换言之，如果制度不存在于个体行为之外、制度只存在于个体的行为中的话，我们无法解决嵌入性悖论这个问题：这种建构主义的理论范式抹去了个体与制度的单独存在，亦混淆了我们对于存在的认知（认识论）与存在的本身（本体论）。当我们说一个社会事实是唯物的时候，我们在训问它的存在是否是独立于我们的认知范围而存在，换句话说，我们确实不可能对任何东西都存有完全中立的认知，但这并不意味着任何社会事实都是不唯物性存在的。我们的认知可能是社会构成的反应，但是本体事实并不是非唯物而不独立存在的。举例来说，我们在知道或了解到全球气候变暖这一事实前，它已经是独立存在的了（唯物的），但是我们的认知并未及时跟上。对于朗兹等人来说，他们的建构主义倾向认为社会事实，或者涉及制度变迁时，制度并不是唯物的，因此混淆了认知论与本体论。而批判实在论则不然，它强调了本体论的重要性，以及去理解世界本真的价值。以本书涉及的英国地方政府改革为例，政府改革的变迁或者地方制度不会因为我们不想它而不复存在，不会独立存在于我们的思维和行为之外。

特别值得注意的是，任何自称社会就是个体构建集合体的论述，都在假设社会的构建可以不同：而建构主义者又往前走了一步，认为如果改变我们的思维方式或者如何对世界进行定义，世界就会改变，诚然，批判实在论也不否认，如果我们集体改变对于世界或者制度的想法，确实会对这个世界产生影响，且批判实在论也认为这是建构主义的强项。但是批判实在论也会警示我们，并不是所有的社会事实和实践都是社会构建的产物或者集合体：到底是什么在被构建？什么在做着构建？是什么样的过程呢？

因此，如前章所示，批判实在论提供了一种解决个体决定论、结构决定论以及建构主义制度主义的解决框架，帮助我们更好地理解地方治理：将结构、制度和个体行为放在不同的空间和界域里，让我们可以更好地理解他们的互相影响性与互不决定性——批判实在论则可以让我们更好地探讨能动者、制度和结构的互动关系，并承认这三者的不可还原性与预先给定性（即唯物性）。

## 英国地方改革的历史背景

英国是一个单一制国家，其地方政府构架包括了郡（如大伦敦郡议会）、自治市镇（如城市以及农村区议会）及教区（或称社区议会）3 个行政层级。20 世纪 70 年代以来，英国的地方政府发生了显著的角色转变，地方治理结构和职能，以及相关的权力流程和区域划分都出现了较大的变化，呈现出民主化、多样化、合作化的特点。然而，中央政府与地方政府的关系始终处于不和谐的博弈状态。例如，在二战后，英国就开启了所谓的“共识政治”，希望建立一套基于全民福利的从摇篮到坟墓的社会保障体系。然而，20 世纪 70 年代末开始，“共识政治”变得举步维艰，特别是在财政赤字和官僚政治的双重重压之下。1979 年撒切尔夫人赢得大选后，开始对地方政府的治理结构展开重大改革，希望将地方政府的“碎片化”治理结构转向为更加完整的治理格局。所以在央地关系上，传统的封闭体系丧失了合法性，中央政府甚至将地方政府看成一个敌对者而非合作者。

这种敌对的心态，首先造成地方政府财政权力受到极大的限制。撒切尔政府上台后推动了一系列的改革，以大规模削减政府的公共福利开支，特别是限制地方政府的开支。其次，中央政府还引入了强制性的竞标制度，将市场机制塞入到地方公共服务的供给之中——地方政府需要参加与其他私有机构以及社会组织的竞争性竞标当中以获得给公众提供公共服务的机会。再次，实行决策与执行决策被中央政府分离开来，更多的执行机构援引了非公共部门的力量，让其参与到地方事务中来，而众多地方公共服务供给也变成了“多元化”的网络供给模式，私有化机构和第三方机构合作者也参与到这个联合治理的过程中来。保守党政府这一系列的改革实际上削弱了工会在国家的行政生活中的影响，将权力集中于首相的手中。①

（1）工党的改革

20 世纪 90 年代末，保守党政府下台，以新首相布莱尔为首的工党新政府（又称新工党）试图通过制度化的“合作治理”方式来解决社会问题——“合作治理”希望建立一个崇尚绩效和整体价值的治理文化体系，强调全社会的协调与合作，加强激励机制和责任体系，以提升政府的行政效能，满足公众的需求。例如，加强中央政府的“权力核心”地位，从顶层把握地方的政策和动向；又如，通过合作式的财政预算来催促地方政府完成行政与绩效目标，改善碎片化的治理状态；并对地方政府使用协议式的绩效目标，且重视第三部门的力量。

诚然，合作治理在面对一系列社会问题例如失学、贫困、就业与社区建设时有助打破传统的治理思维，以多元协助合作的视角提供公共服务，解决社会问题。和保守党相比，工党政府更加侧重保障和加强中央政府的权威，并力图建立与这些集权相关联的考核制度等，并以此监督地方政府等机构的绩效等。②

例如，2011 年 11 月，英国上下两院通过了《地方主义法案》（*Localism Act 2011*），针对中央政府对地方政府自治权的干扰，提出要对地方政府和社区进行更多的赋权的选项，以更真实地发挥地方政府民选机构的作用。法案的涵盖范围很广，包括房屋政策、地方规划、社区自治等。但是不得不承认，地方政府在决策权、财政权和人事权上依然受到中央集权的严重制约。虽然这项法案中明确陈述了要给予地方政府更多的自治权和灵活性，但是这些赋权都有很大的模糊性，且很多给市民的自治权仍然需要获得司法机构的获准。由于地方政府的地区差异性太大，不同政府的权力都会受到司法机

① 阎照祥：《英国政治制度史》，人民出版社 1999 年版。

② 肖伊宁：《英国工党的社会福利观念与政策变化》，《当代世界与社会主义》2019 年第 5 期。

构的法律或规则的限制。同时，法案中还给予了地方政府长官通过命令来否决不合适行政行为的权力。例如，法案中规定地方政府虽然拥有财权，但是国家部长有权决定是否需要“公投”来表决相关法案的合法性。又如，法案中虽然规定地方政府需要考虑群众和利益团体表达的利益诉求，但又同时规定，地方政府的部长可以行使否决权。此外，法案中提出给予地方政府房屋规划的自由裁量权，但却又通过《国家规划政策框架》来约束地方政府在这些自主权上的发挥。①

而且，在法案公布的数年间，英国政府饱受经济危机的影响，所以不得不大规模对各政府部委的开支进行压缩，不难想象，地方政府是众多部委中受到资金压力最大和最多的一个位置，且被内阁中很多其他部门边缘化，所以地方主义自治改革也受到较大的影响，处于政策议程上的弱势地位。很多政客也仅仅把地方政府视作英国中央政府的一只手罢了，而非地方社区的服务部门，所以对地方政府的关注度低，也缺乏足够的动力机制助其改革。②

可以说，中央政府对地方财权的限制与约束，才是地方政府改革的真实保障。但是，中央政府并未在税收政策中对地方政府的自由裁量权给予更大的空间和方向。在此背景下，地方政府仍然需要与中央政府讨价还价，来获取更多的资源，赢得项目的支持，从而将更多的资源投入到社区建设和与公民对话的过程中。③

总体来看，英国地方政府自治的改革，经历了从“碎片化”到“合作治理”的转变，这让我们看到英国地方政府的改革一直是处于分权和集权的博弈之中，而对于伦敦来说，落实分权改革的目标往

① 宋雄伟：《英国地方政府治理：中央集权主义的分析视角》，《北京行政学院学报》2013 年第 5 期。

② Jones, G. and Stewart, J. (2012), “Local Government: The Past, the Present and the Future”, *Public Policy and Administration*, 27 (4).

③ Wilson, D. and Game, C. (2006), *Local Government in the United Kingdom*, UK: Palgrave.

往是要从减少目标控制和扩大地方财权上下手，以期建立更加稳固的信任关系。

（2）新地方改革和分权

综上，在研究为什么英格兰东北部没有成功建立起东北部地区联合管理局，而西北部却成功建立了大曼彻斯特地区联合管理局时，我们需要首先理解上述的历史和政治背景——在布莱尔担任英国首相期间，其实英格兰权力下放主要是时任副首相的普雷斯科特在大力推动的，所以工党政府其他重要内阁成员对这一方向是有顾虑的，因为从工党的政治视角来说，在英格兰发展地区政府主要是为了增强这些地区的自我竞争力，并提高中央政府复苏全国经济的计划，所以在英国财政部眼中，英格兰北部，无论是西北还是东北部地区，经济状况发展都极为不佳，这也相应地削弱了英国的竞争力，尽管英格兰地区，不像苏格兰和爱尔兰，很少会出现身份认同危机。①

诚然，英格兰北部地区也如威尔士和苏格兰地区一样，经历了传统产业的衰弱甚至衰退，但却没有苏格兰和威尔士那么幸运，并未得到英国中央政府的财政援助，用作刺激其新产业的发展，特别是电子信息技术产业等。②

先来看东北部地区，2004 年该地区举行了第一次亦是唯一一次（英格兰地区）有关权力下放的公投。在此之前，东北部地区从没举办过公投——在公投举行之前，赞成方和反对方都在新的框架提议之下展开了大规模的宣传活动，以使得老百姓可以较为充分知悉公投涉及的问题及其进程。总体来看，尽管有关地区权力下放的讨论已经持续了数年之久，但是北区乃至东北区仍被认为最有可能支持

① Bradbury，J.（2007），*Devolution*，*Regionalism and Regional Development*，*the UK experience*，London：Routledge，p. 210.

② Harrison，K. and Boyd，T.（2006），*The Changing Constitution*，UK：Edinburgh University Press.

该方案的地区。理由是，在 2002 年，该区的民调已经显示出当地民众较为支持建立地方会议的倾向，但是随着 2004 公投的临近，地方会议的支持者似乎察觉到了胜利的希望渺茫——最终的公投结果也是民众较为坚决的反对这一议程（超过百分之七十的反对票）。事后的否定原因分析也显示：第一，地区的新边界划定并未充分考虑到当地民众的感受；第二，民众似乎认为，即使建立了新的地区会议也无法增加民众的实质性权力（例如该地区不太会增加一名教师、警察或者医生）；第三，英国民众反对增加新一批由选举产生的政客和政治家。①

总体看来，设立地区发展机构的主要原因是为了解决英格兰地区经济发展不平衡的问题，但是东北区公投使英国政府放弃了这个想法。

我们再看英格兰的西北部地区，大曼彻斯特地方议会在 1986 年被废除后，该地区的十个区（the ten districts）就延续了密切合作的传统，并组成了地方当局联盟（AGMA，Association of Greater Manchester Authorities）这一组织，以在跨越地区边境等一些经济和治理的问题上展开更为紧密的合作，例如统筹公共交通和紧急服务等事务。例如，这些区在多个跨越所在城区范围的广泛议题上展开了深度合作，如基础设施建设和经济教育问题等，这也主要是因为在这些区，存在一个基础共识，即大曼彻斯特地区是一个功能经济区域，促进该地区的整体增长，可以使当地居民广为受益。且必须注意的是，自 20 世纪 90 年代以来，这十个区都在通过一套治理框架来进行合作，包括在全球范围内力推曼彻斯特这个共享的荣誉身份等，这有助于该地区引领英格兰权力下放的最前沿，对英格兰全境的地区自治改革发挥排头兵的引领作用，减少地区发展不平衡的问题。②

① House of Commons, Political and Constitutional Reform Committee, *Do we need a constitutional convention for the UK? Fourth Report of* 2012 – 13, HC371.

② Greater Manchester. The Emerging Impact of Devolution. Nov 2018, *Greater Manchester: Independent Prosperity Review Background Paper*, https://www.greatermanchester – ca.gov.uk/media/2098/gmis_ bp_ devolution.pdf.

## 建构主义与批判实在论的解释框架对比

那么根据伦普利和朗兹两位学者的建构主义框架，为什么英格兰东北部没有成功建立起东北部地区联合管理局，而西北部却成功建立了大曼彻斯特地区联合管理局？他们将制度比作被使用着的规则，来解决个体自由意志和解构决定论带来的问题——英国西北和东北部联合管理局建设的差别也可归因于不同的制度演员（institutional actor）在使用制度规则（institutional rule）时的不同罢了；[①] 换句话说，他们将制度看成被践行的规则，如果规则一旦不被践行了，那么制度也即不复存在，制度改变也仅仅成了英勇且近乎无所不能的个体改变规则的过程和行为的集合体及结果。这样做的优点在于，确实摆脱了结构决定论的束缚，但是却有意无意地陷入了个体自由意志的陷阱。诚然，两位作者承认制度演员的选择受制度大环境的影响，但仍然将制度看成个体行为的总和（镶嵌性的结构变迁）。

举例来说：首先，两位作者认为西北部地区的成功和东北部地区组建联合管理局的失败得益于天时。大曼彻斯特地区的地区放权重组发生在2016年英国脱欧之前，当时曼彻斯特地区得力于地区人民和政客团体的团结以及上层政客的大力支持，且当时经济形势的糟糕更让当地政商精英痛定思痛寻求解决方案，又如当时的英国政府二号人物奥斯本（Osborne）就是一个积极的放权主义者。但是东北部地区就没有那么幸运了，英国脱欧造成保守党政府大换血，政府局面面临崩盘，且放权的上层支持者奥斯本也因此离职，所以本身就不团结的地方势力遇到了上层的变故，更不可能把放权进行到

① Lemprière, M. and Lowndes, V. (2019), "Why did the North East Combined Authority Fail to Achieve a Devolution Deal with the UK Government?" *Local Economy* 34 (2): 149–166.

底，特别是当保守党政府需要维稳、把脱欧顺利完成，以达到2017年的大选胜利，保住执政党地位之时。[①]

其次，人和的因素在曼彻斯特地区更为明显，本已团结在一起的当地政商精英通过当地政治组织如曼彻斯特市议会一直与中央政府沟通频繁，试图影响政府对于一些放权规则的施行，并努力将曼彻斯特建设成为一个在国家上举足轻重的宜居区域和商业重镇。但东北部地区则缺乏这样统一的领导和积极的召集人或机构，甚至连纽卡斯尔市议会亦无法得到周边议会或政府的全力支持，更不要说与中央政府沟通，以重新解读政府的规则和规制了。[②]

最后，尽管比较看重个体在这个过程中的作用于力量，两位作者仍然诚然，曼彻斯特的成功与东北部的失败与当地的制度环境有关系。例如在西北部，虽然大曼彻斯特在20世纪70年代才被建成，但其地区间合作的历史甚至可以追溯到几个世纪前，例如，博尔顿和奥德姆在工业革命时就联合成为了多产的磨坊镇，在经济和商业方面取得了巨大的成功。同时，大曼彻斯特也是全英国在都会郡中拥有最多都会自治市的地区。[③] 所以这些历史上的条条框框、规则和实践上的紧密相连都为形成最终的GMCA联合管理局的上下联合放权运动做了良好铺垫。

而东北部地区就没有这么幸运了，当地在历史上的矛盾不断，基本上就没有出现过像曼彻斯特地区那样较为团结的局面，难以联合向伦敦争取更多的地方权益。[④] 总之，纵观这个建构主义的解释框架，我们发现两位作者主要还是依赖于个体在制度环境中的作

① Gardner, A. and Lowndes, V. (2016), "Local Government under the Conservatives: Super – Austerity, Devolutionand the 'Smarter State'", *Local Government Studies* 42 (3): 357 – 375.

② Elcock, H. (2014), "Multi – level Governance and Peripheral Places: The North – East of England", *Local Economy: The Journal of the Local Economy Policy Unit* 29 (4 – 5): 323 – 333.

③ Hebbert, M. and Deas, I. (2000), "Greater Manchester – 'Up and Going'?" *Policy & Politics* 28 (1): 79 – 92.

④ Halliday, J. (2016), "Sajid Javid: Devolution Deal 'off the Table' for North – east of England", *The Guardian*, 8 September.

用来解释英国地方政府放权改革的不同，这里我们看不到相应的具体制度到底是什么，通篇文章都是关于政治演员如何改变规则的描述。

## 英格兰地区放权改革：一个批判实在论案例分析

批判实在论有别于建构主义者的合并倾向，可以将结构、制度和个体行为放在3个不同的本体维度中来解释英格兰地区的政府放权与地方政府制度变迁。

1. 结构

不难想象，地方制度改革者在面对不同制度逻辑的诱导下，有些人倾向接受某种制度逻辑，而另外一些人可能认为其他的逻辑更适合自己。学者还发现，在相当多的场域中，多种逻辑同时出现是非常普遍的，影响着改革者的具体行为。换言之，场域中制度逻辑不是单一的，而是存在多种逻辑相互竞争其主导权。在这里，有的学者认为，即使一个场域内，也可能同时存在两种或以上的逻辑，其主导逻辑仍然可能是单一的，场域内逻辑的变化会是一种新旧逻辑的更替，且多样的和互相竞争的逻辑在很长一段时间内是可以共存的。以英格兰地区改革为例，曼彻斯特或者纽卡斯尔的改革者在行政场域的架构行为，除了受到韦伯式行政价值逻辑的影响外，还会受到其他逻辑的支配，如市场、宗教和家庭逻辑等。由此，制度逻辑的多样性以及它们的矛盾、共存和变化共同影响了地方政客行为的多样性。①

换言之，制度逻辑在当地作为一种结构，规制着个体的信仰、

① 李晓丹、刘洋：《制度复杂理论研究进展及对中国管理研究的启示》，《管理学报》2015年第12期。

概念、想法以及对于治理的理解，这也致使英国东北部和西北部走向了不同的治理道路。①

自从苏格兰独立运动在2014年愈演愈烈后，英国各个地区的政客都相继站出来向中央政府要求更多的地方放权。正值当时的政府二号人物（财相）奥斯本负责这场改革运动，他本人亦是放权运动的积极支持者，推动了一系列的地方政府变革，例如“北方动力”计划（指一系列促进英格兰北部经济发展的计划），又如，增强交通互联、科技创新投资等。这些计划联动中的核心城市包括：曼彻斯特、利物浦、谢菲尔德和利兹，为大城市群的建立作基础，试图将英国的经济重心从伦敦适度地转移到全英格兰各地。②

在这样的一个大背景下，曼彻斯特地区得益于当地强大的市场制度逻辑，一个以长时间累积而成的城市创业精神来促进经济增长为基准的价值观③，以及一个支持自主创业从后工业时代涅槃而出的政治逻辑④。两种制度逻辑的作用力共同搭建了一个“曼彻斯特剧本”（Manchester script），这两种制度逻辑的混合体或者说它们的妥协产物是那种对于政府事无巨细管制的厌恶，以及认为曼彻斯特命运掌握在当地精英人士自己手中的自由主义精神，这种剧本被当地政客所接受并发扬光大，以至于当地居民也认同曼彻斯特作为一个英国前卫、后现代的、后工业化以及大都市圈存在的价值，是欧洲的明星地区之一，亦是数字经济未来的发展重镇。且这种制度逻辑的混合体亦让追求经济发展成为了大家心照不宣都能接受的“合法”

---

① Zimmermann, K. and Getmis, P. (2017), “Rescaling of Metropolitan Governance and Spatial Planning in Europe”, *Raumforschung und Raumordnung* (*Spatial Research and Planning*) 75 (3): 203－209.

② Gardner, A. and Lowndes, V. (2016), “Local Government under the Conservatives: Super－Austerity, Devolution and the ‘Smarter State’”, *Local Government Studies* 42 (3): 357－375.

③ Quilley, S. (2000), “Manchester First: From Municipal Socialism to the Entrepreneurial City”, *International Journal of Urban and Regional Research*, 24: 601－615.

④ McKillop, T. et al. (2009), *Manchester Independent Economic Review*, Manchester: Manchester's Commission for the New Economy.

诉求，那么一切政治运动都可以将这作为目标和标尺。[①] 其实在历史上，大曼彻斯特地区一度是世界上最富有的城市，本就有骄傲的历史传统和理念。这也意味着，将所有地区政客和民众的力量链接在一起、统筹协调，去为整个大曼彻斯特地区争取更多的地方权力是一种政治考量亦是历史传承。[②]

相反地，英国东北部一直以互相制约和竞争的地区地理经济著称，这些不同的道路和行政历史让构建联合管理总局的前景十分暗淡。[③] 我们甚至看不到支持构建一个地方联合管理框架的制度逻辑（无论是历史、文化还是民众支持层面）。[④] 换言之，和曼彻斯特地区相比，英国东北部地区及其民众和政客似乎并不认同地区经济的发展需要政治强有力的策略支持，且很多当地比较极端的管理机构当局依然秉持着一个凯恩斯经济主义的制度逻辑，即政府对经济进行宏观调控甚至运用保护主义来维持就业率。他们也许应该更加清楚地认识到，现在的英国经济需要竞争，为了那些发展的机会与机遇而团结一致动用一切地方资源。历史上，这个地区曾经是英国第一次工业革命的前沿阵地，但在过去的一百年中，矿业资源和重工业的消失让当地经济一蹶不振，甚至可以说，整个 20 世纪对于这个地区来说都是痛苦的记忆，所以这个地区一直以来有凯恩斯保护主义宏观调控经济传统的先例，也一直支持和依赖着这样的市场制度逻辑以寻求生存。[⑤]

---

① Peck, J. (1998), "Making Space for Welfare to Work", *SPA Working Paper no.* 43, Department of Geography, University of Manchester.

② Emmerich, M. and Frankal, B. (2009), "Building the Manchester of the Future", *Local Economy* 24 (1) Feb, 93 – 97.

③ Elcock, H. (2014), "Multi – level Governance and Peripheral Places: The North – East of England", *Local Economy: The Journal of the Local Economy Policy Unit* 29 (4 – 5): 323 – 333.

④ Shaw, K. and Robinson, F. (2018), "Whatever Happened to the North East? Reflections on the End of Regionalism in England", *Local Economy*, 33 (8): 842 – 861.

⑤ Hudson, R. (2005), "Re – thinking Change in Old Industrial Regions: Reflecting on the Experiences of North East England", *Environment and Planning* A 37 (4): 581 – 596.

2. 制度

对于批判实在论来说，制度逻辑会在实际域得以有效显现。这些影响个体的社会价值观和生命规则（life order）是理解行为的动因。它们需要以制度的形式展现在实际域——制度即是这些制度逻辑下社会关系中产生的可能性和倾向性，它们独立于个体的感知之外，是唯物的，尽管未必得肉眼所见，但却影响着个体在实践域的行为。① 所以，只有当个体将这些可能性转化成完成性时，才是我们所感知能所见的实践域的范畴。

具体来说，对于我们这章探讨的英国地方制度改革，存在于实在域的制度逻辑影响着实际域内的制度，它作为社会关系中展现出的可能性亦影响着个体和团体行为：以大曼彻斯特地区为例，大曼彻斯特协会（Association of Greater Manchester Authorities，AGMA）中的制度成员们合作密切并且支持着前述的曼彻斯特剧本（这一政治与经济逻辑的混合体，认为这一地区的命运取决于每个地方城市的协作）。成员们的密切合作关系和交流模式促成了大曼彻斯特地区联合管理局（GMCA）——AGMA 关系中的可能性被转化成了新的 GMCA。②

而对于英国东北部地区而言，东北部地区议会联盟（Association of North East Councils，ANEC）作为一个社会关系集合体充满了不同的可能性与倾向性，但是其中的地方政府演员并未联合起来，甚至可以说是矛盾重重、互相竞争，不信任中央政府和地区联合这一概念，以至于最终导致东北部地区联合管理局没有成型。③ 换言之，不同的制度逻辑促成了西北部地区的联合机构的成功组建，将可

① Jepperson，R.（1991），“Institutions，Institutional Effects and Institutionalism”，In Powell W and DiMaggio P，eds.，*The New Institutionalism in Organizational Analysis*，Chicago，IL：University of Chicago Press，pp. 143 – 63.

② Kenealy，D.（2016），“A Tale of One City：The Devo Manc Deal and Its Implications for English Devolution”，*The Political Quarterly* 87（4）：572 – 581.

③ Jeffries，S.（2008），“Spirit of the North”，*The Guardian*. Available at：www. theguardian. com/uk/2008/feb/14/regeneration? gursc¼rss&feed¼uknew%20s（accessed 6 June 2020）.

能转换为现实，而东北部地区远没有这么幸运，因为该区域的城市成员在不同制度逻辑之下对生产关系的多样解读造成了合作关系的崩盘。

3. 制度变迁

如上述，不同的制度逻辑和生产关系产生了意想不到的碰撞，而这种碰撞也体现在了个体和团体在实践域的具体行动之中。① 在这里，按照制度逻辑行事，可以让这些人或团体得到一种安全感，并且赋予其行动足够的合法性，以达到相应制度的完成性。② 但同时，我们也需要承认，制度改变需要个体和团体的努力，因为要打破那种墨守陈规、心安理得，总是需要更多的付出。如前文所述，制度逻辑并不是单一存在的，它们本身也可能是相互竞争、互相矛盾，那么制度演员亦可以利用这些矛盾的间隙来改变制度，化一些可能为完成性。在实践域中，我们只是看到了被发现的权力行使，那么如果个体可以对结构有更深入、更全面的了解，一定可以产出更多的制度和结构性的改变。管理学的研究已经很好地证明了，组织成员完全有能力且已经成功地对制度、规则和结构进行抗拒、整合和重塑。③ 如马奇所述，制度逻辑会在制度化的行为中得以体现，这种行为和个体与群体的社会关系和地位有着密切关联，可以说整个社会就是不同的社会关系组成的制度集合，在不同的制度逻辑下碰撞融合的产物，这为个体寻求制度变迁提供机会。④

① Cardinale, I. (2018), "Beyond Constraining and Enabling: Toward New Microfoundations for Institutional Theory", *Academy of Management Review* 43 (1): 132 - 155.

② Scott, R. (2013), *Institutions and Organizations*, Thousand Oaks, CA: Sage.

③ Thornton, P. and Ocasio, W. (1999), "Institutional Logics and the Historical Contingency of Power in Organizations: Executive Succession in the Higher Education Publishing Industry, 1958 - 1990", *American Journal of Sociology*, 105 (3), 801 - 843. 及 Townley, B. (1997), "The Institutional Logic of Performance Appraisal", *OrganizationStudies*, 18 (2), 261 - 285. 及 Yang, Y. and Liu, L. (2019), "Strategic Uncertainty, Coordination Failure and Emergence", *Journal for the Theory of Social Behaviour*, 49 (4), 402 - 420.

④ Mutch, A. (2020), "Institutional Logics as a Contribution to Social Ontology", *Journal of Critical Realism*, 19: 5, 466 - 480.

当然，这里个体的能力、改变思维是一个心理学话题，就如我们下一章会论述的那样，心理亦是一个唯物的存在，而不是我们所认为的认识论层面的话题。

对于本书来说，在英格兰地方放权的过程中，个体或者地方领袖起到了不可磨灭的作用。大曼彻斯特地区的地区精英较为团结，寄希望于城市创业精神这一制度逻辑或文化剧本对于地区治理的价值，因此政治关系团体如 AGMA 才将已有的这些和谐关系的可能性转化成 GMCA 的完成性。而东北部地区的领导者和政客则远没有这么团结一致，并不能达成一个放权的具体要求方案，很难和中央政府进行有效的谈判。以至于他们也难以发掘有效的制度逻辑供其所用，所以 NECA 的未成形实属难免。①

## 重新审视制度主义：因果论的视角

通过以上的例子，我们看到了批判实在论的优势在于其分层本体论的视野。如朗兹等人所归纳的那样，制度主义走到第三代，出现了三种明显的分野：在制度或结构与个体的沟通中，制度设计流派更加强调个体对于制度变迁的价值，而制度变革流派更加看重宏观因素的影响力，构建制度主义流派则倾向于选择居中的位置，但实质也陷入了一种个体决定论，区别就是，建构主义完全抹去了制度这个概念的价值，在直接理解个体与结构的互动。

在我们看来，无论是第二代制度主义中的四种流派，还是第三代制度主义中的三派林立，都是因为这些学者们对因果关系的定义不同。

理解人类行动的前因后果历来都是社会科学领域的重要方法论

① Halliday, J. (2016), "Sajid Javid: Devolution Deal 'off the Table' for North – East of England", *The Guardian*, 8 September.

话题。随着自然科学的兴起，“因果解释”逐渐成为哲学家与社会科学家们探究行动问题的一种典型方法取向，与合理性、合法性等概念同样重要。这一方法论层面的斗争将因果关系之本性的问题置于争论的核心：无论一个学者要对“因果解释”方法表示支持抑或反对，对因果观念的理解都应当是诠释其观点的基础工作。

格罗夫曾经总结道，对于什么是因果关系，学者们的意见主要分为三派：第一派如亚里士多德、洛克及现时的批判实在论者（我们称其为积极主义者），采用了一种力量视野（power - based）来定义因果，认为因果关系是生产性的（或者有生产力的），那么诱因即是一种行动，一种带来改变的行动。原因也会产生效果，因此原因不仅仅是在时间顺位上在效果之前这么简单，它在生产过程中产生的行动不能被化约（irreducible）成任何其他东西，它也是客观世界不可磨灭的实在或实体。

从哲学角度说，亚里士多德以及其思想衍生出来的学派的实体学说的基本原则是，有很多东西都独立且客观地存在着，它们有各样的属性，其中有些属性是非根本性的规定（偶性），而有些属性是根本性的规定（本质）。对于一个作为实体的事物来说，它的本质是不可或缺的，但它的偶性则是偶然和可变的。显然，这种亚里士多德学派的现代形而上学理论非常符合我们所经历的日常的经验，因为它本身就是来自对后者的完善和抽象。亚里士多德主义给我们提供了一个物质自然的世界图景：在这样一个世界中，很多事物都作为实体而存在着，它们也构成了一切外在属性的载体或者基础，保持着本体的不变。”①

另一派学者（消极主义者）则不认为因果关系是生产性的，所以原因所造成的行为可以被化约。② 消极主义者亦可以分为明显的两

---

① 吴增定：《实体与事物——重思斯宾诺莎对亚里士多德主义的批评》，《世界哲学》2021 年第 1 期。

② Groff, R. (2016), "Causal Mechanisms and the Philosophy of Causation", *Journal for the Theory of Social Behaviour*, 47 (3): 286 - 305.

派，一派如斯宾诺莎和康德等哲学家认为因果关系无非事物之间的联结，如果一个事情可以解释另一件事情，或者仅仅让另一件事情变得更加清晰明了（intelligible）。换言之，因果关系无非一种观念上的解释机制。① 所以，在斯宾诺莎的实体学说以及形而上学之中，实体不再是指我们在日常生活中所见所闻的一个个具体存在的事物，而是意味着一个终极实在——“自因”（self - cause），指的是实体以自己作为存在的原因，无须外在原因。

根据斯宾诺莎的想法，实体的本质必然包含存在，而这只能是“自然”或者“神”，因为它既没有真正意义上的实体，也不需要任何外在的原因（自因）。所以如果以此形而上学的定义，亚里士多德所谓的“实体”就不是真正的实体，反而变成了形而上学秩序等级中的最低层样态，即有限样态（finite modes），也就是那种在时间长河中绵延发生但却会消逝的事物。所以，在这里，实体的属性都是以不同层次的样态（有限样态、间接无限样态以及直接无限样态）展示出来。②

所以，斯宾诺莎对于实体的理解，在某种程度上，产生了一个颠覆性的结论：就外在的自然界来说，我们所能感知到的任何物体都只是一种有限样态，并不是实体——不具有实在性。斯宾诺莎进而指出，我们所见的物体其实都是复合体，包含了诸多的部分，当这些部分的运行速率保证一定一致性和比例性时，它们就会结合成一个有意义的物体，则可以说这些物体是相互联合的，组成了一个个的物体，所以它与个体的区别是，它是由多数物体联合而成的，而这就是所谓的结合——物体在以相同或不同速度前行运动时，这就是结合。③

---

① Della Rocca，M（2008）*Spinoza*，New York and Oxon：Routledge，p. 44.

② Curley，E.（1988），*Behind the Geometrical Method*：*A Reading of Spinoza's Ethics*. Princeton University Press，

③ ［荷兰］斯宾诺莎：《伦理学》，贺麟译，商务印书馆 1997 年版，第 57 页。

而另一派消极主义者如休谟则认为，在哲学中，对身心问题的关切经常表现为对意向性行动的关切。所以休谟主张将因果关系定义为被观察到对象之间的恒常结合（the regularity view of causation）。实证主义者也继承这一观点，所以他们允许且主张将因果关系表示为恒定的规律性，在出现和发现矛盾前，可对它给予最充分的信任——这些恒常链接，在本质上是反对偶然之事的，它应该是在总结经验的基础上，在过去普遍成立，对未来的事情也是有承诺或者预测性的（或者在未来继续成立，因为其是在过去的经验之上的概括与归纳），也会呈现出一种在时间上的相继性。换言之，因并不代表会产出什么效果或任何事情，因只不过是时间上相对于后者，先出现的事情或事物罢了。也就是说休谟所定义的恒常结合是没有生产力的。

所以不难想象，这样定义因果关系的思维会对整个社会科学的发展产生影响。因此有一派学者提出了一个加强版的恒常连接，称其为反事实条件分析（counterfactual dependency）——刘易斯认为，因不仅仅是那个走在时间事件序列之前的事情，亦是必须（necessity）走在时间事件序列之前的事情，因为它一旦不走在之前，就会造成其后的结果不同（the consequent would not have followed）。[①] 我们来举个例子，核电站的工程师可能会关心：

(a) “如果核电站的蒸汽管爆炸了，那么会有什么事情要发生呢？”

反事实条件下，工程师们可能关心的是这个反事实条件句的真值：

(b) “如果蒸汽管爆炸了，那么核反应堆也会随之关闭。”

---

① Lewis, D. (1979), “Counterfactual Dependence and Time's Arrow”, *Noûs*, Vol. 13: 455 -476.

但是也有可能工程师们所关心的，其实是后溯型的反事实条件句：

(c)“如蒸汽管爆炸，或因它有缺陷，或因为其中的一个支架掉在了地上，或者是发生了地震，也许是有阴谋破坏造成的，当然也可能是因为压力过强。”

换句话说，蒸汽管爆炸带来的后果，往往是取决于爆炸的原因的——当 a 的某个原因 d 能够不经由 a 而与 b 联结，则 a、b 之间存在着多元联结——所以说，如果我们设定了有关 a 事件的反事实条件的话，只有通过后溯先确定 a 的原因，才能再反过来预测 a 的结果，正如我们在上述的核反应堆的例子中那样。

所以，即使是多元联结的模型也表明，后溯的因果作用与反事实条件的关系是绝对必要的，但是刘易斯却忽视了这种必要前提下的不对称性，恰恰体现出非生产性因果关系理论的适用范围：作为“新休谟主义”的代表，刘易斯的“反事实依赖”试图将“过度决定的不对称性”和“可能世界相似性”等概念引入道自然规律的探讨范畴，从而为休谟主义的还原论辩护。所以这里格罗夫批评道，刘易斯的范式其实依然属于休谟的恒常结合世界观，因为它亦强调因果关系不具有生产性，尽管他并不像休谟那样认为因果力量是没有实际意义内容的。[①]

虽然新休谟主义者仍然可以辩驳说，“反事实依赖”有其问题，但这不意味着还原论的失败，依然可以有其他的途径证明“休谟主义”的价值所在——但是，既然我们已经看到，反事实条件分析已经被设计得如此精妙，论证也如此严谨，但仍难免其中的缺陷，我就有更加充足的理由怀疑，还原论在因果问题上是不恰当的：例如，我们需要理解，如何可以在不诉诸因果关系的情况下，确认某个反

① Groff, R. (2016), “Causal Mechanisms and the Philosophy of Causation”, *Journal for the Theory of Social Behaviour*, 47 (3): 289.

事实条件是否成立？因此我们认为，往往对于因果关系的知识，才是我们判断反事实条件成立与否的依据——只有因果定律才能支持到反事实条件句。

针对这些消极主义者，批判实在论告诉我们，肉眼的观测，甚至精密的实验等经验观察手段以及在此基础上得到的理论概括，只是以认知的方式显示出事件、事态之间的恒常关联（在科学中即主要表现为普遍的概括以及变量之间函数关系的“科学定律”），而不能在本体论层面揭示自然规律的真正本性。然而休谟主义只是依赖于前者来刻画后者，从而错误地将规律的可能性与必然性还原为事态的现实性（即可在物理世界中实现并被观测）。在出发点与论证结构上，这种隐含的本体论都与巴斯卡指出的认知谬误类似，于是必定也会造成同样且混淆事实的结论。

总之，积极主义者和消极主义者之间的鸿沟是无法逾越的，我们也不可能选择其中的中间路径，因为这个世界要不就是可以化约的，要不就不可以化约。但是亦有一类学者，如朗兹等人，他们口口声声地表示自己的制度构建理论并不涉及因果性的决定论，通过将制度定义为“被使用的规则”来跨过这一问题，即他们所谓的因果性是不具有生产性的，却又将英国地区制度改革的成效差别归咎于不同地区文化和社会关系的不同，因果性中明显地带有生产性。

## 结语：一个马克思主义继承者?

本章探讨了地区改革和制度变革，并分析了四种制度主义的缺陷，它们都将我们看到的等同于真实存在的本体。①

而正如上一节的论述，第二阶段的四大制度主义流派也可被划

① Bhaskar，R.(2008)，*Dialectic*：*the Pulse of Freedom*. London：Routledge.

分为积极主义和消极主义两种。积极主义流派中，更看重结构性决定力量的历史制度主义（或第三代中的制度变革流派）和更看重个体力量的理性选择制度主义（或第三代中的制度设计流派）都体现了对于因果性存在生产能量的潜在观点，尽管这两者都存在了一种化约的倾向，例如将个体叠于结构之中，或反过来将结构或制度人格化。

消极主义流派中则包括了话语制度主义以及构建制度主义流派。它们都强调语言、文化、非正式规则等软性约束对于行为的包裹以及个体行为是如何塑造甚至构建这些规则的，所以说制度变迁在这些学者观点中是不存在生产性的，亦即没有相应的因果关系，看不出从 A“造成”B 的过程。这也意味着，这些流派并未强调因果性，而是将制度解构化约为个体的行为、思维、语言以及意识形态罢了。那么，这和朗兹和伦普利二人最初强调的，通过建构主义解决第三代制度理论决定论倾向的目标其实是背道而驰的，他们仅仅是取消或者绕过了因果这个概念，或者将积极主义流派中的因果性偷梁换柱为消极主义的因果性，然后却讲着类似的因果故事，只字不提因果性，看似可以自圆其说，其实无非是自欺欺人罢了。

所以，我们认为批判实在论作为积极主义的代表，很好地继承了马克思主义的传统因果论视野：1990 年，国务院学位办的学科目录就将自然辩证法更名为科学技术哲学，所以原本的自然辩证法工作者大多数转向了研究西方哲学。这也意味着自然辩证法甚至逐渐淡出了马克思主义研究的主流视野。① 而正如巴斯卡在《从科学到解放》一书中指出的，马克思主义尽管有自身的问题，但是它对资本主义生产方式的分析确实非常精准，我们应该继续将其用于政治纲领，且不断完善其理论本身，更新其内在的张力。②

---

① 张军、安维复：《批判实在论与马克思主义科学哲学研究的新路径》，《毛泽东邓小平理论研究》2019 年第 3 期。

② Bhaskar, R. (2012), *From Science to Emancipation: Alienation and the Actuality of Enlightenment*, London and New York: Routledge, p. 69.

总之，马克思主义与批判实在论及其反还原主义的唯物哲学高度统一，在哲学本体层面也是一致的，恩格斯的唯物辩证法甚至可以算是巴斯卡实在论的基础。再次，马克思主义的目标是为意识形态和政治斗争提供理论指导和现实纲领，而批判实在论也是以消除现代人类社会的异化为目标。这使批判实在论与马克思主义哲学有了客观的紧密联结。①

批判实在论认为我们最终应该超越知识与行动的问题，来追问世界的本身到底是和应该是什么样子的。所以批判实在论的核心概念如涌现等也成为了推动马克思主义行进的主要原理，它的理论目标是解释不可还原层面上的社会世界，以一种反还原论的社会历史的唯物主义思维，来改进着辩证的实在论方法。

总之，作为积极主义的代表，马克思主义的继承者，批判实在论通过其分层本体论揭示了一个更有层次的世界：在这个世界中，制度逻辑作为结构和机制存在于实在域中，它们对个体和团体和组织的影响发生在实际域中，这种影响具体来说化为一种社会关系中的可能性和潜在性，这就是批判实在论所谓的“制度”。而制度的完成性将在实践域中体现（包括个体可感知的行为和其结果）。这也意味着，个体对不同制度逻辑的感知能力和心理素质（下一章的内容）尤为关键。

---

① Creaven, S. (2000), *Marxism and Realism: A Materialistic Application of Realism in the Social Sciences*, London: Routledge.

# 终章　以批判实在论的视角审视心理学

上一章我们探讨了多种制度主义流派对于解释制度变迁的不同原理和结论，并通过批判实在论的视角对这些流派存在的问题进行了修正。作为本书的最后一章，承上启下，我们以个体的心理问题作为终结，探讨批判实在论如何帮助我们更好地完成对个体的心理分析，以及在心理学层面，什么是属于实在域的实体——如果个体的心理实在都是于个体行为之外独立存在的，那么上章所述的构建制度主义就更加站不住脚，制度更不可能被叠入个体行为之中。

结构和个体的互动关系一直是社会科学以及批判实在论探讨的核心话题，尽管从学科归类上，心理学往往不被算入社会科学之内（除了社会心理学），但是由于批判实在论的著名学者如巴斯卡和亚彻一直关注人脑的活动并给予了其唯物的本体地位，我们就有义务在终章以批判实在论的视角分析心理学的进展，例如巴斯卡就着重分析“理性”，而亚彻则提出了应该对个体的内心对话（internal conversation）进行研究。①

举例来说，亚彻认为，人类拥有一种天然的对自己状况的理解，这种对于自己状况的理解会形成个体的身份认知（personal identity），而我们的社会身份（social identity）则会基于我们的社会地位以及与

① Bhaskar, R.(1998), *The Possibility of Naturalism*. 3rd ed., London: Routledge; Archer, M.(2000), *Being Human, the Problem of Agency*, Cambridge: Cambridge University Press.

其相关的角色和职责。个体身份和社会身份也以一种辩证的方式存在且互动着。诚然，作为一个社会学家，亚彻更加关注社会身份，而此章将更加侧重分析大脑中的组成部分（components of the mind）或心理结构（mental structure）是如何塑造个体身份的形成的——心理结构包括了学习力、记忆、反思性以及想象等。[①]

换言之，本章将描述心理学的概念如身份与记忆是如何被纳入批判实在论的框架中以及它们如何达到了分层本体论的标准和深度。我们将以心理学的一个重要分支为例（教育心理学），详细研究一个构念自我效能（self - efficacy）对于身份的塑成——我们通过这种心理学的分析来理解什么是实在的、有因果影响力的（causal power）的心理结构，以弥补现有研究过于关注社会身份以及个体结构互动后留下的学术真空——教育心理学关注文化和社会下的个体在教育场域内的实体性运作。那么，为了增进这个学科的发展力量，显然我们也不能离开对一些本体问题的深度探讨，例如什么是存在，并将这个理解放到一个真实的教室中去，以更好地完成教育心理学的研究。

所以本章符合巴斯卡提出的有关社会科学研究七个层次里的前三层的研究，包括对个体无意识机制和状态的关注以及对于小规模个体群内互动的分析。[②] 批判实在论对于教育心理学的实践意义非同小可：教育心理学研究教育的干预效果、人类的学习状态，以及教师的教学心理和学校组织等社会心理学等，其重点往往是把心理学的理论和实证应用到教育上，例如改善课程设计、教学方法、推动学生的学习动机以更好地面临各种挑战和困难等。

总体来说，教育心理学更加关注学生如何可以更好、更有效地

① Marks, A. and J, O'Mahoney. (2014), "Researching Identity", in *Studying Organizations Using CriticalRealism*, edited by K. Edwards, J. Mahoney, and S. Vincent, Oxford: Oxford University Press.

② Bhaskar, R. (2020), "Critical Realism and the Ontology of Persons", *Journal of Critical Realism* 19 (2): 113 - 120.

学习和发展，特别也包括那些有特殊教育需要的学生。它以心理学为基础，两者之间的关系更像医学和生物学之间的互相借鉴。所以教育心理学也从认知科学中得到诸多的养分，并回馈到了这些学科中。所以说，厘清心理学的关键构念对于更好地理解这个过程中的个体行为和能动性至关重要，特别是对于我们理解批判实在论是如何通过微观心理活动概念如理性和内心对话来增进心理学都很有意义——以批判实在论的标准，如果我们可以发现哪些构念具有因果性（亦称实在性，real），那么我们就可以发现心理学的本体论基础，构建跨学科的对话。

具体来说，本章将先着重探讨巴斯卡和亚彻对于主观能动性的理论探讨，再利用心理学的方法和理论，探讨研究人脑和心理过程是否可以增进我们对于主观能动性的理解。随后我们将以一个具体的概念“自我效能”为例，展示出教师的自我效能作为一个实在性的构建是如何在教室中影响学生的学习效果的。

## 理性和内心对话

作为最具影响力的批判实在论开拓性的哲学宗师，巴斯卡在著作 *Dialectic*：*The Pulse of Freedom*（可翻译为《辩证法：自由的脉搏》）中将批判实在论推至一个新阶段，即辩证批判实在论。具体来说，这个辩证批判实在论含有四要素（MELD），配合以社会活动转化模式（TMSA）理论，来解释社会结构对于个体能动的影响，为更好理解人与社会的互动做出重要贡献。

首先，巴斯卡的四要素（MELD 图式）：这里，M 是“要素”（moment）的意思，也就是它代表本体意义的要素构成；E 指的是“边缘”，代表着否定性，认为事物一直处于一个矛盾和变化的边缘；L 即“水平”（level），代表总体性，说的是存在作为一个整体所展现出来的特质；D 即是“维度”的意思，它代表着能动性，也就是人类具有改变性的实践能力和自反性。①

那么这四个要素在一起在个体和解构互动的过程中意味着什么呢？可以理解为，M 的本体性关注存在的本体及其本质，所以它探究世界的分层（stratified ontology），E 的否定性可以说是 MELD 的核心所在，因为自由式的辩证法都是以否定作为核心范畴的，因为否定代表着不在，所以从某种意义上来说，改变往往源于这种“不在”或“不在场”——不在场可能源于良性的缺失，也可能是受到了某种意义上的阻碍；L 探讨着总体性和全 Level，因为总体性具备涌现的性质，但无论是现代主义还是后现代主义都或多或少地希望“去整体化”，但是在批判实在论的开放世界中，我们需要同时理解事物的多种形态和可能，需要从总体的角度进行把握；D 的能动性意味着存在是处于一个连续的发展过程中的，即使在自然的演化中，能动性也可以实现自由的可能，而人通过与社会的交往、自身的转变和社会结构的变化，赋予我们革新的力量。

巴斯卡在提出 MELD 和转化性力量的同时，更系统化地论述了主体在结构和能动之间的关系，提出了 TMSA 模式。对他来说，个体的能动性有四方面特性：首先，承认个体的思维意向性是能动必不可少的部分。其次，能动性本身是不可还原的，这意味着，除了行动之外，人类无所选择，即使是放弃行动也是一种行动。再次，人类行为的自发性是最纯粹和最真实的行动，在行动之前，无论我们的思考和推理是多么缜密，自发行为往往都是基于我们对于一个事物的了解程度。最后，巴斯卡将能动性置于一个其所谓的“四度社会存在”之中，承认（1）人与自然的交换；（2）人与人的交往；（3）社会的结构；（4）个体的人格分层——这四个维度构成了人类所有行为的核心，也是能动性的重要内容。

---

① Bhaskar, R.（2002）, *Reflections on Meta – Reality*: *Critical Realism*: *Beyond Modernism and Post – modernism*. London: Verso.

在对“能动性”TMSA的特征有了理解后，我们需要再去分析个体与社会结构间的关系如何：社会结构既然离不开人类活动，那么我们仍需看到，社会结构是先于个体活动而存在的。但即使社会结构总是具有独立性，我们仍然需要发挥个体的能动性，以对社会的结构进行转化性的改造。

所以根据TMSA模式，结构是先于个体存在的，因此它形塑了人的思维和行动，它既是人行动的先决必要条件，又是其再生产的结果。巴斯卡承认，结构依赖人们的再生产活动，但是这些行为往往是无意识的，且即使个体采取了有意识的行动，往往结果也会出人意料。且因为社会的本体是分层的（我们看到的并非全部的世界），所以社会结构即使可以影响主体的能动行为和意识，也无法将其削减——TMSA认为，能动的主体的活动是建立在一个先前确定的社会背景下，尽管能动的主体相信他们可以在一个受限制的环境下掌握一切，但是实际上，多元的社会结构（无论你将其定义为社会关系还是制度逻辑）会导向一些无意图的结果。也就是说，如前章所示，TMSA既不支持个体自由主义决定论，亦反对结构决定论。因此，在结构—行动者关系的问题上，TMSA即否定了极端的个体主义（由个体解释社会），也否定极端的整体主义（由整体解释个体），它在认为社会先于个体而存在，而社会具有二重性，这意味着社会是实践者的前提条件，又是实践者的结果；推而广之，行为者的二重性是指行为能动者在有意识地进行生产活动，这不仅能激发因果力量和机制，将趋势现实化，也可以对社会结构进行再生产或者转化。

举例来说，比如有人认为，是乾隆导致整个清王朝的由盛转衰，但以TMSA的视角来分析，乾隆一人之力是无法改变一个历史趋向的，是他所处的时代大环境和制度导致帝国走向衰亡。巴斯卡还认为，在与结构的互动中，人是通过理性来产生认知行为的，所以这种理性亦应该具有生产性的因果效力，且事前就已经存在人的思维中了，因此“理性”也应该是唯物的。[①]

所以如上章所述，在巴斯卡看来，现今社会科学最流行的实证主义研究范式采用的是一种封闭世界观，将规律性的恒常认为是因果，且忽略了一些因果机制发生的恒常的大背景结构，我们也需要承认，社会的复杂性远远超越了自然界，所以人类社会更应该被定义为一个开放系统，在这里，规律性有时是可遇不可求的，往往只能在特定时空范围内发生，所以学术研究应该更加关注这个开放世界，努力寻找现象背后更为深层的结构性原因，而不是留于表面。

我们之前也在各章节全面介绍过批判实在论与传统的实证科学的本体论大有不同，强调我们在面对“真实”的结构和机制、“实际”的未观测到事件和状态，以及“经验”的可观测和感知的情况时，三个本体空间项度不应被混为一谈——社会不只是由我们可以观测和感知到的事件构成的，那些人们无法看到的真实也是存在的，且结构和机制往往也是不能被直接观察到的，所以其并不能被化约为个体的行动。批判实在论因此号召社会科学研究超越感官和知觉的经验层次，深入社会背后的深层结构。由此，批判实在论往往也会被订上“先验实在论”（transcendental realism）的标签——在巴斯卡看来，（社会）科学不应该只关心可以记录到的恒常联结，而也应该了解实体和结构，其是否能被观察到也不是最重要的——这种强力的先验性也是我们继续探索尚未知事物的动力——结构表现出了一种因果关系的力与趋势，无论它们是否被启用。火药具有引爆的功能和力量，即便它从来未被点燃过；语言系统具有使对话发生的能力，即便所有在场的人选择一言不发。所以我们这个世界不仅是由各种表面的现象所构成，而且由处于深层的、起着因果作用的结构和机制所构成——通常我们观测到的事情的结束方式往往是死亡，但首先会有生命，潜藏在结构之中。其实很多事情早已在喧哗中尘埃落定，寂静便是情感，那些绝美的人性光芒，时而野性时而无常，

---

① Bhaskar, R. (1998), *The Possibility of Naturalism*. 3rd ed., London: Routledge, p. 83.

以及那些艰辛悲苦的人生经历，往往都埋在生而为人的社会结构困窘之下，说也说不完。

而亚彻则在巴斯卡的基础上，丰富了 TMSA，并着重强调了结构和个体的不可化约性和独立存在性。她指出，个体与社会世界的沟通，需要通过个体的思维反思性来实现，这种反思性是一种内心对话，它存于内在（所以外人不可见），是第一人称的，亦拥有因果性，如已形成的个人的身份认同，可以助其在社会中行走，并与结构展开对话和博弈。①

总之，实在论是探讨和研究本体论学说的哲学派别，它强调外部世界往往是不随着人的意识变化或转移的客观存在。当代的实在论在批判实在论之后有了进一步的拓展，其核心思想演变为：不仅外在世界是实体且及物，因果关系、道德，甚至美学都具有客观性，独立于人的认识活动和心灵而存在。

那么问题来了，如果个体的理性或者内在对话影响了个体的行为和动机和身份，那么如何去理解这种心理活动或者思维活动呢？心理学在这里可以给出答案。

## 一个批判实在论的心理学视角

本节我们需要回答的问题是，以巴斯卡和亚彻的标准，在心理学层面，什么构建可以被认为是符合批判实在论的标准呢？格罗夫给出过判断批判实在论是否可以被应用于某个学科或领域的三个标准：（1）这个构建或变量不及物；（2）它的本体层次丰富（即分层）；（3）它拥有因果效力——例如社会结构它就是不及物的，它先于个体存在，同时它亦提供了一种分层本体论，不是肉眼可以直

① Archer, M. (2003), *Structure, Agency and the Internal Conversation*. UK: Cambridge University Press, p. 16.

接观察到的，但依然对个体有意识的行为赋能或者做出限制。①

在这三点的基础上的第四点标准也值得铭记：我们还应看到心理学研究对象可能存在的涌现性。② 亚里士多德的“整体大于部分之和”就是涌现概念较早出现的证明。“涌现”作为一种哲学思想，简言之，就是指从低层级到高层级的过渡过程中，更为宏观层级或者系统在因果能力上发生的突变，旧质的加总产生了无法提前预期的新质，且这种新质具有其自身的结构特性，不能被还原回它的组成部分——“涌现”的关键特质就是其“非添加的”（non－additive）和“不可预料”，前者指的是非线性的发展趋势，而后者则意味着即使是1＋1等于多少这样的问题也有无限可能的取值区间。在一个开放系统中，存在着较低层面的结构和机制，亦存在着较高层面的结构和力量，低层次代表着“根源”（rootedness），而高层次的实在才代表着“涌现”。③ 所以涌现具有不对称性，即使是根源层面的存在，也不依赖于涌现层面的存在，但涌现层面却反而扎根于根源层面，但不决定根源层面，所以社会每个结构层次的进步都有其涌现性。这也意味着，任何层级都不能对任何层级进行完全的解释，也不能还原成另一个层级。

以上这四个条件让我们重新审视心理学及其研究对象以及其本体意义——利用分层本体论的视角，认识到社会甚至个体的心理都绝非部分的简单加总——“涌现”观彻底否定了还原论。所以“涌现”是具有普遍解释力的，这不仅说明了实在的结构、机制和因果机制不仅是先验的，还是一个有机的整体，且在演化。

总之，批判实在论的哲学观属于一个深层的实在，它承认人类可以利用实践的能动力量实现结构的变迁，从而实现人的潜能。且

① Groff，R.（2004），*Critical Realism*，*Post－Positivism and the Possibility of Knowledge*，Abingdon：Routledge，p. 105.

② Elder－Vass，D.（2007），“For Emergence：Refining Archer's Account of Social Structure”，*Journal for theTheory of Social Behaviour* 37（1）：25－44.

③ Lawson，T.（1997），*Economics and Reality*，London：Routledge Press.

批判实在论也避免了经验实在论立场上的决定论倾向，合理地将结构和涌现，以及行动者真正联结起来。

以教育心理学为例，比如对于一个老师来讲，他个体的反思性取决于他脑中一系列精神活动，如对管理技巧的理解，他作为老师的身份、他对学校的认同感、他的职业思维、他在所处学校内及之外要处理的社会关系等。

对于学生来讲也是如此，他的反思性也取决于学习环境以及个体认知和情感发展、他和同学的关系、他的家庭、他的社群等等。这些活动亦都具有涌现性，即我们不能从单一活动甚至所有活动的汇总来得出个体的反思性的进展如何。正如巴斯卡和亚彻所述，“意识”是独立存在着的，尽管它可以被主观解读。同理，刚才我们提到的，身份、态度、价值观、归属感作为心理学的构念都可以被认为是独立存在的，他们在个体的大脑中的存在往往独立于个体对于周边事物的有意识的感知活动。如理查兹所述，比如人类的归属感，它事先早已存于我们的思维中，它在实践域的展现，例如是否也改变了结构等（经历巴斯卡的理性或者亚彻的内心对话），也是独立于其在我们脑中的先验性的。[①] 而这都要求研究者更加深入地在特定情境下进行研究和探索，如通过问卷和访谈等。

## 自我效能在批判实在论视野下

本节我们以自我效能为例来展示批判实在论对于教育心理学可能的贡献。自我效能（或自我效能感）指的是个体对自身能否利用现有的技能来完成某项行为的自信程度。自我效能的效果也在于其对于心理建设有着强大的启示作用，例如它有助于员工提高绩效，

① Richards, H. (2018), “On the Intransitive Objects of the Social (or Human) Sciences”, *Journal of Critical Realism* 17 (1): 1－16.

改善工作的态度以及增强工作动机等重要的工作意义。总之，这一概念是由美国著名的已故心理学家班杜拉首次提出的。在此后的近40年的研究历程里，这一概念不仅被心理学界广泛和深度采纳，也引发了大量的理论和实证研究，成为成功心理取向的重要变量；而且它还向组织行为学渗透，已成为其研究的重要课题。①

而在班杜拉看来，主要有四种因素影响着自我效能的形成与发挥：（1）个人的过往经验与经历——成功的经验可以提高自我效能感，而多次的失败可能会降低它的发挥。特别是在一项活动或任务开始之时，失败更容易让人归因于自身能力不足，而不是因为环境因素，但是如果一个人具备很强的自我效能感，那么这种偶然的失败不会让其丧失判断，而是会在客观因素与策略方面找原因；（2）他人的示范效应——人们往往看到与自己熟识的人，就会增加自己实现同样目标的信息，提升自我效能感，但如果相反，看到相近的人的失败，尤其是作出了巨大的努力后，更会降低自我效能感；（3）社会上的劝说——第三种影响自我效能感的原因往往来源于他人的劝说以及自我的规劝。但要注意的是，缺乏事实根据的言语劝说对自我效能感效果不大，而直接经验基础上的劝说或者鼓励有较大效果；（4）个体的情绪与生理唤起等——焦虑和紧张这些生理情绪状态会影响人们对于自我效能的判断。②

更具体来说，自我效能（感）在教育心理学领域中的应用主要集中在学者试图理解它是如何影响学生的学习动机、努力的付出以及学习成绩上，主要打开了两个视角，一个是教师教学自我效能感，另一个则是学生学习自我效能感：

（1）教师教学的自我效能感——已有研究发现，自我效能

① Bandura, A. (1982), "Self - efficacy Mechanism in Human Agency", *American Psychologist* 37 (2): 122 - 147.

② Bandura, A. (1994), "Self - efficacy", In *Encyclopedia of Human Behavior* 4, edited by V. S. Ramachaudran, New York: Academic Press, pp. 71 - 81.

感较高的教师，其学生成绩和教学质量都高于自我效能感低的教师。所以班杜拉指出，一所学校教师的集体效能感造就的整体学校环境有利于学生的高效成长——那些对自己有更多自信的教师，会在课堂上构建一个促进学生经验性积累的环境，而自我效能水平较低的教师，更喜欢依靠外部的诱导和消极的惩罚来逼迫学生学习，反而事与愿违，影响学生的正常发展，造成其学习困难。①

(2) 学生学习自我效能感——班杜拉同时认为，学生的自我效能感有利于其自我学习监控，对其目标和成绩有正向的积极推进。在这里，家庭和学校以及大的社会环境都有可能影响这种自我效能——所以在学校，老师们可以尝试在教学中给学生们提供建立自信的机会。②

因为空间有限，本章我们集中探讨教师自我效能这部分。我们假设一个情景：作为一个小学五年级的老师，她虽然刚入职不到两年，但对自己的工作比较满意，学生课上课下整体表现良好，班级在全年级的学业表现亦十分稳定且优异，整体学习氛围也很好，学校要求学生奋发图强，学生都比较好学。但是情况也并不完美，班中依然有少部分同学在情绪管理和集中学习精力和注意力方面存在较大问题。特别有一个学生的表现非常差，上课不认真听讲，爱说话，并且严重打扰了周边的同学。那么这位年轻的老师应该怎么办呢？应该采取什么行动？

这时她的脑海中一定出现了一系列的社会结构和心理活动，这两者的交织会在内心对话中达成和解。例如，她会被自己所在学校

① Merrett, F. and Wheldall, K. (1993), "How Do Teachers Learn to Manage Classroom Behaviour?" *Educational Studies* 19 (1): 91 – 106.

② Hettinger, K, (2021), "Teacher Classroom Management Self – Efficacy: Longitudinal Relations to Perceived Teaching Behaviour and Student Enjoyment", *Teaching and Teacher Education* (103).

的教育理念和文化所影响，亦会被自己作为老师的权力感所影响，同时她也会知晓周边的社会和学校内人际关系，她还会思考学生怎样回应她的介入，以及现在她自己的心境等，而这些因素都将会影响她的内心对话以及随后的行为特点。而且，她作为老师和班级管理者的自我效能感亦会和这些因素结合和互动，完成内心对话。

换言之，这位老师对这些因素的考量都对产生在实践域的具体行为有直接的影响，而这些结构性因素如社会关系、学校理念和文化以及教师的心理因素如自我效能感等相对于个体最后的能动来说，都是不及物的，都处在实在域——结构性因素和心理因素共同作用影响了个体的内在对话（internal conversation）以及其后的理性考量，和最后的具体能动行为。当然最后能动行为及其结果也会对这些结构性因素和心理因素进行反馈，亦可能改变个体的自我效能感受。同样地，这位学生面对老师的惩戒或者警告或者安抚等，内心对话一样会很激烈或者波动，她也会考虑到周遭的结构性因素以及自己的心理因素如自我效能感等，这个最终的师生能动性互动和沟通过程，亦会让学生有一个改观的自我能动感，了解什么意味着成为一个“合格”的学生，在这所学校，在这个班级。

总之，自我效能作为心理因素之一，拥有它的因果力量，会对个体的内在对话产生影响，最终影响到理性思维和行动。

## 结语：一个批判实在论下的自我效能感受机制

批判实在论将我们的社会世界分为了三个本体维度，实在域中存有机制，它将影响实际域中的事件，而有些事件并不能被个体所感知或经历，而只有能被感知或感受到的东西才会出现在实践域。以我们上述的例子来说，自我效能作为心理因素亦属于机制，它会产生一些具体的、可观测的行为，如老师对孩子的行为以及孩子的互动等（在实践域）。而一些未被有意识感知到的事件，例如学校空间设计对于学生的物理压抑感等，则发生在实际域。

最后我们回到对于心理学来讲，什么构建可以被认为是符合批判实在论的四个标准中的最后一个标准，即“涌现”或“涌动”。那么对于自我效能来说，什么又是组成其涌现的部分呢？涌现可分为两种，同步的（synchronic）和历时的（diachronic）。[①] 前者指的是班杜拉列出的影响自我效能的四个部分的相互作用，例如这四个部分加起来造成的自我效能感一定不等同于 1 + 1 + 1 + 1 = 4 这个公式，在互相的作用力中，它们产生的结果一定是大于或者小于 4 的，一定会产生超越这四部分总和的自我效能感。又如，自我效能是心理因素的一种，亦是个体身份的一个构成部分，而个体身份还包括许多其他的构成部分例如自尊、自爱、性别、种族等，所以说个体身份是这些部分加总大于总和的过程，在同步发生。而历时性则指，通过自我效能再经历内心对话后对行为后果的预期，例如假想与学生沟通后产生的结果会让自我效能感产生顿挫或改变，而这样的一个过程需要一个时间段，来经历最初的发现问题—内心对话—再到干预以及干预后果的反馈—最后再影响自我效能，这样一个循环的时间链条（这个链条就发生在实际域），该链条也会产生和最初心理状态及其后果不同的加总效果，即历时涌现性。

总的看来，本章以自我效能为例，论证了它与其他结构性和心理性元素结合产生内心对话的过程，而这个对话引发了巴斯卡所谓的理性过程和最后的能动行为。而这也印证了，心理因素亦可以是不及物的（或者唯物的），它先决存在于大脑内，并被行动者所潜移默化地接受和执行。

---

① Elder - Vass D（2005），“Emergence and the Realist Account of Cause”，*Journal of Critical Realism* 4（2）：315 - 338.

# 后记　何为实在

本书的写作让笔者重新回顾了人生的经历，试图重新审视实在的意义。什么是实在？什么又是不以意志为转移的唯物实体？如何理解个体解读和能动的力量？美国著名诗人杰克·吉尔伯特写过一篇美丽的短诗《失败与飞行》，来重新定义希腊神话中伊卡洛斯的境遇。① 希腊神话中的代达罗斯是一位伟大的艺术家、建筑师和雕塑家，世界各地的人们都十分欣赏他的艺术品。代达罗斯与当地的女人结婚后，有了一个可爱的儿子伊卡洛斯。伊卡洛斯喜欢站在爸爸的身旁，用一双圆圆的小手帮助爸爸劳作。爸爸也总是喜欢听凭伊卡洛斯在其身旁摆弄羽毛，笨拙且可爱的动作让人充满爱意。最后，代达罗斯完成了这一切，他把翅膀附着在了身上，试了又试，终于像鸟一般飞了起来，轻飘飘地升上了天空，然后又再落下来，再升上去。他还指导伊卡洛斯如何操纵，给他做了一对可爱的小羽翼。"你要当心啊儿子，"老父亲叮嘱道，"你必须要在半空中飞行，如果飞得太低，这对羽翼就会被海水沾湿而变得沉重，你也会摔进大海里，要是你飞得太高，翅膀上的羽毛也会被太阳点燃。"代达罗斯一边说，一边帮助儿子装羽翼，他不知道会发生什么，但是手微微发抖。最后，他给了儿子一个最扎实的拥抱和吻。

两个人鼓起翅膀渐渐升空。父亲飞在了前头，他看起来像一只

① ［美］杰克·吉尔伯特：《杰克·吉尔伯特诗全集》，柳向阳译，河南大学出版社 2019 年版，第 103—104 页。

带着初出巢穴的雏鸟一起飞行的老鸟一样，小心地煽动着翅膀，不时还回过头张望，看看儿子飞得怎么样。开始时一切都很顺利，伊卡洛斯高兴极了，他既能感觉到飞行的轻快，又可以骄傲地展开羽翼，以至于在飞行了一段时间以后，他就敢操控羽翼朝着更高的太阳飞去。可是他忘了，太阳强烈的光照可以融化羽翼上的封蜡，让羽毛开始松动——伊卡洛斯还没有发现这一切时，他的羽翼就已经完全散开了，从他的肩上滚落。不幸的孩子最后跌入汪洋大海，被万顷碧波淹没。这一切发生在一瞬间，很突然，以至于老父亲察觉到时已经来不及了，当他再次回头寻找儿子时，伊卡洛斯的踪迹只能被汪洋大海面飘散的羽翼所提示。但老父亲仍然张大眼睛，充满着希望，竭尽全力寻找。不一会儿，汹涌的海浪就把伊卡洛斯的尸体推到了海岸上，这让绝望的父亲更加无法自拔。为纪念，从此，埋葬伊卡洛斯残存尸体的海岛被命名为伊卡利亚。① 吉尔伯特写道：

> 每个人似乎都忘记了伊卡洛斯会飞行。
> 同样，当爱情走到了尽头，
> 或者婚姻失败了，
> 人们往往会说
> 早知道这就是个错误，
> 每个人
> 都说这永远都不可能。
> 说她
> 这么大了应该更明白才对。
> 但任何
> 值得去做的事，
> 哪怕做得很糟糕也值得去做。
> 就像那个夏天在海边

① ［法］尼古拉·柯西改编：《希腊神话故事》，汪捷宇译，新星出版社2019年版。

在岛的另一侧，
当爱情
从她身上消逝，
那些夜晚
群星是如此地烈烈燃烧，
每个人都会告诉你说这些不可能持久。
每天早晨她在我的床上熟睡
像圣母降世，
她的优雅
像羚羊矗立在黎明的薄雾里。
每天下午我凝望着她归来
走过遍布礁石的灼热旷野，
海在她身后发光，
辽阔的天空
在海的另一侧。
吃午饭时
听她讲话。
他们怎么能说
婚姻失败了？
就像那些人
从普罗旺斯回来（当时那儿叫普罗旺斯）说：
那里很漂亮但食物却很油腻。
我相信伊卡洛斯在坠落时并没有失败，
而只是到达了他胜利的终点。

批判实在论告诉我们，我们看到的、感知到的和理解的，未必就是事情的真相（实在），有些东西看不到甚至感受不到，但是这些机制、心理、结构确实是独立于个体思维和认识之外存在的，有待我们发掘后再进行解读。

因此，作为结语，我也宁愿相信，伊卡洛斯在坠落时并没有失败，而只是到达了他胜利的终点，别忘了，他和他的父亲都是神明，他们本来就会飞行。伊卡洛斯最后的选择尽管受到结构（希腊诸神不同的社会关系的考虑以及各种文化的碰撞）、制度（诸神权力分配的隐性格局和可能性）以及主观能动性（心理预期等）的影响，但是他就像他的神明父亲那样，依然有最终选择行动的力量，在最辉煌的时候结束，并回归他内心，这是一切本该有的样子。